ESOTERISCHES
WISSEN

EDGAR CAYCES
OFFENBARUNG DES NEUEN ZEITALTERS

Erwachen der 6. Kraft

Das kommende Jahrtausend, wie es Amerikas größtes Medium voraussieht

herausgegeben und interpretiert
von Henry Reed

Deutsche Erstausgabe

WILHELM HEYNE VERLAG
MÜNCHEN

HEYNE ESOTERISCHES WISSEN
Herausgegeben von Michael Görden
08/9580

Aus dem Amerikanischen übertragen
von Karin Adrian

Titel der Originalausgabe:
AWAKENING YOUR PSYCHIC POWERS
erschienen bei Harper & Row, San Francisco

Copyright © 1988 by Henry Reed
Copyright © 1993 der deutschsprachigen Ausgabe
by Wilhelm Heyne Verlag GmbH & Co. KG, München
Printed in Germany 1993
Umschlaggestaltung: Atelier Adolf Bachmann, Reischach
Umschlagillustration: Christian Dekelver, Weinstadt
Satz: Kort Satz GmbH, München
Druck und Bindung: Pressedruck, Augsburg

ISBN 3-453-04956-X

Inhaltsverzeichnis

Vorwort von Charles Thomas Cayce   7

Einleitung   10

Erster Teil
Die hellseherische Phantasie   13

1 Stellen Sie sich vor, übersinnlich zu sein   14

2 Einheit: das hellseherische Bewußtsein   35

3 Die Vorstellung von der hellseherischen Kraft:
   Schwingungsmuster   55

Zweiter Teil
Hellseherische Bewußtseinszustände   83

4 Unsere hellseherische Intuition   84

5 Träume: der Weg zu hellseherischen Kräften   110

6 Meditation: Einstimmung auf die Einheit   137

7 Hypnose: Hyperspace hellseherischen
   Bewußtseins   155

Dritter Teil
Die Seele des Hellsehers   175

8 Die holographische Seele   176

9   Der unendliche Geist   196

10   Der Körper hellseherischen Bewußtseins   225

Vierter Teil
Die Entwicklung hellseherischen Bewußtseins   255

11   Vorstoß ins hellseherische Bewußtsein   256

12   Transzendentes PSI in Gemeinschaft   281

Vorwort

»Es wird eine Zeit auf Erden geben, in der Menschen überall danach suchen, mehr über die Geheimnisse des Geistes, der Seele zu verstehen«, sagte mein Großvater, Edgar Cayce, aus dem Unbewußten einer Trance heraus, die ihm eine bemerkenswerte Gabe der Hellsichtigkeit verlieh.

Seine Worte gelten noch heute als prophetisch, da mehr und mehr Amerikaner in diesen unbeständigen Zeiten nach übersinnlichen Erklärungen für Ereignisse des täglichen Lebens suchen. Zum Beispiel glaubt nahezu die Hälfte der erwachsenen Amerikaner heute laut einer nationalen Umfrage der ›National Opinion Research Council‹, sie sei in Kontakt mit jemandem, der gestorben ist, gewesen — das sind doppelt soviel als vor zehn Jahren. Zwei Drittel aller Erwachsenen sagen, sie hätten eine außersinnliche Wahrnehmung gehabt; zehn Jahre früher betrug die Zahl nur die Hälfte. Im Laufe der Geschichte haben die verschiedenen Kulturen Erfahrungen von Hellsehern schriftlich tradiert. Diesen wenigen Individuen galt das spezielle Interesse, weil sie befähigt schienen, Lösungen für die dringlichen Probleme des Lebens zu geben. Das Amerika des 20. Jahrhunderts ist darin keine Ausnahme.

Edgar Cayce ist vielleicht der berühmteste und am sorgfältigsten dokumentierte Hellseher unserer Zeit. Er begann seine ungewöhnliche Fähigkeit schon als junger Mann zu nutzen. Seit dieser Zeit widmete er sich über 40 Jahre lang regelmäßig der ASW — er versenkte sich gewöhnlich täglich zweimal in einen schlafähnlichen Zustand und beantwortete Fragen.

Über vierzehntausend dieser Diskurse, Readings genannt, wurden sorgsam von seiner Sekretärin mitgeschrieben und von der Edgar Cayce-Foundation in Virginia Beach, Virginia bewahrt. Diese hellseherischen Readings dienen der Vermittlung von Inspiration, fördern das Verständnis für ASW und helfen Zehntausende von Menschen zu heilen.

Edgar Cayce, der nur eine ›eight-grade‹ Erziehung hatte, führte ein bescheidenes und einfaches Leben, gemessen am durchschnittlichen Standard. Sehr früh während seiner Kindheit in Hopkinsville, Kentucky, jedoch, fühlte er, daß er über übersinnliche Fähigkeiten verfügte. Als er eines Tages allein war, hatte er eine Vision von einer Frau, die ihm sagte, er würde ungewöhnliche Kräfte haben, um Menschen zu helfen. Er berichtete auch von Erfahrungen, tote Verwandte zu ›sehen‹. Einmal, als er sich mit Schulaufgaben abmühte, schlief er auf seinem Buch über Rechtschreibung ein und erwachte und wußte den ganzen Inhalt des Buches.

Als junger Mann experimentierte er mit Hypnose, um ein sich wiederholendes Kehlkopf-Problem zu behandeln, das den Verlust seiner Sprache verursachte. Er entdeckte, daß er unter Hypnose körperliche Gebrechen anderer diagnostizieren und zu Behandlungen raten konnte, oft ohne die Person mit dem Gebrechen zu kennen oder gesehen zu haben. Die Leute fingen an, ihm andere Fragen zu stellen, und er sah sich in der Lage, diese ebenso zu beantworten.

1910 veröffentlichte die New York Times eine zwei Seiten lange Story mit Bildern über Edgar Cayce und seine hellseherische Fähigkeit, wie sie ein junger Physiker, Wesley Ketchum, einer klinischen Forschungsgesellschaft in Boston beschrieb. Von dieser Zeit an suchten Menschen aus allen Teilen des Landes mit allen nur denkbaren Fragen seine Hilfe.

Abgesehen von seinem ungewöhnlichen Talent war Cayce ein tief religiöser Mensch, der während seines gesamten Lebens als Erwachsener in der Sonntagsschule unterrichtete und sich in all der Zeit immer an den Worten der Bibel orientierte. Sein Ziel, nach Gottes Willen zu leben, suchte er durch das Studium der Heiligen Schrift und durch Gebet zu erreichen. Immer war er beseelt von der Aufgabe, denen, die seine Hilfe suchten, zur Verfügung zu stehen. Er gebrauchte seine Talente nur zu hilfreichen Zwecken. Cayces' Einfachheit und Bescheidenheit und seine Bemühungen, Gutes in der Welt zu tun, zieht immer wieder das Interesse der Menschen für seine Lebensgeschichte, seine Arbeit und die weitreichenden Kenntnisse, die er weitergab, an.

In dieser Buchreihe hoffen wir, dem Leser mit Einsichten bei der Suche, das Leben und seinen Sinn zu verstehen, zur Seite zu stehen. Jedes der folgenden Bücher untersucht ein eigenes Thema aus der Sicht der Edgar Cayce-Readings und vergleicht die Sichtweisen anderer metaphysischer Literatur und aktueller wissenschaftlicher Überlegung. Der interessierte Leser benötigt kein Vorwissen über Cayces' Informationen. Wenn einer der Edgar Cayce-Readings zitiert wird, wird die Kennummer dieses Readings mit hinzugesetzt für die, die den Wunsch haben, den ganzen Text zu lesen. Jeder Band gibt Vorschläge und Hinweise für weitere Studien. Dieses Buch ›Erweckung Ihrer übersinnlichen Kräfte‹ von Dr. Henry Reed geht auf ein von Cayce oft erörtertes Thema ein, die Frage nämlich, wie man die übersinnlichen Kräfte, über die jeder von uns verfügt, vorteilhaft nutzen kann. Dr. Reed, früher Mitglied des Mitarbeiterstabs der ›Association for Research and Enlightment‹ ist hoch qualifiziert, über dieses Thema zu schreiben. Dr. Reed, vormals Lehrer an der Princeton Universität, ist Dozent, Autor, zugelassener Psychologe mit einer Privatpraxis und Professor an der Atlantic Universität. Ich bin ganz zuversichtlich, daß Sie seine umfassenden Ausführungen als eine das Bewußtsein erweckende Erfahrung empfinden werden.

Dr. Charles Thomas Cayce
Präsident, Association for Research and Enlightment

Einleitung

Das Übersinnliche ist Wirklichkeit. Dieses Buch lädt Sie dazu ein, Ihr übersinnliches Bewußtsein zu erwecken und gibt Ihnen Übungsmaterial an die Hand, wie Sie es entwickeln können.

Ich habe dieses Buch, auf den Einsichten von Edgar Cayce, zu denen er in Trance gelangte und der Art und Weise, wie er diese Einsichten in sein tägliches Leben integrierte, begründet. Cayce hätte von Ihnen nicht verlangt, diese Vorstellungen zu glauben. Er hätte Sie aufgefordert, die Gültigkeit solcher Erfahrungen in Ihrem eigenen Leben zu prüfen, zu nutzen, was sich als konstruktiv erweist, und den Rest zu verwerfen.

Als ehemaliger Professor bin ich daran gewöhnt, vor der Berücksichtigung der Praxis zuerst die Theorie zu diskutieren. Der erste Teil ist deshalb der Untersuchung einiger allgemeiner Begriffe gewidmet, die dazu geeignet sind, das Wesen der Wirklichkeit zu erklären und grundlegend zum Verständnis beizutragen, inwiefern übersinnliches Bewußtsein ein natürlicher Bestandteil dieser Wirklichkeit ist. Der zweite Teil befaßt sich mit den häufiger vorkommenden übersinnlichen Erfahrungen und wie man sie heraufbeschwören kann − durch Intuition, Träume, Meditation und Hypnose. Der dritte Teil untersucht die Rolle des Körpers, des Geistes und der Seele im Zustand übersinnlichen Bewußtseins. Der vierte Teil schließlich nennt Ihnen einige Übungen, mit denen Sie sich in Zukunft in diesem aufregenden Bereich ausprobieren können, und diskutiert das endgültige Ziel übersinnlichen Bewußtseins.

Während ich dieses Buch schrieb, hielt ich mich fest an die Worte, die mir ständig präsent waren: »Sieh es, fühle es, berühre es, schmecke es, rieche es, glaube es, lebe es.« Wenn dieses Buch Ihnen hilft, eine solche Perspektive zu entwickeln, daß Sie übersinnliches Bewußtsein in Ihrem Leben verwirklichen können, dann hat es seine Aufgabe erfüllt.

An dieser Stelle habe ich all jenen Leuten zu danken, auf deren frühere Bemühungen, die Edgar Cayce-Readings in ihrer Bedeutung und Wichtigkeit darzustellen und die durch ihre Arbeit, dieses Buch möglich machten, namentlich: Harmon Bro, Hugh Lynn Cayce, Everett Irion, Herbert Puryear und Mark Thurston. Ich danke auch A. Robert Smith für seine unermüdliche verlegerische Tätigkeit; was die Sammlung und Zusammenstellung der Beispiele und Erklärungen betrifft, so hatte ich in meiner Frau, Veronica Lyn, eine zuverlässige Ratgeberin.

Seit altersher – eine langzurückreichende Überlieferungsgeschichte entsprechender Texte beweist dies – ist es ein zentrales Anliegen der Menschen, übersinnliche Kräfte auszubilden. Das Übersinnliche ist Wirklichkeit für sie gewesen und alle Beweiskraft dieser Zeugen des übersinnlichen Bewußtseins haben mit geholfen, es für Sie Wirklichkeit werden zu lassen.

Erster Teil

Die hellseherische Phantasie

1 Stellen Sie sich vor, hellseherisch zu sein

Welchen Standpunkt der Mensch durch seine übersinnlichen Seelenkräfte einnimmt, dies ist die Frage, der das Studium der menschlichen Gemeinschaft gehören soll, denn dadurch wird das Ich des Menschen seinen Schöpfer verstehen, wenn es die Verbindung zu seinem Schöpfer begreift, die es in sich trägt und die sich ihm nur im Zustand übersinnlicher Erfahrung offenbart.

EDGAR CAYCE Reading No. 3744 − 4*

Menschen, die in das Unbewußte ohne spirituelle Aspiration hineingehen, sollten gewarnt sein, damit nicht, wenn sie nicht der Möglichkeit gegenüber, in die tiefere Bedeutung des Lebens geführt zu werden, aufgeschlossen bleiben, ihre Erfahrung in einer Sackgasse mündet. Für Leute, die übersinnliche Stärke aus Profitsucht und Machtstreben begehren, sei unmißverständlich gesagt: entweder sie entwickeln eine höhere Motivation, oder sie lassen die Finger von diesem ›Business‹. Die Konsequenzen absichtlichen Mißbrauchs dieser Fähigkeiten können katastrophal sein.

ARTHUR FORD

---

* Jede der Edgar Cayce Readings ist mit einer zweigeteilten Nummer versehen, um ein leichtes Nachschlagen zu gewährleisten. Jede Person, der ein Reading gehalten wurde, hat eine anonyme Nummer bekommen; diese ist die erste Hälfte der zweigeteilten Nummer. Da einige Leute mehr als ein Reading erhielten, bezeichnet die zweite Nummer der Reihenfolge nach die Zahl der Readings. 3744 − 4 wurde einer Person gegeben, die mit der Fall-Nummer 3744 gekennzeichnet wurde. Dies spezielle Reading war das vierte, das diese Person von Cayce erhielt.

Wenn ich in einer warmen Sommernacht auf meinem Rücken liege und das Schauspiel der Sterne betrachte, erhebt sich mein Geist ganz von selbst hinauf in die Grenzenlosigkeit des Universums und ich scheine mit den Sternen zu verschmelzen. Diese irdene Plattform unseres Planeten, wie ich den soliden Untergrund unter mir spüre, wird zu einem stetig schrumpfenden, wackeligen Kiesel in der weiten glitzernden Schwärze des Weltraums. Meine Phantasie und mit ihr mein Körper dehnen sich in das Unbegrenzte aus. Ich werde von einem prickelnden Schauder erfaßt. Überwältigt versetze ich mich plötzlich wieder zurück auf die solide Erde. Aber ich frage mich selbst, was passiert ist? War, was ich fühlte, wirklich wahr? War es wirklich möglich, daß sich mein Geist erheben und sich mit den Sternen im Himmel verbinden konnte?

Im Bedenken dieses Wunders bin ich nicht allein. Den Eingeborenen Amerikas zum Beispiel wird überliefert, daß sie von den Sternen kamen und zu den Sternen zurückkehren werden. Welches verborgene Geheimnis ihrer geheiligten Phantasie verbindet sie mit den Sternen? Der englische ›Phantast‹ Olaf Stapleton, teilt uns seine übersinnliche Reise in den Weltenraum in seinem Buch ›Star Maker‹ mit. Sein Geist stieß nicht nur auf andere Welten, sondern war auch fähig, mit anderen Geistwesen zu kommunizieren, Reisende alle in einem multidimensionalen universellen Bewußtsein. In dem Versuch, uns auf der Erde zu halten, nannte er seinen Bericht ›science fiction‹. Trotzdem, in der Gestalt einer solchen Fiktion ist die Phantasie der Wegbereiter; dann folgen Wissenschaft und Technologien und bilden konkrete Stufen, die alle hinaufsteigen können. Die Phantasie ist ein ungebundener Reisender und kehrt oft mit überraschenden Souvenirs zurück, um aufeinanderfolgende Generationen von Abenteurern anzulocken. Zu den Sternen, die wir einst nur in unseren Träumen und in unserer Phantasie besuchten, senden wir heute Raketen und Raumfahrzeuge.

Eine Untersuchung des äußeren Weltraumes durch hellseherische Kräfte.

Im Dezember 1973 erreichten die Beobachtungen der Pioneer 10 über den Planeten Jupiter NASA-Wissenschaftler, die Millionen Meilen entfernt auf der Erde waren. Einige dieser Beobachtungen widersprachen den von den Astronauten lange angenommenen Theorien über diesen verehrten Planeten. Die Entdeckungen der Pioneer 10 kamen jedoch für zwei Männer nicht überraschend, die den Jupiter neun Monate früher ›gesehen‹ hatten.

Bei einem Experiment, das das Stanford Research Institut organisierte, reisten zwei begabte Hellseher, Ingo Swann und Harold Sherman, kraft ihrer übersinnlichen Fähigkeiten auf den Jupiter, wobei Wissenschaftler ihre Eindrücke aufzeichneten. Swann war in Kalifornien, Sherman in Arkansas. Ihre Eindrücke glichen einander in erstaunlicher Weise und widersprachen wissenschaftlichen Vermutungen: beide visualisierten einen tödlichen Ring radioaktiver Strahlung um den Jupiter und eine höhere Atmosphäre aus farbigen Eiskristallen; sie sagten, der Planet selbst sei sehr warm, aber von heftigen Stürmen gepeitscht. Pioneer 10 widersprach später den Spekulationen der Wissenschaftler und bestätigte die erstaunliche Genauigkeit der atmosphärischen Beobachtungen von Swann und Sherman, unseren ersten Astronauten mit hellseherischen Kräften.

Etwa ein Jahr später wiederholten sie ihr Kunststück bei einem ›Besuch‹ auf dem Merkur. Wieder waren ihre Berichte über das, was sie gesehen hatten, fast übereinstimmend. Zudem, als die Daten der Raumschiffsonde Mariner 10 der NASA nach und nach vom Merkur die Erde erreichten, widersprachen diese der konventionellen wissenschaftlichen Spekulation und bestätigten die Beobachtungen der Hellseher. Wissenschaftler hatten angenommen, daß der Merkur zu heiß wäre, um eine Atmosphäre zu haben und daß er sich zu langsam drehte, um ein Magnetfeld zu haben. Aber die beiden Hellseher erspürten sowohl eine dünne Atmosphäre, als auch ein Magnetfeld. Eine weitere erstaunliche Übereinstimmung zwischen den Berichten der Hellseher und den Daten der Mariner 10 war die Entdeckung eines Helium-›Schweifes‹, der aus dem Merkur heraustrat und sich von der Sonne wegbewegte.

In ›To Kiss Earth Goodbye‹ beschreibt Swann die Erregung, die ihn befiel, als er in Zeitungen die Beschreibungen über den Merkur las, die so sehr seinen eigenen übersinnlichen Wahrnehmungen entsprachen.

Können Sie sich vorstellen, kraft übersinnlicher Kräfte auf einen anderen Planeten zu reisen?

Wie stellen Sie sich vor, daß diese beiden Hellseher ihre Reise machten? Worte wie ›reisen‹ lassen natürlich körperliche Bewegung vermuten. Swann beschreibt die Erforschung des äußeren Weltraumes durch hellseherische Kräfte als ein Experiment einer ›Reise außerhalb des Körpers‹, was Bewegung kraft übersinnlicher Kräfte durch den Raum suggeriert. Bei einer ›out-of-body‹-Erfahrung scheint unser Bewußtsein unseren physischen Körper zu verlassen — wir sehen vielleicht unseren Körper bewegungslos unten liegen.

In diesem extrem befreiten Zustand ist Reisen zu entfernten Orten möglich. Ist es das, was Swann tat? Vielleicht dehnte Swann, anstatt zu ›reisen‹, die Reichweite seines Bewußtseins über die Grenzen seines Körpers hinaus aus in eine Umgebung, die entfernte Planeten einschließt. Oder vielleicht sah er in die Zukunft und prüfte die Berichte der NASA-Raumschiffe, wie sie von den Wissenschaftlern geprüft wurden. Jede der Interpretationen bedeutet eine beachtliche übersinnliche Leistung.

Jetzt wird es ganz wichtig sein, nachzuweisen, wie wir uns die Wirkungsweise übersinnlichen Bewußtseins vorzustellen haben.

Erlangen Sie hellseherische Fähigkeiten

Stellen Sie sich vor, wenn Sie mögen, Sie könnten eine Pille nehmen, die Ihnen sofortige hellseherische Fähigkeiten verleiht. Plötzlich sind Sie in der Lage, die Welt aus der Sicht der Leute, die in Ihrer Nähe sind, zu sehen: Sie kennen ihre Gedanken, fühlen, wie sie fühlen. Wie würde das sein?

Bei einem Versuch, den Dr. Charles Tart (Psychologie-Professor an der California Universität in Davis und seit langem Forscher übersinnlicher Phänomene) leitete, wurde eine Gruppe von College-Studenten und Einwohner einer Gemeinde in Kalifornien aufgefordert, sich vorzustellen, solch eine Pille zu nehmen. Ihre Reaktionen waren zum größten Teil negativ.

Die am meisten ausgedrückte Befürchtung betraf den Mangel an Kontrollmöglichkeit — die Leute fürchteten, überfordert zu werden, permanent mit Informationen über Gedanken anderer Leute bombardiert zu werden. Einer stellte sich vor, er würde die Träume anderer Leute übernehmen und nicht mehr schlafen können. Viele drückten ihre Besorgnis über mögliche negative Nebeneffekte aus, wie durch das Experiment verrückt zu werden, und das Bedürfnis, sich an einen Platz zurückziehen zu können, um allein sein zu können. Andere fürchteten, völlig durcheinander zu geraten — nicht in der Lage sein zu können, zu sagen, wessen Gedanken sie empfingen, oder — noch schlimmer — nicht in der Lage sein zu können, ihre eigenen Gedanken von denen anderer zu unterscheiden. Diese Möglichkeit machte besonders Angst.

Haben Sie jemals einen Raum voller Leute betreten und die ›schlechten Schwingungen‹ in dem Raum gefühlt? Während Sitzungen, z. B. am Arbeitsplatz, können Sie sagen, wenn etwas nicht stimmt — Leute sind ärgerlich, etwas ist nicht in Ordnung. So etwas ist schon beinahe Gedanken lesen. Möchten Sie mehr darüber wissen, wie Sie über noch größere hellseherische Fähigkeiten in einer solchen Situation verfügen können? Wie würde das sein? Der folgende völlig frei ersonnene Bericht über ein Experiment des Gedankenlesens, angeregt von Dr. Tarts ›Pille‹, zeigt, was geschehen könnte:

Ich schaue zu Martha hinüber und beginne, ihren Zorn zu fühlen. Jetzt kann ich auch ihre Gedanken hören, die Flüche und Anklagen, die ihr durch den Kopf gehen. Wie ich tiefer hineingehe, fühle ich die Frustration hinter dem Zorn — die verletzten Gefühle und die Enttäuschung. Ich erfahre auch einige ihrer Erinnerungen und verstehe vor dem Hintergrund ihrer persönlichen Geschichte, wie schwer sie diese Frustration gerade auch in diesem Moment betrifft. Ihre Lebensmuster, die Art, wie sie mit Frustrationen und Zorn in der Vergangenheit umging und wie ihr Selbstwertgefühl durch die Frustrationen angegriffen wurde — all dies kommt mir blitzschnell in den Sinn.

Ich fühle mich ein in ihren Körper. Ihr Herz schlägt schneller. Die innere Belastung beeinträchtigt die Herztätigkeit. Ich kann fühlen, wie ihr Blutdruck steigt. All dies sind Alarmsignale, die einen Herzanfall ankündigen, als Antwort auf die lange zurückgehaltene Frustration und Zorn. Ich empfinde Mitleid mit ihr und wünsche, sie könnte sich entspannen. Doch ich spüre auch ihre Angst. Sich zu entspannen in diesem Moment würde bedrohlich wirken. Sie möchte in ihrer Abwehr nicht nachlassen. So fühlt sie sich in ihrem Käfig aus Zorn und Ärger gefangen. Ich weiß dies alles und mehr im Bruchteil einer Sekunde.

Meine Augen wandern zu Bob, der neben Martha sitzt. Ich kann mir vorstellen, wie sein Leben aussieht, und wie ihn dieses Treffen belastet. Aber in diesem Augenblick fängt Fred zu sprechen an. Der Ton seiner Stimme ist ein wichtiger Informationsträger — aus der Tonlage und dem Rhythmus seiner Rede kann ich seine Nervosität heraushören und nehme auf, wie er versucht, die heikle Situation unter Kontrolle zu bekommen. Aus der Unverbindlichkeit und der gezwungenen Freundlichkeit der Worte spricht seine Weise, mit Streß umzugehen.

Während ich so in Marthas Gesicht schaue und ihr Leben vor mir ablaufen sehe, nehme ich gleichzeitig die Töne von Freds Stimme auf, und auch sein Leben faltet sich vor mir auf. Es ist ein bißchen verwirrend, um es milde auszudrücken. Ich möchte mich wieder ein wenig auf mich konzentrieren, da ich meine eigenen Angelegenheiten zur Sprache bringen und die Gefühle über dieses Treffen zum Ausdruck bringen will. Aber mit all diesen sonstigen Informationen, die ich über die Menschen in diesem Raum bekomme, weiß ich, daß ich die Auswirkungen meiner eigenen Verhaltensweisen und Ansichten auf ihre Ziele, Wünsche und Gefühle zu spüren bekommen werde. Ich weiß nur nicht, wie ich all dies verarbeiten und dabei noch bei meiner eigenen Arbeit funktionieren soll. Ich werde versuchen, einige der Geräusche auszuschalten und mich auf meine eigenen Ziele zu konzentrieren.

Diese Person fühlt sich überfordert und verwirrt. Sich zu sehr auf die Gefühle anderer Leute zu konzentrieren, macht es schwirig, mit seinen eigenen Gedanken und Zielen in Verbindung zu bleiben. Glücklicherweise macht diese Person einen Versuch, die Kontrolle zu übernehmen, indem sie ihre Fähigkeit darauf konzentriert, die Energiezufuhr einzudämmen. Zu wissen, was die anderen Leute bei dem Treffen denken und fühlen, verführt dazu, das Handeln zu hemmen und macht die Person vorsichtiger und weniger gewillt, zu tun, was in ihrem eigenen Interesse steht. Sich derart mit anderen zu beschäftigen, kann den eigenen Kampfgeist einschränken.

Eine telepathische Verbindung mit anderen Menschen um sie herum beeinflußt sicherlich Ihre Beziehung mit ihnen. Beinahe die Hälfte der Leute in Dr. Tarts Studie drückten Zweifel über ihre Fähigkeit aus, mit solchen telepathischen Informationen verantwortlich umgehen zu können. Was, wenn sie

Gedanken hörten, die sie nicht wissen sollten? Wären Sie in der Lage, der Versuchung zu widerstehen, sich einen Vorteil vor jemandem zu verschaffen, dessen Gedanken sie kennen? Was, wenn sie gemeine Gedanken über sich selbst erführen, Dinge, die ihre Gefühle verletzten, Dinge, von denen sie sich wünschten, sie hätten sie nicht gehört? Was würden Sie dann tun?

Ein Mann bekannte, er habe eine Menge abscheulicher, schäbiger egoistischer Gedanken, Gedanken, die möglicherweise dazu führten, daß er zurückgewiesen oder zur Zielscheibe der Lächerlichkeit würde, sollten andere Menschen von ihnen Kenntnis erhalten. Es ist angenehm, geliebt zu werden trotz unserer negativen Seiten, sagte er, aber er war sich nicht sicher, ob er fähig wäre, andere Menschen zu lieben, egal, was sie dachten. Andere äußerten ähnliche Bedenken. Sie wollten nicht, daß ihre eigenen Gedanken gelesen werden konnten und waren nicht so sicher, ob es fair wäre, Gedanken eines anderen zu lesen. Einigen erschien es wie eine Invasion in die Privatsphäre; andere interessierten sich für zusammentreffende Gedanken, die sich als schwierig oder störend erweisen könnten. Gedankenlesen könnte dazu führen, sich überwiegend darum zu kümmern, was andere Leute denken, was schon ein Problem für viele Leute ist.

Einige Befragte zeigten auch positive Reaktionen, obwohl sie sich weniger genau äußerten. Dr. Tart wies darauf hin, daß die am häufigsten erwähnte positive Äußerung war, daß Gedankenlesen ›interessant‹ wäre, oder etwas ähnlich Vages. Die häufigste positiv spezifizierte Reaktion war, daß Gedankenlesen die Kommunikation durch größeres Einfühlungsvermögen verfeinern könnte. Eine Person vermutete, daß sie durch das Lesen von Gedanken anderer Leute eine Menge Ideen gewinnen könnte, auf die sie selbst nie gekommen wäre – ›sie würde in kürzester Zeit ein Genie‹.

Sind Sie überrascht über die Ergebnisse der Untersuchung?

Sympathisieren Sie mit den Befürchtungen? Es ist interessant, daß sich die Versuchspersonen eher negative Folgen als positive vorstellten und sie mit so anschaulichen Ausdrücken beschrieben. Klar, die negative Seite eines hellseherischen Bewußtseins erschien ihnen näher als die positive Seite. Das Ergebnis der Untersuchung ist auch abhängig davon, wie die Aussage formuliert wurde, aber Dr. Tarts Versuch ist nicht die einzige zur Verfügung stehende Forschungsgrundlage, die auf Furcht vor ASW (Außersinnlicher Wahrnehmung) deutet. Die Furcht scheint echt zu sein. Im Laufe dieses Buches, in dem wir unser hellseherisches Bewußtsein entwickeln, werden wir die Ursachen dieser Ängste untersuchen und einen Weg finden, der hilft, sie zu überwinden.

Nur wenige Leute bei Dr. Tarts Versuch berichteten über den positiven Gebrauch hellseherischer Kräfte. Stattdessen sahen sie sich selbst als passive Opfer nicht freigegebener Informationen. Vielleicht empfanden sie deshalb so, weil ihnen diese Möglichkeit plötzlich aufgedrängt wurde, ohne daß sie Zeit hatten, sich darauf vorzubereiten, die Welt auf eine andere Weise zu erfahren. Dies ist aber meist der Fall, daß hellseherische Fähigkeiten völlig unvorhergesehen auftreten. Betrachten wir den Fall von Peter Hurkos.

Peter, ein holländischer Anstreicher, war Mitglied der niederländischen Untergrundbewegung gegen die Nazis während des II. Weltkrieges. In seiner Autobiographie ›Psychic‹ beschreibt er, wie er eines Tages von seiner Leiter 30 Fuß (ca. 9 m) in die Tiefe fiel. Während des Falls lief sein Leben in Sekundenschnelle vor seinen Augen ab. Das letzte, an das er sich erinnerte, war, daß er schrie: »Ich will nicht sterben«. Das nächste, was er wußte, war, daß er im Krankenhaus lag. Der Doktor sagte ihm, daß es ein Wunder wäre, daß er eine solch schwere Kopfverletzung überlebt hätte.

Später am Tag bemerkte Peter einen anderen Patienten im Bett nebenan. Zu seiner Verwunderung stellte er fest, daß er alles über diesen Mann wußte. Aber er kannte ihn gar nicht. Wie war das möglich? Als die Schwester Peter aufsuchte, entdeckte er, daß er Dinge über sie wußte. Als ein anderer Patient sich von ihm verabschiedete und ihm alles Gute wünschte, merkte Peter, wie ihn eine Welle der Angst um diesen erfaßte. Er platzte mit der Warnung heraus, vorsichtig zu sein. Peter schrie auf, daß der Mann ein britischer Agent wäre, die Deutschen dies herausgefunden hätten und er getötet werden sollte. Zwei Tage später wurde der Mann getötet.

Peter war verwirrt durch diese Eingebungen, die ganz spontan gekommen waren, mit dem Anspruch, wahr zu sein. Als er vier Monate später nach Hause ging, zog er sich mit seinem ›Fluch‹ in sein Zimmer zurück und weigerte sich herauszukommen. Er wurde mit visuellen Eindrücken bombardiert, die ihn sehr beunruhigten und mit Angst erfüllten. Ein unerklärliches Verlangen, die Bibel zu lesen, half ihm sich aus seiner Lage zu befreien. Da er außer Haus ging, um sich eine Bibel zu besorgen und darin las, begann er sich besser zu fühlen in seinem Zustand. Er fühlte, wie seine Kräfte wuchsen und ihn auch weniger beunruhigten. Er stellte fest, daß er über das, was man die ›Kraft des Glaubens‹ nannte, verfügte. Er beschloß, sich seinen Kollegen von der Untergrundbewegung anzuschließen. Dort, so fand er, konnte er seinen ›Fluch‹ in eine ›Gabe‹ verwandeln, indem er in den Kriegswirren auf einzigartige Weise mitwirkte: einer seiner ersten Leistungen war, Nazi-Spione innerhalb der Untergrundbewegung zu identifizieren. Nach dem Krieg verwandte er seine hellseherischen Fähigkeiten darauf, Verbrechen aufzuklären und vermißte Leute aufzufinden.

Hellseher sehen ihre Fähigkeit

Die Möglichkeit, seine hellseherischen Fähigkeiten mit Geschichten in der Bibel in Verbindung zu bringen, half Peter

Hurkos, sie sich als die ›Kraft des Glaubens‹ vorzustellen. In der Lage zu sein, seine hellseherischen Fähigkeiten für einen guten Zweck zu nutzen, machte es ihm möglich, seine Gabe zu schätzen und sie weiterzuentwickeln. Wie die Teilnehmer in Dr. Tarts Untersuchung wurde Peter mit dem plötzlichen Erscheinen einer intensiven hellseherischen Sensibilität konfrontiert. Genau wie die Versuchspersonen empfand Peter sich als Opfer, von einer Fähigkeit überrumpelt, die ihm die Möglichkeit der Kontrolle entzog. Erst als er die hellseherische Gabe unter einer neuen Perspektive betrachtete, die ihm das Gefühl gab, etwas Sinnvolles tun zu können und die Möglichkeit, sie auf spezielle Ziele anzuwenden, war es Peter möglich, eine positive Einstellung zu seinem hellseherischen Bewußtsein zu haben.

In ›Many Voices: The Autobiography of a Medium‹ beschreibt die Hellseherin Eileen Garrett, wie auch sie sich über das Wesen ihrer Fähigkeit und ihre Ursachen wunderte. Ihre hellseherischen Fähigkeiten tauchten plötzlich während einer Séance auf, der sie beiwohnte. Sie fiel spontan in Trance und ein ›Geist‹ sprach durch sie. Den Anwesenden schien durch das, was die ›Geister‹, die durch sie sprachen, anboten, geholfen zu werden. Den Rest ihres Lebens verbrachte sie damit, das Wesen ihrer hellseherischen Fähigkeiten zu erforschen. Gegen Ende ihres Lebens sah sie den Wert ihrer hellseherischen Fähigkeit am meisten darin, daß sie so viel über ihre wahre innere Natur erfuhr.

Edgar Cayce war auch ein unfreiwilliger Hellseher, und er kämpfte gegen diese Gabe, bis er feststellte, daß sie anderen Menschen helfen konnte. Seine Lebensgeschichte ist in Thomas Surgrues Biographie ›There is a River‹ gut beschrieben. Cayce hatte seine Stimme wegen einer Paralyse seiner Stimmbänder verloren. Nachdem er Behandlungen verschiedener Ärzte aufgesucht hatte und als unheilbar diagnostiziert wurde, versuchte er es mit Hypnose. Unter Hypnose sprach

Cayce mit normaler Stimme. Während einer Sitzung stellte er sich selbst die Diagnose zu seinen Beschwerden und entwikkelte eine Heilbehandlung.

Jemand, der von dieser Leistung hörte, fragte Cayce, ob er – unter Hypnose – eine Diagnose stellen und ein Heilmittel für seine Tochter sagen könnte, die von den Ärzten nicht behandelt werden konnte. Cayce versuchte es und hatte Erfolg.

Eine Zeit lang mißtraute Cayce seinem Talent ›im Schlaf‹ und befürchtete, daß es Zeichen teuflischer Einflüsse sein könnten.

Obwohl er kein ›freak‹ sein wollte, so bestärkte ihn die Tatsache, daß er in der Lage schien, Leuten bei ihren Problemen zu helfen, schließlich in seinem Entschluß, seine Bemühungen unbeirrt fortzusetzen. Sein ganzes Leben lang jedoch hinterfragte er diese Fähigkeit auf ihre Ursache und ihren Sinn.

Diese Erkundung seiner hellseherischen Gabe wurde auch in Trancezuständen weitergeführt. Die Mitteilung, die er bekam, half ihm, die Kluft zwischen seinem sich auf dem ›Boden der Tatsachen‹ befindenden traditionellen christlichen Glaubenssystem und den unendlichen Schätzen, die in seinem Unterbewußtsein zu schlummern schienen, zu überbrükken. Auf diese Weise führte ihn sein hellseherisches Bewußtsein vom Zweifel zu einer größeren Selbstverwirklichung. Gerade diese Suche nach dem Sinn seiner hellseherischen Gabe soll zunächst in diesem Buch grundlegend nachvollzogen werden.

Wenn wir, wie Cayce es uns nahelegt, die Leben anderer Hellseher und deren Einblicke studieren, dann entdecken wir, daß sie etwas gemeinsam haben. Das ist dies: daß die hellseherische Gabe nicht für den persönlichen Profit verwendet wird, sondern dazu, anderen zu helfen und mehr über sich selbst zu lernen.

Studenten drücken ihre Angst über hellseherische Fähigkeiten aus

Es sind nicht nur die begabten und vollendeten Hellseher, die sich mit Zweifeln und Ängsten bezüglich ihrer hellseherischen Fähigkeiten konfrontiert sehen. Wer sich auf den Weg macht, übersinnliche Kräfte zu entwickeln, auch unter kundiger Anleitung, muß damit rechnen in Krisen zu geraten. Sehen Sie sich zum Beispiel die Ergebnisse einer anderen Untersuchung von Dr. Tart an.

In dieser Studie interviewte Dr. Tart Leute, die an einem Übungsseminar zur Entwicklung der Hellsichtigkeit teilnahmen. Es waren Studenten von Helen Palmer, einer professionellen Hellseherin aus Berkeley in Kalifornien, die so gefragt ist, daß ihre Warteliste für Termine schon ein Jahr beträgt. Ihre Studenten äußerten in erster Linie positive Gefühle gegenüber der Entwicklung ihrer hellseherischen Fähigkeiten; aber als sie zu ihren Ängsten befragt wurden, teilten sie eine Reihe aufschlußreicher Beobachtungen mit.

Die meisten betrafen das Sich-Öffnen für das Unbekannte. Sie fürchteten den Verlust von Kontrolle und hatten Angst, von einem äußeren Einfluß besessen oder beeinflußt zu werden. Viele befürchteten, überhaupt die Kontrolle über ihr Leben zu verlieren und fragten sich: »Werde ich jemals wieder normal sein können?«

Da sich Hellseher anderen Realitäten öffnen, können die Dinge verwirrend werden. Die vormals vertrauten Grundlagen, die das Gefühl von Geborgenheit und Sicherheit gewährleisten, können in Frage gestellt sein. Eine klare Scheidung zwischen dem was ›wirklich‹ und was ›nicht wirklich‹ ist, ist sehr wichtig für unser Gefühl von Stabilität. Wenn gewohnte Kategorien plötzlich ins Wanken geraten, muß man sich neuen verunsichernden Dimensionen stellen. Der Hellseher gehört zwar weiterhin der Welt an und muß den Wirklichkeitsbegriff der Allgemeinheit akzeptieren, zugleich aber sich der anderen Wirklichkeit öffnen — Verletzbarkeit, Isolation und Entfremdung sind Begleiterscheinungen dieses dauernden Konfliktes.

Normalerweise stellen Hellseher sich in den Dienst anderer, und diese Betätigung bringt weitere Ängste mit sich, was den Verlust von Kontrolle betrifft. Zum Beispiel, von der Bestätigung anderer Leute abhängig zu sein (»Bin ich verrückt, oder ergibt mein Reading einen Sinn für Sie?«) und sie nicht immer zu bekommen. Wenn Leute kritisch reagieren oder skeptisch sind, kann dies dem Hellseher Verwirrung und Selbstzweifel verursachen. Es ist schwer zu ertragen, auf die Mitwirkung der Klienten angewiesen zu sein, deren eigene Probleme sie beizeiten daran hindern, den Wert der Information eines Hellsehers richtig einschätzen zu können.

Mit Menschen in einer derart intimen Wechselbeziehung zu stehen, kann Schwierigkeiten der Abgrenzung mit sich bringen. Der Hellseher kann so sehr betroffen sein, daß er selbst mit den Problemen eines anderen Menschen kontaminiert wird, was Krankheiten oder große emotionale Belastungen zur Folge haben kann. Diese Möglichkeit zwingt den Hellseher zu fortlaufender Selbstkritik und professioneller Weiterentwicklung.

Zusätzlich zur Kontrollproblematik bringt die hellseherische Fähigkeit Fragen zum Umgang mit Macht, zur Ethik und zum Problem des Bösen mit sich. Die negativen Gedanken der Leute gegen sich zu spüren, kann den Wunsch stimulieren, auf gleiche Weise zu reagieren, wobei starke Energien ins Spiel kommen. Sie beherrschen zu lernen ist mit großer Überwindung und Anstrengung verbunden. Sich an Grenzen der vertrauten Realität zu bewegen, kann unheimlich sein, sogar für diejenigen, die daran gewöhnt sind, dies zu tun. Grenzerfahrung bedeutet zugleich die Transformation des Selbst, wird häufig als eine Stirb-und-Werde-Situation beschrieben. Oder wie es ein Hellseher ausdrückte: »Sie arbeiten nicht an sich selbst, um ein besserer Hellseher zu werden, Sie sind Hellseher, um an sich selbst zu arbeiten.«

Wenn wir uns die Statements zur Entwicklung hellseherischer Kräfte genauer betrachten, können wir zusammenfassend feststellen: Erstens wurden wiederholt Befürchtungen vor Kontrollverlust geäußert, zumal bei den Versuchspersonen, die sich lediglich vorstellten, wie es sein könnte, ein Hellseher zu sein. Vielleicht hatte ihre Vorstellung etwas Realistisches.

Als zweites können wir die Furcht davor, anders zu sein oder den anderen seltsam oder unheimlich vorzukommen, festhalten. Diese Erfahrungen sind verbunden mit Gefühlen der Einsamkeit. In seiner Autobiographie schrieb Ingo Swann: »Ich habe es niemals vorher gesagt, aber da das Bewußtsein anfängt, weniger abhängig von den Sinneswahrnehmungen zu werden und man beginnt, sich einer anderen Bedeutung bewußt zu werden, wird es möglich, an die Schwelle einer Art von Einsamkeit zu gelangen, die dem Zustand des Hellsehers eigen ist. Die Einsamkeit ist wie ein Brandzeichen, und eine Art schöner Traurigkeit kennzeichnet sie; man kann fühlen, daß alle Menschen sie das eine oder andere Mal erleben.«

Einige sind davon fasziniert; andere schaudern davor zurück oder weigern sich, darüber etwas zu vernehmen. Diese besondere Einsamkeit scheint viele Stufen von Emotionen in sich zu tragen; sie findet adäquaten Ausdruck in der Kunst, im Leben hingegen wird sie oft durch Ersatzhandlungen kompensiert — durch Sex, Essen, Arbeit, Ersatzbefriedigungen, die Menschen teilweise bis zum Exzeß betreiben, um sich über die Traurigkeit ihrer intuitiven Einsamkeit, die ja auch schön sein könnte, hinwegzutäuschen.

Sich einfach nur rational oder bloß emotional zu verhalten oder auf normalem Niveau Umgang mit andern zu haben, ist für viele Menschen nicht genug. Und doch scheint das Streben danach, das Wesen anderer Menschen mental, emotional oder durch übersinnliche Kräfte zu berühren, immer ein schwieriges Unterfangen, weil der Suchende selbst sich in die Einsamkeit begibt. Wer in seiner Selbsterfahrung die bloße Körperlichkeit übersteigt, für den der Mensch mehr ist als ein nach physikalischen Gesetzmäßigkeiten funktionierendes System, der wird in seiner Lebensauffassung oft alleine stehen. Dies ist das Ergebnis des obiter dictum, das jedem auferlegt wird, der sich gegen die Vorstellungen einer Mehrheit stellt. (To Kiss Earth Goodbye, S. 65 – 66).

Ingo wurde früh in seinem Leben beigebracht, seine Erfahrungen nicht mit anderen zu teilen. In seiner Jugend traf er die bewußte Entscheidung, das ›Reisen‹ zu stoppen, das er immer mehr zu lieben begonnen hatte. Allmählich trat seine hellseherische Geschicklichkeit in den Hintergrund. Es dauerte, bis er erwachsen war und in einer Gemeinschaft lebte, die an übersinnlichen Phänomenen interessiert war, daß er ihr erlaubte, wiederaufzutauchen. Berichte über Kinder, denen man beibrachte, daß ihre hellseherischen Wahrnehmungen falsch seien, sind recht verbreitet. Solche Kinder lernen bald, ihr hellseherisches Bewußtsein zu unterdrücken, um Kritik, Verachtung und Zurückweisungen zu vermeiden.

Drittens wurde von den Hellsehern in Dr. Tarts Untersuchung die Furcht vor Kontaminierung ausgedrückt. Da die Grenzen zwischen dem Hellseher und den anderen Menschen reduziert sind, beginnt der Hellseher sich zu wünschen, einen Weg zu finden, andere Personen auf Abstand zu halten. Edgar Cayce machte mit diesem Problem seine Erfahrungen. Diejenigen, die täglich um ihn waren, merkten, wie ihre Stimmungen ihn ständig beeinflußten, sehr zu ihrem Kummer und ihrer Verwirrung. Seine Mitarbeiter dienten Mister Cayce als Puffer. Sie hielten die Leute, die zu ihm kamen, um sich Hilfe zu holen, auf Distanz, so daß er nicht von ihren Stimmungen beeinflußt werden konnte. Harmon Bro bemerkte in ›Edgar Cayce on Religion and Psychic Experience‹, daß, obwohl Cayce ein mitfühlender und liebevoller Mensch war, er dennoch Leute oftmals in ganz einfache Gespräche verwickelte oder sie mit kleinen Geschichten unterhielt, ein Zeichen, daß er sich davor bewahrte, von ihren Stimmungen angesteckt zu werden. Es war seine Methode, um die Folgen der offenen Grenzen zu anderen unter Kontrolle zu bekommen.

Zum Schluß nehmen Sie Tarts abschließende Beobachtungen zur Kenntnis: übersinnliches Bewußtsein zu entwickeln, schließt eine Art Transformation des Selbst ein; die Hellseher kamen zu dem Schluß, daß, wenn sie überleben wollten, sie diesen Vorgang als einen Weg zum persönlichen Wachstum akzeptieren mußten. Obwohl es sehr wichtig ist, zu überlegen, was Sie mit Ihrer hellseherischen Gabe anfangen wollen, so scheint es noch wichtiger, zunächst zu überlegen, was diese Gabe mit *Ihnen* macht!

Der Nutzen von Edgar Cayces Methoden zur Entwicklung hellseherischen Bewußtseins

Hellseherische Fähigkeiten zu entwickeln, kann uns tatsächlich in schwierige Situationen bringen. Der Verlust von Kontrolle, der Verlust des sicheren Gefühls für sich selbst, der Verlust von Sicherheit, der Grenzen zwischen sich und den Menschen um einen herum, der Verlust des Gefühls für die Grenzen der Kraft und der Verlust des Vertrauens in das, was die Realität ist – dies alles ist keine kleine Sache. Was ersetzt das Gefühl, die Kontrolle verloren zu haben? Wenn das alte Selbstbild verloren ist, was für ein Neues tritt an dessen Stelle? Wenn die Grenzen zwischen Ihnen und anderen aufgelöst sind, wie wollen Sie unterscheiden, was richtig für Sie und die Bedürfnisse der anderen ist? Wenn Sie in sich neue, unbegrenzte Kräfte spüren, was fangen Sie mit Ihren negativen

Gefühlen an? Wenn Sie der ›Wirklichkeit‹ nicht trauen können, worauf können Sie sich verlassen?

Angesichts solcher Fragen, die selbstverständlich bei der Entwicklung des hellseherischen Bewußtseins auftauchen, verspricht die Perspektive, die Edgar Cayce Readings anbieten, Beruhigung, Sicherheit und eine positive Richtung. Fürs erste wird es hilfreich sein, Ihre Vorstellung von Hellsichtigkeit mit der Vision, die Cayce davon hatte, zu vergleichen.

Hellseherisches Bewußtsein scheint zunächst ein Weg, der über die normalen Erfahrungen hinausgeht. So sehr wir eine solche Gabe schätzen mögen, so scheint sie dennoch ähnlich absonderlich wie etwa die ehrfurchtgebietenden Kräfte der Superhelden in den Cartoons. Cayce dagegen würde uns auffordern, unsere Vorstellungskraft zu erweitern, um zu realisieren, daß hellseherisches Bewußtsein Teil unserer natürlichen Anlagen ist. Es ist eine Fähigkeit, die in Vergessenheit geriet und wieder in Erinnerung gebracht werden muß, nicht als etwas Neues, das hinzukommt. Wir sind schon hellseherisch veranlagt. Wir gebrauchen unsere hellseherischen Fähigkeiten bereits täglich, wenn auch nur in geringem Maße und gewöhnlich unbewußt. Unsere hellseherischen Fähigkeiten auf bewußte Weise nutzen zu lernen, kann uns nicht nur im täglichen Leben helfen, sondern uns auch unsere wahre Identität als Geschöpfe Gottes bewußt werden lassen.

Wenn Sie anfangen, sich des hellseherischen Bewußtseins bewußt zu werden, wird sich Ihre eigene Identität ändern. Die Angst, die von den Hellsehern beschrieben wurde, ist ein Signal Ihres alten Selbst, das Sie warnt, daß Ihre gewohnte Identität bedroht ist. Hellseherisches Bewußtsein, wenn Sie es aus der Sicht Ihrer normalen Identität sehen, ist von Natur aus erschreckend, da es droht, diese Identität auszulöschen. Bevor wir den Versuch unternehmen, unser hellseherisches Bewußtsein zu entwickeln, würde Cayce uns raten, uns zuerst darauf vorzubereiten, eine neue Identität zu akzeptieren. Er würde uns anregen, ein Bewußtsein für unsere spirituelle Identität zu entwickeln, d. h. eine Identität, die nicht auf die materiellen Komponenten ausgerichtet ist als Erweiterung des bisherigen Selbstbewußtseins. Es ist viel leichter für ein Bewußtsein, das in einer spirituellen Identität wurzelt, die jenseits der Zwänge von Zeit und Raum existiert, das Funktionieren hellseherischer Kräfte als eine natürliche Begabung anzunehmen. Solch ein Wandel der Identität macht das hellseherische Wirken nicht nur natürlicher, sondern ist auch ein Gewinn im alltäglichen Leben.

Hellseherisch zu sein bedeutet, daß die Grenzen, die wir zwischen uns und anderen errichtet haben, fallen werden. Wir haben gesehen, wie unheimlich das sein kann. Cayce vermutet, daß, wenn wir uns darauf vorbereiten, hellseherisches Bewußtsein zu erlangen, wir über das Wesen unserer Beziehungen mit anderen nachdenken. Wenn wir uns mit unserem Wesen identifizieren können, werden wir realisieren, daß wir eng mit dem spirituellen Niveau aller anderer Wesen verbunden sind. Auf dieser Ebene gibt es keine Grenzen. Wir entdecken dann, daß wir nicht allein in dieser Welt sind, nicht abgetrennt von der Natur und den Leuten um uns herum.

Grenzen schützen uns, aber wir bezahlen für diesen Schutz. Viele von uns haben Sorgen. Wir fragen uns, wie wir uns verhalten sollen angesichts der Bedrohung unserer Existenz, wie wir unseren Lebensunterhalt sichern können, wir stellen uns die Frage, wer wir sind und welche Eigenschaften notwendig sind, um in dieser von Konkurrenzdenken geprägten Welt zu überleben. Die Welt stellt große Anforderungen an uns; es gibt viel zu lernen, und es ist harte Arbeit erforderlich, um das zu erreichen, was wir brauchen. Uns über unsere spirituelle Identität und das hellseherische Bewußtsein klarzuwerden, ist ein Lösungsangebot bei solchen Problemen. Es läßt uns erkennen, daß wir bereits alles, was wir brauchen, in uns haben: das Leben selbst, das uns vom Schöpfer geschenkt wurde, mit dessen Wesen wir begabt sind. Diesem Bewußtsein gegenüber wird das Problem des ›Kontrollverlustes‹, das so wiederholt in Dr. Tarts Untersuchungen artikuliert wurde, geringfügig. Vertrauen in das Leben macht das Bedürfnis, Kontrolle zu besitzen, überflüssig.

Es ist der Erfahrung ähnlich, die Leute machen, die die Grenze zum Tod beinahe überschritten haben, sei es durch einen Unfall oder während einer Operation. Viele Leute, die solch eine Erfahrung durchgemacht haben, berichten, daß sie in ein intensives Licht geraten, liebevolle ›Geister‹ treffen und einen Einblick in eine himmlische Existenz erhalten. Diese Leute stellen fest, nachdem sie widerwillig in das Reich der Lebenden zurückkehren, daß sie den Tod nicht länger fürchten. Konsequenterweise fürchten sie nicht länger das Leben, sondern können es akzeptieren und es mehr lieben. Oft, wie im Fall der Frau, die in dem Film ›Auferstehung‹ portraitiert wurde, kommen sie mit übersinnlichen Fähigkeiten zurück.

Hellseherisches Bewußtsein, in der Weise, wie es Cayce uns entwickeln ließe, wird sinnvollerweise als ein Weg spirituellen Wachstums angegangen, als Erweiterung der Vorstellung von uns selbst, um Erfahrungen mit einzubeziehen, die uns helfen, uns lebendiger zu fühlen, weil mehr in Verbindung mit den anderen, mehr als Teil des Lebens – als Teil eines unendlichen Prozesses, der nicht zerstört werden kann. In diesem Zusammenhang ändern sich unser Ethos und die Werte, und unser Umgang mit den Veränderungen des Lebens. Wir haben eine radikale Veränderung unseres Lebens erlebt, die uns dieselben Einsichten einer Beinahe-Todeserfahrung eröffnet, ohne daß wir eine enge Berührung mit dem Tod gehabt haben müssen.

Andere zu lieben, sich um ihr Wohlbefinden zu bemühen und den Wunsch zu haben, ihnen behilflich zu sein – diese altruistische Haltung wird spontaner und natürlicher und weniger eine moralische Diktion; eher freiwillig weniger ein

Zwang. Eine solche Änderung der Haltung lindert die Ängste vor den moralischen Auswirkungen der hellseherischen Fähigkeit. Es ist viel einfacher, mit telepathischer Vertrautheit umzugehen, wenn wir anderen gegenüber Sympathie empfinden, als wenn wir Argwohn oder Furcht empfinden. Liebe macht das Bedürfnis nach Macht überflüssig.

Den Weg so vorzubereiten, indem man sich eine richtige Grundlage schafft, gibt die Gewähr, daß die Entwicklung des hellseherischen Bewußtseins zu einem natürlichen Ausdruck aufgeklärten Bewußtseins wird − fähig ist, die Aufgabe von dieser Dimension des Lebens zu erfüllen. Nach landläufiger Vorstellung ist hellseherisches Bewußtsein wie den Tiger beim Schwanz zu packen. Für eine Persönlichkeit, die die Realität ihres spirituellen Wesens erkannt hat, ist hellseherisches Bewußtsein der natürliche Ausdruck transpersonalen Bewußtseins. Hellseherische Fähigkeit hat in sich kein Ende, strebt nicht nach Macht und wird letztendlich zu keiner gewaltigen Last. Stattdessen stellt sie eine Möglichkeit dar, sich selbst zu verwirklichen, die wahre Individualität zu entwickeln, das Leben voller, in größerer Kreativität und Harmonie mit all den Segnungen, an denen wir teilhaben können, zu leben.

2 Einheit: das hellseherische Bewußtsein

Wie es immer die Erfahrung einer jeden Seele gewesen ist: daß das Gesetz unteilbar ist, der Ursprung unteilbar ist! und die, die anderes als das suchen, finden Leid, Durcheinander und Verwirrung.

EDGAR CAYCE Reading Nr. 1297 – 1

Ich glaube wahrhaftig, daß wir alle aneinander gebunden sind, als ob wir von der Zeit eingehüllt wären, wie auch all die verschiedenen Aspekte unserer Natur es sind. Der Fluß meines Lebens ist auf und unter der Oberfläche geflossen auf die Heilung zu, zur Unterstützung und Hilfe der Bedürfnisse anderer Menschen, die ich unter der Ebene des Bewußtseins auftauchen sah.

EILEEN GARRETT

Edgar Cayces Weg, hellseherische Fähigkeiten zu entwickeln, kann auf eine sehr einfache Formel gebracht werden: leben Sie ein Leben in Einheit. Das ist ein hoher Anspruch, aber so ist das Ziel: fähig zu sein, hellseherisches Bewußtsein in seiner natürlichsten und vollendetsten Ausdrucksform als universelles Bewußtsein zu erfahren!

Cayce, ein nüchterner und praktischer Mensch, wußte, daß solch eine Forderung »leben Sie ein Leben in Einheit« uns zunächst einmal in zu viele Richtungen bringt. Wie sollen wir wissen, womit anzufangen ist? Als Cayce diese Frage von einer kleinen Gruppe von Leuten, die hellseherische Fähigkeiten erlangen wollten, gestellt wurde, gab er ihnen die Empfehlung, einen Schritt nach dem anderen zu tun. Er verlangte von ihnen, jeden Schritt sich einzeln vorzunehmen und ihn zu einem Teil des täglichen Lebens zu machen, bevor sie sich dem nächsten Schritt zuwendeten. Im 11. Kapitel gehen wir alle Schritte nacheinander durch, aber im Moment wird es einfacher sein, ganz am Anfang zu beginnen.

Der erste Schritt ist dieser: lernen Sie, zusammenzuarbeiten. Dies mag sich zu einfach anhören, die Einfachheit ist aber Resultat eines tiefgründigen und komplexen Lernprozesses. Zusammenarbeit oder auch Kooperation bedeutet in Koordination mit anderen zu arbeiten oder zu operieren. Zusammenarbeit lernen heißt, unser Verhalten in Einklang mit Einheit als einer grundlegenden Ebene der Realität zu bringen, anstatt auf ›meinem Weg‹ zu bestehen. Zusammenarbeit bildet das Bewußtsein von Einheit und läßt es wirklich werden, indem wir es in unserem Handeln zum Ausdruck bringen. Die Gelegenheiten, uns für Zusammenarbeit zu entscheiden, sind endlos, und die Entscheidungen, die wir in solchen Momenten treffen, enthüllen gewöhnlich unsere Haltung der Einheit gegenüber.

Zusammenarbeit zu lernen als Mittel, hellseherische Fähigkeiten zu erlangen, erscheint vielleicht irrelevant, ein zu unbedeutender Schritt, oder zu langsam. Ich kenne dieses Gefühl ganz genau! Es ist schwierig, Geduld zu haben — man möchte hellseherische Fähigkeiten sofort erwerben, nach Art einer Technik, die sofortige telepathische Eindrücke vermittelt. Sie werden vielleicht an Ihre Jugend erinnert, als Sie etwas über Sex wissen wollten und Ihnen stattdessen etwas über Liebe erzählt wurde. Das ist toll, haben Sie vielleicht gedacht, aber wie steht's damit ›es zu tun‹? Erst nach jahrelangem Praktizieren erwachte dann das Gefühl dafür, wie sich Sex zu Liebe verhält.

Auf gleiche Weise wird hellseherisches Bewußtsein zum Bewußtsein von Einheit, und Zusammenarbeit ist ein guter Anfang auf diesem Weg. Der Autor Lawrence Le Shan bestätigt dies. In seiner theoretischen Analyse der übersinnlichen Phänomene ›Von Newton zur ASW (= außersinnliche Wahrnehmung)‹ zieht er den Schluß, daß Menschen, die kooperative Beziehungen haben, am geeignetsten sind, außersinnliche Wahrnehmungen (ASW) untereinander zu erleben. (Sie finden ein Experiment zu Zusammenarbeit, das ständig brauchbare hellseherische Ergebnisse geliefert hat, im letzten Kapitel dieses Buches. Bis dahin werden Sie die Werkzeuge in der Hand haben, um dieses Experiment selber zu versuchen.)

Cayce verglich einmal die Ausbildung zu hellseherischer Fähigkeit mit der Ausbildung zum Berufsboxer. Er betonte, daß man sich dabei gewiß nicht damit zufrieden geben darf, seine Muskeln aufzubauen oder demjenigen beizubringen, wie man boxen muß. Man muß den ganzen Menschen trainieren, da es der Mensch ist, der ganz bestimmte Techniken anwenden wird. Die Persönlichkeit des Berufsboxers trägt enorm dazu bei, wie gut er im Ring sein wird; auf der anderen Seite würde es eines fürchterlich großen und starken Mannes bedürfen, um einen Kampf ohne technisches Geschick zu überstehen. Erfolgreich zu sein, braucht beides, die Entfaltung der Persönlichkeit und die Ausbildung der Geschicklichkeit.

Zum Beispiel wäre es üblich, bei der Persönlichkeitsschulung des Fighters Eigenschaften auszubilden wie geduldig zu sein, seinen Ärger zu kontrollieren und nicht aufzugeben. Wenn wir die hellseherischen Fähigkeiten ausbilden, müssen wir an solchen Eigenschaften wie Zusammenarbeit, Einfühlungsvermögen und liebevollem Respekt gegenüber anderen arbeiten.

Die nächste Stufe für den Fighter wäre, sein Durchsetzungsvermögen und das Koordinationsvermögen zu trainieren. Dafür sind Übungen wie Joggen und Seilspringen hilfreich. Bei der Entfaltung der hellseherischen Fähigkeiten hilft Meditation, uns für eine neue Art des Bewußtseins zu öffnen.

Dann müßte der Fighter lernen, welche Haltung er einnehmen muß – nicht nur die seiner Arme und Beine, sondern auch, wie er sich psychologisch einem Gegner gegenüber verhält, welche Strategien er anwendet usw. Genauso müssen wir, wenn wir hellseherische Fähigkeiten erwerben, lernen, die subtilsten Gefühle und die Metaphorik zu erkennen, und in der Lage sein, Träume ins Bewußtsein zurückzurufen.

Zum Schluß bekäme der Fighter genaue Instruktionen: wie er einen bestimmten Schlag einsetzen, wie er blockieren, wie er sich in oder aus einer Position bringen kann. Ebenso gibt es viele ganz bestimmte Techniken zur Entfaltung und Anwendung hellseherischer Fähigkeiten, die Sie in späteren Kapiteln erfahren werden.

Wenn Cayce mit Einheit als dem ersten Prinzip beginnt und Zusammenarbeit als eine gute Methode, diese zu praktizieren, angibt, so gibt er uns damit eine allgemeine Orientierung auf zwei Ebenen: der philosophischen und praktischen. Auf die gleiche Weise muß vielleicht ein Straßenkämpfer, der danach strebt, in den Ring zu kommen, lernen, was Professionalismus bedeutet – gewisse Dinge nicht persönlich zu nehmen und nicht sein Ego in die Quere kommen zu lassen.

Einheit als das oberste Prinzip

Stellen Sie sich vor, Sie haben keinen Kopf. Ganz richtig, schauen Sie die Welt um sich herum an, aber tun Sie so, als hätten Sie keinen Kopf. Stellen Sie sich vor, Ihr Körper hört bei den Schultern auf. Sie sehen nicht mehr länger mit Ihren Augen oder nehmen die Dinge mit Ihrem Verstand wahr. Lassen Sie die Welt, die Sie sehen, den Platz von Ihrem Kopf einnehmen. Jetzt ist die Welt Ihr Kopf!

Dieses eigenartige Experiment, in einen anderen Bewußtseinszustand zu gelangen, stammt aus D. E. Hardings Buch über Meditation ›On Having No Head‹ und soll uns helfen, die Welt auf eine neue Weise zu erfahren. Versuchen Sie es ein wenig. Wenn Sie sich umsehen, versuchen Sie darauf zu achten, daß Sie, obwohl Sie keinen Kopf haben, noch ein Bewußtsein von der Welt haben. Wo sitzt dieses Bewußtsein? Können Sie es lokalisieren? Die Perspektive, so will es scheinen, wechselt von der normalen Auffassung ›Ich habe Bewußtsein‹ zu ›Das Bewußtsein ist‹. Seien Sie willkommen in der Wirklichkeit des Bewußtseins, des ›Verstandes im allgemeinen‹.

Wenn Sie Ihren Kopf vergessen, öffnen Sie sich für die Welt und die Welt folgt Ihnen und nimmt Ihr Ich ein. Sie sind sich noch der einzelnen Gegenstände bewußt − der einzelnen Blume, der Eichhörnchen − aber ein jeder ist irgendwie mit Ihnen verbunden, da die Wahrnehmung der Welt nicht länger von Ihrem Kopf bestimmt wird.

Normalerweise nehmen wir uns selbst als von der Welt getrennt wahr; dies versetzt uns in den Zustand der Freiheit: Wir können uns in dieser Welt frei und unabhängig bewegen. Das hört sich gut an, aber es hat seine Schattenseite. Wer so getrennt und vereinzelt lebt, ist enorm schutzbedürftig, um zu überleben. Freiheit ist gekoppelt mit Fremdheit in der Welt. Dieser Entfremdung wirkt die Bewußtseinsübung entgegen: wenn die Welt die Position Ihres Kopfes einnimmt, sind Sie mit der Welt verbunden. Sie können sich selbst als ›eins/einen mit‹ der Welt erleben.

Cayce brachte wiederholt seine Vorstellung von Einheit in seinen Readings zum Ausdruck. Alles und jedes ist Eins. Als er das Gesetz der Einheit betonte, wiederholte er, was als die ›Perennial Philosophy‹ bekannt ist, ein Terminus, den Gottfried Leibniz, der Erfinder des Kalküls und der Integralrechnung prägte und den Aldous Huxley in seinem Buch mit demselben Titel populär machte.* ›Perennial Philosophy‹ ist Kern der Botschaft aller Religionen: hinter all den verschiedenen, sichtbaren Manifestationen der Welt steht ein einheitliches Höheres Wesen — ›Das bist Du‹.

Nach der ›Perennial Philosophy‹ sind alle Kreaturen miteinander verbunden. Obwohl alles voneinander getrennt erscheint, so gibt es in Wirklichkeit keine getrennten Wesen. Ein jeder ist der dem Ganzen inhärente Teil. Zum Beispiel scheint jede Ozeanwelle eine getrennte, eigene ›Sache‹ zu sein, in Wirklichkeit aber sind Wellen kommende und gehende Äußerungen des Ozeans. Jede Welle ist eins mit dem Ozean.

Hinter den äußeren Erscheinungen liegt eine einheitliche Wirklichkeit, ein Höheres Wesen. Das Höhere Wesen wird als sichtbar und immanent und gleichzeitig als unsichtbar und transzendent angesehen. Dies kann verwirrend sein, wenn man versucht, es rein rational zu begreifen.

Nach der ›Perennial Philosophy‹ sind Bewußtsein und die Welt der Materie, oder die ›innere‹ und die ›äußere‹ Welt ein und dasselbe. Das Höhere Wesen, oder Reich Gottes, ist sowohl in Ihnen als auch außerhalb von Ihnen. Wir denken gewöhnlich an das Leben als an etwas, das aus Geist und Materie besteht; aber Geist und Materie sind tatsächlich nur zwei Aspekte derselben Wirklichkeit. Diese Wirklichkeit sind Sie. Im Geschöpf selbst entfaltet sich die All-Einheit des Lebens.

Genauso begegnet das Prinzip der Einheit in der Jüdisch-Christlichen Tradition, so in der Begründung der Gebote in der Bibel: »Das erste (Gebot) ist, ›Höre, o Israel: der Herr

---

* Mit ›Perennial Philosophy‹ = wörtlich: ›Immerwährende Philosophie‹ ist Leibniz' Monadentheorie gemeint. Zur Monadentheorie gehört u. a.: Jede Monade für sich genommen repräsentiert oder spiegelt das Universum. Alles das, was einer individuellen Substanz begegnet, »ist nur die Folge ihrer Idee oder ihres vollständigen Begriffs, da diese Idee bereits sämtliche Prädikate oder Ereignisse enthält und das Universum insgesamt ausdrückt«. (Disc. mét. § 14, Philos. Schr. IV, 440) Auch dies: Gott als oberste Substanz (Monade). (Anmerkung des Übersetzers)

unser Gott, der Herr ist einzig; und du sollst Gott deinen Herrn lieben, von ganzem Gemüte und mit allen deinen Kräften‹. Das zweite ist dies, ›Du sollst deinen Nächsten lieben wie dich selbst‹. Es ist kein anderes Gebot größer als diese.« (Markus 12: 29—31). In erster Linie bedeutet die Aussage »der Herr ist einzig«, daß es nur einen Gott oder Schöpfer gibt. Aber es kann auch heißen, daß alle Schöpfung einzig ist, und daß das Einzige Gott ist. Bevor Sie sich Gott als ein Wesen vorstellen, das oben im Himmel wohnt, stellen Sie sich lieber Gott als ein unendlich großes Wesen vor, und die Erde und all ihre Bewohner als ein Atom in Gottes Körper.

Das Gebot »deinen Nachbarn wie dich selbst zu lieben« wird gewöhnlich als eine Anweisung für das Verhalten andern gegenüber verstanden. Wenn Sie geliebt werden wollen, lieben Sie die anderen. Wenn Sie Respekt wollen, bezeugen Sie anderen Menschen Ihren Respekt. Mit anderen Worten, die beste Art, andere zu behandeln, ist die, in der Sie selbst behandelt werden möchten — als Goldene Regel. Die tiefere Begründung aber ist, daß Ihr Nachbar Sie selbst *ist*. Wenn Schöpfung ein Höheres Wesen ist, dann ist alles in der Schöpfung ein Stück dieses Wesens.

Die Vorstellung von Einheit mag am Anfang seltsam scheinen, aber sie ist die Grundlage für das Verständnis hellseherischer Fähigkeiten. Wenn wir weiter gehen, werden wir einige Anhaltspunkte, Beweise erhalten, daß die ›Perennial Philosophy‹ mehr als eine Denkrichtung ist; sie entspricht der Einfachheit der Dinge wie auch hellseherische Fähigkeiten ein natürlicher Bestandteil der wirklichen Welt sind.

Ökologie: Einheit in der Natur

Ökologie ist ein moderner Begriff für Einheit der Schöpfung. Heutzutage hören wir eine Menge über Ökologie, wenn es darum geht, der Umweltverschmutzung, dem Aussterben verschiedener Tierarten entgegenzuwirken und Leben auf Erden zu erhalten. In der Ökologie werden alle Lebenssysteme als wechselseitig voneinander abhängig definiert. Der Input eines Organismus hängt vom Output eines anderen ab. Beispielsweise brauchen Mensch und Tier Sauerstoff zum Leben und geben Kohlendioxyd ab, während umgekehrt Pflanzen Kohlendioxyd zum Leben benötigen und Sauerstoff an die Umwelt abgeben.

Ökologie baut auf der Erkenntnis auf, daß die verschiedenen Lebenssysteme miteinander verbunden sind: ein Element zu ändern, bedeutet alle zu ändern, damit eine Kettenreaktion in Gang zu setzen. Beinahe zu spät realisieren wir die Auswirkungen dieses fundamentalen ökologischen Prinzips. Zum Beispiel töten wir Insekten, die wir nicht mögen, mit Insektensprays. Die chemischen Stoffe wirken verhängnisvoll auf die gesamte Nahrungskette und das ökologische Gleichgewicht. Als Lebenssystem funktioniert der Planet Erde mit all seinen wechselseitig voneinander abhängigen Teilen nach dem Prinzip der Ganzheit. In diesem Sinne spricht Geochemiker James Lovelock, dessen Buch ›Gaia: A New Look at Life on Earth‹ von großem Einfluß gewesen ist, von der Erde als einem Wesen.

Ökologie ist ein Anschauungsbereich, um sich die Funktionsweise der Einheit vorzustellen. Über Ökologie nachzudenken ist besonders sinnvoll, weil es den Respekt vor der Natur in hohem Maße fördert. Aus der Erkenntnis des Zusammenhangs wächst das Verantwortungsgefühl für alles Leben auf diesem Planeten. Die Sorge für die uns umgebende Natur ist ein Aspekt der Ehrfurcht, wie sie uns durch die ›Perennial Philosophy‹ angedeutet wird, und entspricht genau der Haltung, wie sie sich Cayce für uns vorstellt, wenn wir anfangen, die hellseherischen Fähigkeiten auszuprobieren. Cayces Annäherung an die ASW ist sicher nicht wertfrei, aber liegt im Respekt vor der Einheit allen Lebens begründet.

Die Quantenphysik entdeckt die Einheit

Als Physiker anfingen, das Atom genauer anzusehen, lösten sie damit eine Kette von Entdeckungen aus, die unsere Sicht von der Welt, der Schöpfung, sogar vom Bewußtsein und der Beziehung zwischen diesem Bewußtsein und der materiellen Welt, veränderten. In letzter Zeit erschienen einige faszinierende Bücher zu diesem Thema: Fritjof Capras ›Tao der Physik‹ und Gary Zukavs ›The Dancing Wu Li Masters: An Overview of the New Physics‹ unter anderem. Die Titel beider Bücher beziehen sich aus gutem Grund auf östliche Metaphysik: die moderne westliche Physik führt letztendlich zu Ergebnissen, die sich mit Erfahrungen im östlichen Mystizismus berühren. Lassen Sie uns einige dieser wichtigsten wissenschaftlichen Ergebnisse betrachten, die die Wirklichkeit der ›Einheit‹ betreffen.

Zunächst einmal wird im subatomaren Bereich der Physik der Begriff der ›Dinge‹ beinahe untauglich. Die ›Dinge‹ erscheinen als nicht feste, sondern flüchtige Konzentrationen von Energie. Einsteins berühmte Gleichung, $E = MC^2$, die Masse (Stoff) mit Energie gleichsetzt, ist in einem Bereich angesiedelt, in dem die Auffassung der Welt als ›Dingheit‹ praktisch verschwindet. Statt dessen ist die Rede von Energiestrukturen und der Wahrscheinlichkeit, daß Energiequanten an einem bestimmten Ort zu einer bestimmten Zeit sich verdichten. Wenn in solchem Zusammenhang noch von ›Ding‹ gesprochen wird, ist kein Gegenstand, wie wir ihn normalerweise kennen, gemeint, sondern eine stehende Welle. Eine stehende Welle ist eine Welle, die anscheinend stillsteht, aber tatsächlich durch das Zusammenkommen zweier Wellen, die sich in entgegengesetzte Richtungen bewegen, gebildet wird. Das Wort *Welle* ist ein Dingwort (Substantiv) und läßt folglich an einen Gegenstand denken; aber in Wirklichkeit beschreibt es einen Vorgang. So ist eine der Entdeckungen der modernen

Physik, daß ›Dinge‹ sich in Wellenstrukturen von Energie auflösen. Demnach könnte die Schöpfung oder die Wirklichkeit beschrieben werden, nicht als eine Ansammlung von Dingen, sondern als ein Tanz von Energiestrukturen. Es ist derselbe Energiekörper, der in verschiedenen Strukturen erscheint. Es ist nicht nur alles auf der Erde miteinander verbunden, sondern alles ist wirklich *dasselbe* Ding — Energie, die sich bewegt und verschiedene Formen annimmt, eine Erkenntnis, die sich deckt mit Anschauungsweisen in Mystizismus und der Metaphysik, in deren Sprachschatz Energie häufig ein Synonym für Gott darstellt.

Den Anfang dieser Entdeckung machte Heisenbergs ›Philosophie des Unbestimmbaren‹ oder die ›Unbestimmtheitsrelation‹. Zunächst schien die Unbestimmtheitsrelation eine Revision naturwissenschaftlicher Beschreibungsmuster zu sein, aber sie hat darüberhinaus zu Paradoxa über das Wesen der Wirklichkeit und des Bewußtseins geführt. Sie verweist auf die Tatsache, daß Erkenntnis niemals abgelöst vom Bewußtsein des Erkennenden stattfindet, das Erkannte nicht unabhängig vom Erkennenden besteht. Mit Worten des Physikers Sir Arthur Eddington: ›Der Stoff dieser Welt ist der Stoff der Gedanken.‹ Wir sind nicht in der Lage, die Wirklichkeit an sich zu sehen, sondern was wir wahrnehmen, ist das Ergebnis unserer Art und Weise, sie zu beobachten. Einige gehen so weit zu sagen, daß es keine Wirklichkeit außerhalb der gibt, die unser Bewußtsein schafft. Diese Dimension von Einheit hat sich, obwohl den Mystikern und Metaphysikern vertraut, als eines der radikalsten Ergebnisse moderner subatomarer Physik erwiesen.

Cayce lieferte auch einige Vorstellungen von der Funktionsweise der Schöpfung, gleichsam die Ergebnisse der Quantenphysik antizipierend. Im besonderen beschrieb er die ›Rotationskräfte‹ innerhalb des Atoms als von primärer Bedeutung, ein Begriff, der sich als bedeutend in einer der neuesten Entdeckungen der Physik erweist. (Er wird auch später in diesem Buch eine Rolle spielen, wenn wir Cayces Vorstellung vom Drüsensystem als *Empfänger* übersinnlicher Energie untersuchen.) Die moderne Physik hat entdeckt, daß die dem Geist und der Materie zugrundeliegende Einheit eine spezielle Dynamik zur Folge hat: zwischen ihren beiden Teilen kann eine unmittelbare Kommunikation über weite Distanzen stattfinden, schneller als die Lichtgeschwindigkeit. Das Experiment traf die Beobachtung der Drehung auf einem subatomaren Teilchen bzw. in ihm wirksamen ›Rotationskraft‹.

Wie wir gesehen haben, beeinflußt der Akt der Beobachtung die Ergebnisse. In diesem Fall hängt die Drehung auf einem Teilchen davon ab, wie Sie es beobachten. Potentiell kann seine Drehung auf jeder Achse liegen. Aber irgendwann entscheidet der Beobachter sich, eine Achse zu betrachten, die Drehung wird als um diese Achse liegend angesehen, die entweder nach ›oben‹ (im Uhrzeigersinn) oder nach ›unten‹ (entgegen den Uhrzeigersinn) geht. In gewissen Situationen werden die Teilchen in Paaren emittiert und man denkt, daß sie eine entgegengesetzte Drehung haben. Egal welche Achse als Grundlage für die Bemessung für das erste Teilchen des Paares gewählt wird, wird seine Drehung entlang der gewählten Achse erst einmal gemessen, wird man finden, daß das andere Teilchen des Paares sich auf derselben Achse dreht, aber in entgegengesetzter Drehung.

Einstein schlug vor, ein Paar von Teilchen, das sich in entgegengesetzter Richtung dreht, zu trennen. Jahre später, als das Experiment ausgeführt wurde, entdeckte man, daß die Verbindung durch die Drehung zwischen den beiden Teilchen unmittelbar erhalten blieb, sogar über große Distanzen. Es schien, als existiere eine gewisse Form der außersinnlichen Kommunikation zwischen subatomaren Teilchen: die meisten Physiker waren nicht bereit einzuräumen, daß dies eine

Form von ASW ist, aber die Auseinandersetzung mit diesem überraschenden Phänomen hat sie dazu gebracht, zutiefst mystische Muster als das Wesen der Wirklichkeit anzunehmen.

So kam die Quantenphysik auf das ›Geheimnis der Einheit‹, wie es in der ›Perennial Philosophy‹ ausgedrückt wird. Vor dem Aufkommen der subatomaren Physik war es für westliches Denken schwierig, sich auch nur auf irgendeine konkrete Art und Weise die Bedeutung von Einheit vorzustellen; inzwischen aber werden durch spezielle wissenschaftliche Experimente Beispiele statuiert. Einige warnten davor, daß die Ergebnisse der Quantenphysik nicht die ›Perennial Philosophy‹ beweisen. Jedenfalls aber haben diese Ergebnisse ganz bestimmt unsere normale Sicht von der Welt erschüttert und lassen die Vorstellung von der Einheit als weniger weithergeholt, weniger mystisch und mehr in der Wirklichkeit begründet erscheinen.

Ein Versuch zur Bewußtwerdung

Vielleicht kann der Satz ›So bist DU‹ jetzt für uns eine neue Bedeutung erhalten. Lassen Sie uns für eine Weile den Kopf vergessen und der Qualität dieses Satzes nachgehen.

Die Welt ist Sie, und die ganze Welt ist Gott. Sie sind also die Welt. Oder wie eine andere Redensart besagt: »Sei still und wisse, ich bin Gott«. Es wird gesagt, daß dies die Stimme der ›Ich bin‹-Präsenz in uns ist, des Gottes, der in uns ist. Sie mögen den Einwand erheben, daß Sie nicht so groß und mächtig sind wie Gott, daß so zu denken, das Gegenteil religiöser Demut bedeutet. Aber lassen Sie einmal zu, das zu erleben; lassen Sie die stille kleine Stimme zu Ihnen sprechen. Im Nachdenken halten wir zu sehr am beschränkten Vorstellungsvermögen unseres Selbst fest, das sagt »Wer ich? Ich bin Gott?« Aber die ›Perennial Philosophy‹ richtet sich nicht an unser kleines Selbst, sondern an das Höhere Selbst, das in uns wohnt.

Um ein besseres Gefühl für das Höhere Selbst zu bekommen, vielleicht sich selbst wieder damit vertraut zu machen, schauen Sie sich die folgende Übung an. Visualisieren Sie ein Wort oder ein Bild. Konzentrieren Sie sich darauf. Lassen Sie es nicht wechseln, lassen Sie Ihre Gedanken nicht wandern. Während Sie Ihre Aufmerksamkeit auf dies innere Bild richten, werden Sie feststellen, daß Ihre Gedanken gelegentlich trotz Ihrer gegenteiligen Absicht abschweifen und Ihre Konzentration nachläßt, um über andere Dinge nachzudenken. Wenn Sie aufmerksam wären, könnten Sie zu sich selbst sagen: »Jetzt denke ich über dies (etwas anderes) nach, jetzt hat meine Konzentration gewechselt.« Meistens jedoch passiert der Wechsel der Konzentration oder das Abschweifen der Gedanken, bevor Sie sich dessen bewußt werden. Ebenso werden Sie feststellen, daß, wenn Sie versuchen, auf dieses eine Bild oder Wort konzentriert zu bleiben, es sich verändert, in etwas anderes verwandelt, sich bewegt und keineswegs ruhig und beständig bleibt. Versuchen Sie weiter, Ihre Aufmerksamkeit auf dieses eine Bild oder Wort zu fixieren und lassen Sie es sich nicht verändern. Wenn Sie so verfahren, werden Sie sich bewußt werden, daß das ›Ich‹, das diesen Versuch macht, nicht das einzige Aktionszentrum in Ihnen ist. Es muß eine andere Quelle des Willens geben, die Ihre Aufmerksamkeit stört, oder das Objekt, auf das Sie sich versuchen zu konzentrieren, verändert. Trotz Ihrer Anstrengung, die Aufmerksamkeit aufrecht zu erhalten, ist ein Wille in Ihnen, der Sie davon ablenkt. Wenn Sie realisieren, daß Sie nicht ›unbeirrbar‹ sind, unternehmen Sie den Versuch, die Situation zu beherrschen, halten Sie Ihre Aufmerksamkeit auf ein unveränderliches Ziel gerichtet. Sie werden sich bewußt werden, daß es großer Anstrengung bedarf, daß es etwas von einem Kampf hat. Sie haben nur für einige Momente Erfolg damit, und es ist ermüdend.

Werden Sie sich jetzt bewußt, daß es mehr in Ihnen gibt, als nur Ihr Gefühl vom ›Ich‹, das versucht, auf diese Vorstellung konzentriert zu bleiben, und dieses ›andere‹, das die Dinge sich wechseln läßt. Zwar gab es diesen Kampf zwischen scheinbar zwei Parts, aber im Hintergrund war noch ein Anderes, gleichsam ein Beobachter, der alles, was passierte, aufgezeichnet hat. Es verstrickte sich in keinen Kampf, es ergriff keine Partei, es empfand keine Frustration, als die Konzentration nachließ, es fühlte keine Erleichterung, als sich die Aufmerksamkeit wieder einstellte. Es hatte keine Gefühle, aber es nahm alles in sich auf. Sie können es dort fühlen, es als ein Hintergrund-Bewußtsein empfinden. Einige haben es den gerechten Zeugen genannt, und einige nennen es das reine Bewußtsein. Wenn Sie sich darauf einlassen, wenn Sie die Qualität dieses Bewußtseins spüren können, werden Sie vielleicht etwas Vertrautes dabei empfinden. Ja, es war da während des ganzen Versuches, sogar, obwohl Sie sich dessen nicht immer bewußt waren. Es war bewußt, Sie können das spüren. Vielleicht können Sie auch spüren, daß es ein beständigerer Teil von Ihnen ist, ein unveränderlicherer Teil als der ›Ich‹-Teil, der versucht, die Dinge zu kontrollieren, oder der Teil von Ihnen, der Sie zu kontrollieren sucht. Es ist einfach Bewußtsein.

Dieses Bewußtsein ist eine geeignetere Instanz, um auf das Wort ›Ich‹ in der Aussage »Sei still und wisse, ich bin Gott« zu reagieren. Dieses Bewußtsein ist dem näher, das an das ›Du‹ in der Aussage »So bist Du« gerichtet ist. Wenn Sie sich an dieses Bewußtsein wenden und ihm sagen, daß es eins ist mit dem ›Ich‹ von Gott, greift das Bewußtsein nicht nach dieser Idee und rennt damit los und nährt sämtliche Formen der Phantasie über seine Größe, noch weist es die Idee als widerwärtig zurück. Stattdessen zeigt es sich anerkennend, bestätigend, unverändert. Dieses Bewußtsein ist nicht mit Gott gleichzusetzen, sondern stimmt mehr mit der Bedeutung der

›Perennial Philosophy‹ überein als unser ›Ich‹, das darüber nachdenkt. Wir sind uns nicht immer der Anwesenheit dieses Bewußtseins bewußt, aber es ist sich stets unser bewußt. Ebenso ist sich Gott immer dieses Bewußtseins in uns bewußt, aber dieses Bewußtsein ist sich nicht stets der Gegenwart Gottes in uns bewußt. Aber es kann sein: daß im Hintergrund dieses Bewußtsein immer bereit ist, die Gegenwart Gottes zu entdecken, ebenso wie dieses Bewußtsein immer für das Ich-Bewußtsein da ist, wenn es sich darauf einstellt – gemäß dem Versprechen: »Sei still und wisse.«

Es ist dieses Bewußtsein im Hintergrund, an das man sich mit solchen Sätzen wenden sollte. Das ›Ich‹, das Sie zunächst damit in Verbindung bringen, hat es schwer, mit sich einen Begriff zu bilden, dieses andere Bewußtsein hingegen kann lernen und davon profitieren. Genauso wie Sie sich zuerst für das Hintergrund-Bewußtsein öffnen können (z. B. indem Sie immer aufmerksam sind und zu sich selbst sagen »Jetzt bin ich mir dieser Sache bewußt, jetzt bin ich mir jener bewußt…«), so kann dieses Hintergrund-Bewußtsein für etwas geöffnet werden, das es umfängt, und dadurch das Bewußtsein insgesamt erweitert werden.

Um dieses Experiment zum Abschluß zu bringen, versuchen Sie noch einmal die Welt ohne Ihren Kopf wahrzunehmen. Suchen Sie sich einen Gegenstand heraus und betrachten Sie ihn. Stellen Sie fest, wie sich das Bewußtsein, mit dem Sie den Gegenstand wahrnehmen, anfühlt. Dann stellen Sie fest, wie Sie Ihr inneres Bewußtsein, das Hintergrund-Bewußtsein, empfinden. Wenn Sie das Gefühl über Ihr Hintergrund-Bewußtsein mit dem Gefühl über das Bewußtsein, mit dem Sie den Gegenstand wahrnehmen, vergleichen, ist es schwierig, beide voneinander zu unterscheiden. Der Inhalt kann sich unterscheiden, aber das Gefühl ist dasselbe. Dieses Bewußtsein ist das Bindeglied zwischen dem inneren Du und der äußeren Welt. Dieses Bewußtsein kennt keinen Unterschied zwischen der inneren Welt der Wahrnehmung und der äußeren Welt der Dinge. Bewußtsein ist überall. Sie und die Welt sind eins.

Und jetzt geben Sie dem Ganzen die letzte Dimension, die das Rezept für das hellseherische Bewußtsein ausmacht: die Liebe! Sie bringt die Wahrheit in das Leben. Erlauben Sie sich, für alles, was Sie erleben, Liebe zu empfinden. Statt nur einfach die Dinge anzuschauen und Ihr Bewußtsein zu beobachten, wenn Sie sich fragen, ob Sie und die äußere Welt wirklich eins sind, lassen Sie lieber ein Gefühl von Liebe zu. Dies ist eine Brücke, die Sie und die Welt in aktiver Weise verbindet. Sie verbindet Sie und die Welt des Geistes, da Liebe Geist ist und in allen Religionen das Wesen Gottes.

Eine Anwendung des Bewußtseins von Einheit

Ein ähnliches Experiment hat die Wirklichkeit übersinnlicher Verbindungen zwischen Menschen bestätigt. Die Theorien, die wir diskutiert haben, sind praktisch anwendbar bei der Entwicklung und dem Gebrauch hellseherischen Bewußtseins.

Viele Hellseher nehmen ihre hellseherischen Fähigkeiten, um sich aus einem Bewußtseinszustand zu erheben, der sich von dem normalen unterscheidet. Lawrence LeShan setzte sich in ›The Medium, the Mystic, and the Physicist: Toward a General Theory of the Paranormal‹ mit den Schriften von Eileen Garrett und anderen Hellsehern auseinander und nannte den Zustand, in den sie kamen, die *hellsichtige Wirklichkeit*. Dieser Bewußtseinszustand hat mit einem ›Wandel des Bewußtseins‹ zu tun, bei dem die ›Beschränktheit‹ von Zeit und Raum und das Bewußtsein von Getrenntheit (der Individualität) transzendiert werden. Es existiert eine Erfahrung der ›fundamentalen Einigkeit und Einheit aller Dinge‹. So wird Garrett zitiert: »In meinem Innersten habe ich das Gefühl, auf eine sehr vereinigende Weise an dem teilzuhaben, was ich wahrnehme — womit ich meine, daß ich mich nicht mehr in einem Subjekt-Objekt-Dualismus befinde, nicht differenziere zwischen meinem Ich und den anderen, sondern mich in enger Beziehung mit einem Vertieftsein in den Phänomenen erfahre.« Eine andere Hellseherin, Rosalind Heywood, sagte über ihren Zustand der Hellsichtigkeit: »Alle menschliche Erfahrung ist eine.«

Als LeShan die Aussagen moderner Physiker mit diesen Aussagen Hellsichtiger verglich, fand er, daß ihre Ähnlichkeit bedeutend war. Er fragte sich, wie das Prinzip der Einheit anwendbar wäre. Es stellte sich heraus, daß es möglich war. Dadurch daß er sich in Meditation übte, lernte er, sich die hellsichtige Wirklichkeit ›Alles ist eins‹ als wirklich vorzustellen. Während dieses Zustandes unternahm er Versuche zu heilen. Er beschreibt einen Fall, bei dem er in der Lage war, einem Patienten mit Arthritis durch bloßes Halten der Hände die Beweglichkeit der Hände zu verbessern. Als er anderen beibrachte, in diesen Bewußtseinszustand einzutreten, fand er, daß auch sie die Fähigkeit entwickelten, Heilung durch übernatürliche Kräfte zu bewirken.

Sein Übungsverfahren nahm das Prinzip der Einheit beim Wort. Er bat eine Person, die Hand einer anderen Person zu halten und den Blick darauf zu richten. Er instruierte die erste Person, die Hand der zweiten anzuschauen und dabei den Satz zu wiederholen: »Dies bin ich!« Dahinter stand die Idee, sich vorzustellen, man wäre die andere Person, die in die als Form kontemplativer Meditation einging. Wann immer die Gedanken sich von dieser Wahrnehmung entfernten, sollte die Person sie dahin zurückführen. Auf diese Weise konnte LeShan seine Schüler lehren, heilende Kräfte zu entwickeln. Wenn die ›Perennial Philosophy‹ nicht nur als eine Philosophie angesehen wird, sondern auch als praktische Anleitung, in einen anderen Bewußtseinszustand zu gelangen, dann kann sie eine direkte, praktische Wirkung haben. Die Theorie funktioniert! Sie kann für Sie arbeiten.

Durch die Anwendung kommt das Bewußtsein

»Versuchen Sie es selbst und schauen Sie. Das ist der wahre Test.« Cayce gab uns viele Male zu verstehen, daß er nicht wollte, daß wir ihm einfach glauben. Er wollte, daß wir die Ideen auf praktische Weise in unserem Alltagsleben ausprobieren sollten. Die Information allein habe keinen Sinn, wenn sie sich nicht aufgrund der eigenen Erfahrung als der Mühe wert erweise. Seine Philosophie des Lernens drückte er in seinem Motto aus: »Durch die Anwendung kommt das Bewußtsein.« Die Erfahrung sei der große Lehrmeister, wie Cayce lehrte. Der höhere Bewußtseinszustand wird erst durch Anwendung der Prinzipien erreicht, in der Übung bestätigt sich ihre Wahrheit. Das Prinzip der Einheit und die Empfindung von Liebe fallen in eins.

Jedoch muß die normale Persönlichkeit damit rechnen, einige signifikante Hindernisse anzutreffen, über hellseherische Kräfte zu verfügen. Cayce gab den Rat, daß es besser wäre, nicht gleich in die Entwicklung hellseherischen Bewußtseins zu springen, ohne zunächst eine Grundlage dafür geschaffen zu haben. Schaffen Sie einen neuen Lebensstil, der nicht vom hellseherischen Bewußtsein bedroht wird, der mit den Auswirkungen eines derart erweiterten Bewußtseins fertig wird. Cayce würde empfehlen, daß wir das Faktum der Einheit betrachten, darüber nachdenken, darüber meditieren, versuchen, es zu erleben. Sogar noch mehr, er würde wollen, daß wir es leben!

Cayce nahm hellseherische Fähigkeiten ernst. Für ihn war das keine Kuriosität, sondern eine sehr bedeutende Wirklichkeit. Er versuchte nicht, uns davon abzubringen, sondern vielmehr, uns auf den richtigen Weg zu führen, was uns dazu verhelfen sollte, mit den Auswirkungen hellseherischen Bewußtseins zurechtzukommen und diese Fähigkeit konstruktiv zu nutzen. Er lehrte einige Tricks, die ich Ihnen nicht vorenthalten will. Das Wichtigste aber war, zu lernen wie man ein Leben als Hellseher lebt, und nicht bloß, wie man eine hellseherische Erfahrung hat.

Das Geheimnis ist, zu realisieren, daß sich das Wesen von Hellsichtigkeit nicht in dem Augenblick einer hellseherischen Erfahrung, sondern sich in dem Leben, das vor und nach dieser Erfahrung gelebt wird, offenbart. Ein Leben, das in dem Bewußtsein von Einheit gelebt wird, ist ein mit hellseherischen Kräften gelebtes Leben. Andererseits ist eine hellseherische Erfahrung mehr als eine Eigenartigkeit, hoffnungsvollerweise etwas Bewußtseinserweiterndes, allzu oft aber auch eine Last oder Quelle der Konfusion.

Dieses Resumée mag enttäuschend sein; wer aber an hellseherisches Bewußtsein als einer umfassenden Lebenswirklichkeit glaubt – und dazu soll dieses Buch beitragen – kann diese Wahrheit in Geduld annehmen.

Ich werde an die eingeborenen amerikanischen Schamanen erinnert, die, wenn sie über solche Kräfte, wie hellseherische Fähigkeiten, befragt werden, über den Widerspruch der Frage lachen, wenn der Fragende – gewöhnlich ein Bleichgesicht – so offensichtlich kein Leben in Einheit und Respekt vor dem Planeten lebt. »Wie kannst du sagen, du willst hellseherisches Bewußtsein erlangen«, fragt der amerikanische Eingeborene den weißen Menschen, »wenn du dein ganzes Leben mit einer solchen Begeisterung die Schreie des Grases ignoriert hast, wenn du darauf gelaufen bist? Wenn du wirklich hellseherisches Bewußtsein erlangen möchtest, lerne zuerst, behutsam über die Erde zu gehen, und sei dankbar, daß sie dir erlaubt, nach allem was ihr die Menschen antun, auf ihr herumzulaufen!«

Unser tägliches Verhalten und das Bewußtsein, das wir entwickeln möchten, muß im Einklang sein. Deshalb befreien Sie sich in Ihrer Freizeit von Ihrem Kopf und erleben Sie die Welt aus der Perspektive der Einheit. Und die ganze übrige Zeit probieren Sie aus, was Zusammenarbeit heißt, um zu sehen, wohin es Sie in Ihrem Bewußtsein führen wird.

3 Die Vorstellung von der hellseherischen Kraft: Schwingungsmuster

Das Leben ist in seiner Manifestation Schwingung.

EDGAR CAYCE Reading Nr. 1861 − 16

Es gibt einen Sinn für rhythmische Beziehungen, der unsere gesamte Welt der Formen umfaßt.

FRIEDRICH NIETZSCHE

Ein Hellseher, der, während er versucht, eine verschwundene Person ausfindig zu machen, einen Gegenstand hält, kann gut sagen: »Ich schalte mich in die Schwingung ein.« Eine solche Feststellung erklärt, wie viele Hellseher sich die Wirkungsweise ihrer Fähigkeit vorstellen. Der Romanschriftsteller Upton Sinclair betitelte sein Buch über Telepathie ›Mentales Radio‹. Was für ein knapper Ausdruck für die hellseherische Erfahrung, sich in Schwingungen einzuschalten! Aber es erhebt sich eine sehr verwirrende Frage: Wie können Schwingungen, die wir normalerweise mit physikalischer Energie in Verbindung bringen, Informationen über die Erfahrungen einer Person, die sich an einem anderen Ort befindet, übermitteln?

Cayces Antwort lautete, »Gedanken sind Dinge« und haben wie Dinge ihre eigenen Schwingungen. Diese Schwingungen existieren in einer Dimension außerhalb von Zeit und Raum. Das hellseherische Bewußtsein ist die Fähigkeit, sich in diese Schwingungen einschalten zu können und die Resonanz in eine für den bewußten Verstand zugängliche Form zu übersetzen.

Um diese Art von Sprache zu verstehen, die unter Hellsehern recht üblich ist, müssen wir auf einige Prinzipien zurückgehen. Cayce sah die Welt in einer anderen Weise, als wir es gewöhnlich tun, und sprach über sie in Begriffen, die sich von unserer von der Wissenschaft beeinflußten Sprache unterscheiden. Wir werden lernen müssen, uns die Welt auf die Weise vorzustellen, wie die Hellseher es tun, wenn wir unser hellseherisches Bewußtsein entwickeln.

Der Wortschatz der Einheit

Existieren Ideen, bevor wir sie denken? Wenn ja, *wo* existieren sie? Gab es zum Beispiel die Idee vom Rad, bevor das Rad dann tatsächlich erfunden wurde? Das Prinzip des Rades war schon immer da, darauf wartend, entdeckt zu werden. Wurde die Idee des Rades erfunden oder entdeckt? Es ist eine verwirrende Frage. Wie kommt eine Idee in Ihren Kopf? Wie bringt die Idee Sie dahin, sie zu denken? Was stimuliert Ihr Gehirn, sich auf ein bestimmtes Muster einzuschießen, um eine bestimmte Idee hervorzubringen? Ob es auf telepathische Art geschieht, daß wir Ideen von jemand anderem auffangen oder ob wir eine kreative Entdeckung machen, indem wir eine neue Idee zulassen, beides bedeutet, sich auf eine bestimmte Weise, die mit der Idee, die Sie haben möchten, korrespondiert, zu verhalten. Wie kann die Idee als etwas ›Geistiges‹ im Gehirn als etwas ›Physikalisches‹ perzipiert werden?

Solche Fragen sind bedingt von unserer gegenständlichen Vorstellung von der Welt, die die Sprache abbildet. Wenn wir von einem Gegenstand sprechen, so bewegen sich unsere Begriffe innerhalb eines spezifizierten Raumes.

Wenn es darum geht, mit den materiellen Dingen unseres

täglichen Lebens umzugehen, dann arbeitet unser gewöhnliches Bewußtsein recht gut, da es von der wissenschaftlichen Sprache geformt worden ist. Dies ist eine atomistische Perspektive: Belebte und unbelebte Natur werden auf Atome als kleinste Einheit zurückgeführt, d. h., daß die Wissenschaften alles Leben auf chemische und physikalische Reaktionen zwischen Atomen vergleichbar Billardkugeln reduzieren. Im Laufe einer Reihe von chemischen Reaktionen entsteht eine einfache Form von Leben, aus der sich kompliziertere Formen entwickeln. Auch Gedanken erklärt man sich als Resultat chemischer Reaktionen im Körper, der auf physikalische und chemische Ereignisse von außen reagiert. Alles wird aus einer Folge von Ursache-und-Wirkung abgeleitet, nach der atomare Prozesse ablaufen. Ein anderer Name für den atomistischen Weg ist ›*Mikro*perspektive‹, da alle Prozesse in Begriffen der kleinsten Teile analysiert werden. Aber viele Leute, sogar Wissenschaftler, schrecken davor zurück, die Mikroperspektive dazu zu benutzen, um alles zu erklären.

Die *Makro*perspektive andererseits analysiert Leben in Ausdrücken der am allgemeinsten umfassenden Prozesse, die die kleineren bestimmen. Die Makroperspektive wird auch ›*holistisch*‹ genannt; denn es sieht ein System nicht als eine Amalgamation von Teilen, sondern als ein Ganzes, wie in der Ökologie. Jüngste Entdeckungen der Quantenphysik haben eine Vorstellung von der Welt angeregt, die mehr holistisch integriert ist, wenn auch nicht widerspruchsfrei. Auch auf anderen Gebieten der Forschung beginnt man die Eignung der Mikroperspektive zu hinterfragen.

Hellseherisches Bewußtsein ist für die materialistische, atomistische Vorstellung von der Welt eine Herausforderung. Die Telepathie stellt sich der Mikroperspektive derart dar, daß Ideen sich im Raum bewegen können, ohne daß sie eines mechanischen Mediums wie eines unsichtbaren Telefondrahtes bedürfen, auf dem der Austausch von Informationen basiert.

In Randbezirken nähert sich wissenschaftliche Sprache der der Hellseher. Cayces Sprache ist auf die Wirklichkeit hellseherischen Bewußtseins zugeschnitten. Im vorigen Kapitel lernten wir, wie Cayce das Konzept von Einheit betonte. Wir lasen auch Berichte anderer Hellseher, die beschrieben, wie sie ›eins mit‹ dem Gegenstand ihres hellseherischen Bewußtseins wurden.

Cayces Beschreibung hellseherischen Bewußtseins läßt die Makroperspektive erkennen. Statt mit etwas Kleinem, wie den Atomen zu beginnen und damit größere Dinge zu bauen, setzt Cayces Sprache der Einheit bei Großem an, das alles durchdringt — er nennt es Gott — und erklärt dann Einheit in spezifischen und alles mit allem verbindenden Manifestationen. Diese Manifestationen werden als Muster gedeutet, als Schwingungsmuster. Diese Vorstellung entspricht der der Buddhisten vom ›Edelsteinnetz der Indra‹, deren Metapher für Einheit. An jedem Knotenpunkt dieses unendlichen Netzes befindet sich ein glänzender Edelstein. Jeder Edelstein spiegelt all die anderen Edelsteine wider, und jede dieser Spiegelungen reflektiert wiederum eine unendliche Anzahl von Widerspiegelungen, so daß jeder Punkt in Wirklichkeit alle anderen Punkte reflektiert. Diese buddhistische Vorstellung kommt dem holographischen Modell zuvor, das wir in einem späteren Kapitel untersuchen werden, und deutet darauf hin, wie jeder Teil des Universums mit jedem anderen Teil durch die Resonanz von Mustern kommunizieren kann.

Während unser Bewußtsein von Getrenntheit uns normalerweise auf Dinge konzentrieren läßt, konzentrieren Cayce und andere Hellseher sich zuerst auf Schwingungsmuster. Der Akt der Wahrnehmung wird vom hellseherischen Bewußtsein auch unterschiedlich angesehen. Wir stellen uns Wahrnehmung als einen Akt der Bewegung vor — die Verstandes-Information bewegt sich, oder wird getragen, vom Objekt durch ein Medium zu unserem Verstandesapparat.

Das hellseherische Bewußtsein stellt sich den Prozeß als eine Resonanz auf die Schwingungen vor – der Hellseher wird eins mit den Schwingungsmustern. Mit anderen Worten, Resonanz, Sich-Einstellen, Sich-Einfühlen, oder ›Sich-Einschalten‹ sind die Methoden, wie Information übermittelt wird. Innerhalb des Wortschatzes sind ›*Schwingungsmuster*‹ und ›*Resonanz*‹ die Schlüsselbegriffe für die Makroperspektive hellseherischen Bewußtseins. Sie drücken das Bewußtsein von einer durchdringenden, miteinander verbundenen Einheit aus, die der offensichtlichen Welt sensorischer Getrenntheit zugrunde liegt. Um nun dieses hellseherische Bewußtsein zu entwickeln, versuchen Sie nachzuvollziehen, wie Cayce sich die Manifestationen der Einheit in Schwingungsmustern vorstellt.

Die kreativen Kräfte

Was ist nun dieses ›Eine‹, von dem Cayce sagt, alles ist »eins mit«, das alles, was existiert, durchdringt? Gott, der Schöpfer, schöpferische Kräfte, Energie – dieses sind die Begriffe, die er gebrauchte. Er gab damit eine mögliche Erklärung für die Entstehung der Welt als Schöpfung eines Gottes.

Am Anfang der Schöpfung, sagt uns Cayce, begann die Eine Kraft, sich selbst auf zwei Weisen zu manifestieren: als eine Kraft der Anziehung und eine Kraft der Abstoßung. Ein und aus, auf und ab, hinein und hinaus, schwarz und weiß, plus und minus, männlich und weiblich – dies sind einige der Abwandlungen des Prinzips der Gegensätze. Es ist ein bekanntes Motiv in den Schöpfungsgeschichten, daß die Schöpfung durch Teilung des Einen in zwei begann. Die Bibel zum Beispiel erzählt uns, daß Gott Himmel und Erde teilte, Licht und Dunkelheit. In den indischen Upanishaden entstand die Welt, als das große kosmische Ei in Silber und Gold auseinanderbarst, das Silber zu Erde wurde und das Gold zum Himmel. Dies sind polare Gegensätze und sind dennoch Aspekte

Das Yin-Yang-Symbol

derselben zugrundeliegenden Einheit, zwei Seiten derselben Münze, da beide vom selben Einen erschaffen wurden.

Das Yin-Yang-Symbol, wie oben abgebildet, ist wahrscheinlich die älteste Darstellung der Vorstellung vom schöpferischen Prozeß. Sie können das Yin-Yang-Symbol betrachten und sehen, wie das ursprünglich Eine, ein Kreis, in zwei kometenförmige Teile geteilt wurde, ein jeder ganz offensichtlich um den anderen gedreht.

Cayce schließt daraus, daß es für das Eine notwendig war, sich in zwei zu teilen, um Energie freizusetzen. Das Komplementäre der beiden Teile ist die Quelle der Energie. Sie können das Yin-Yang-Symbol auch als einen weißen Kometen vor einem schwarzen Hintergrund oder als einen schwarzen Kometen vor einem weißen Hintergrund sehen. Wenn Sie es eine Weile anschauen, werden Sie einen Sinneseindruck dieses Energie-Effektes erleben: zuerst sehen Sie, wie die weiße Form den schwarzen Hintergrund überschwemmt, dann sehen Sie, wie die schwarze Form den weißen Hintergrund überschwemmt, hin und her, hin und her. Jedesmal, wenn Sie

Ihre Betrachtungsweise ändern, ändert sich der Ausdruck der Kurve, die den Kreis zerschneidet. Wenn Sie sich auf den weißen Kometen konzentrieren, ist die Kurve, die seinen Schweif ausmacht, konkav und drückt sich nach innen. Aber wenn Sie vom selben Punkt der Kurve, aus der Sicht des Kopfes des schwarzen Kometen schauen, dann ist diese Kurve konvex und weitet sich nach außen.

Dieses Flipflop hin und her zwischen den beiden Möglichkeiten, die Kurve zu betrachten, ist die grundlegende Dynamik der Schwingung, eine Oszillation zwischen zwei entgegengesetzten Perspektiven. Oszillation/Schwingung ist die Grundlage der Energie. Elektrische Energie manifestiert sich in ähnlicher Weise, mit einer Oszillation zwischen den positiven und negativen Polen. Alle schöpferische Energie ist das Ergebnis aus dieser einen Quelle, aus der zentralen, universalen Schwingung am Anfang der Schöpfung. Diese universale Schwingung existiert im Inneren und durchdringt alle anderen derivativen Schwingungen.

Leute, die Kreativität untersucht haben, verweisen oft auf die Rolle der Gegensätze im schöpferischen Prozeß. Bei einem Experiment, das der Psychiater Albert Rothenberg von der Yale Universität leitete, wurden hoch kreative und nicht so kreative Leute mit identischen IQs (Intelligenzquotienten) und schulischen Leistungen miteinander in einem Wort-Assoziations-Test verglichen. Zum Beispiel wurden sie gebeten, das erste Wort zu nennen, das ihnen in den Sinn kam, wenn sie an ›Freude‹ dachten. Für unkreative Typen war typisch, daß sie ›Glück‹ sagten, während kreative Typen das Gegenteil antworteten, nämlich ›Traurigkeit‹. In ›The Emerging Goddess: The Creative Process in Art, Science and Other Fields‹ setzte Rothenberg Kreativität mit dem ›Janus-Denken‹ gleich, nach dem römischen Gott Janus, der gleichzeitig in entgegengesetzte Richtungen blicken konnte. Er zeigte auf solche Bilder, wie das Yin-Yang-Symbol und sagte, daß Simultan-Gegensätze — d. h. etwas gleichzeitig aus zwei entgegengesetzten Blickwinkeln zu sehen — das Wesen des kreativen Funkens ausmachten. Folglich müssen Schöpfung im Sinne von Weltentstehung und Schöpfung als ein psychologischer Prozeß als etwas gesehen werden, das eine identische Basis hat — Kopf und Welt werden wie eins.

Die Manifestation der Kreativität:
Energie, Struktur, Form

Mein Vater sagte einmal, daß Kreativität einem starkem Reiz gleichkommt — der Kreative sieht sich gezwungen, etwas zum Ausdruck zu bringen. Ich erlebe Kreativität nicht nur als ein Bedürfnis, sondern auch als Kraft. Ich nehme Cayces Ausdruck *kreative Kräfte,* um etwas zu beschreiben, das wirklich existiert, sowohl in mir, als auch außerhalb von mir. Es ist eine Kraft, die geradezu berauschend sein kann. Schöpferisch zu sein, ist wie ein Tänzer zu sein, lebendig, voller Energie. Man will die Energie fühlen und sich mit ihr bewegen, sich der Energie zuwenden und mit ihr fließen. Wenn man beginnt, auf die Energie zu reagieren, sich auf den Reiz einzulassen, sich mit der Energie, die man fühlt, zu bewegen, dann fängt die Struktur der schöpferischen Energie an, sich zu manifestieren. Was sich zunächst nur wie ein Druck anfühlte, wird zu einer besonderen Art von Bedürfnis ausgeprägt, nimmt Gestalt an. Es kommt aus dem Unbestimmten und endet in einem sichtbar gestalteten Tanz oder in einer anderen besonderen Manifestation.

Ein weiterer wichtiger Aspekt der kreativen Kräfte ist ihre Neigung, sich zu manifestieren. Kreativität beginnt als pure Energie, aber sie verändert sich, wenn sie eine besondere Struktur annimmt. Als Schwingungsmuster enthält Energie Information. Das Informationsmuster verfügt über eine bestimmte Weise, sich von der sehr abstrakten, unsichtbaren

Ebene zur konkreten, materiellen Ebene der Realität durchzuarbeiten.

Cayces bevorzugte Formel für die Stufenleiter der Kreativität war: »Der Geist ist das Leben, der Verstand der Baumeister, das Physische ist das Ergebnis.« Kreativität entsteht zuerst auf der Ebene des Geistes — was die pure Energie aus den elementaren Schwingungen ist. Diese Schwingungen nehmen eine Struktur an, wenn sie in die geistige Ebene der Wirklichkeit eintreten. Als ›Baumeister‹ ist das Hauptattribut des Geistes, Strukturen zu bilden, die sich oft in Form von Bildern einstellen, weshalb Cayce die schöpferischen Kräfte auf der geistigen Ebene »die Kräfte der Phantasie« nennt.

Die Strukturen des Geistes existieren nach Cayce in einer anderen Dimension. In der traditionellen Mikroperspektive denken wir in Begriffen eines drei-dimensionalen Universums und nehmen an, diese Information wird von einem stofflichen Medium getragen, das sich im dreidimensionalen Raum bewegt. Cayces Makro-Perspektive bringt eine vierte Dimension ein — das Reich der Ideen — die die drei-dimensionale Vorstellung von Raum und Zeit sprengt. Eine Idee ist immer und überall. Das vier-dimensionale Wesen des Geistes ist für das hellseherische Bewußtsein äußerst wichtig. Wie wir sehen werden, definieren auch andere Makro-Theoretiker vier-dimensionale Wirklichkeit als unsichtbare, schöpferische Struktur, als ›Ideen‹ bildend und haben sich vorgestellt, daß das hellseherische Bewußtsein über diese Dimension arbeitet.

Wenn der Geist die reine Energie strukturiert, beginnt er die dichter schwingenden Strukturen der Sinneswelt auszuformen. Die materiellen Dinge werden vom hellseherischen Bewußtsein als stabile Strukturen vibrierender Energie gesehen. Auf der physischen Ebene sind diese Strukturen so stabil, daß sie der Sinneswahrnehmung wie solide, dauerhafte Gegenstände erscheinen. Von Cayces Standpunkt aus gesehen, sind greifbare Gegenstände, unsere Körper eingeschlossen, Ablagerungen der Geschichte, die sichtbaren Überbleibsel eines früheren Prozesses von Schwingungsenergie, die sich in stabilen Strukturen manifestierte. Die Energie ist wirklich; während die materielle Manifestation relativ unwirklich ist. Während der Gegenstand zerstörbar ist, wird die Idee als ewig vorgestellt, die sich in immer neuen Manifestationen abbildet.

Ein erstaunlicher Beweis dafür, wie unsichtbare Schwingungen sich auf die Gestalt sichtbarer Formen auswirken können, wurde 1930 von Hans Jenny, einem Schweizer Wissenschaftler, geliefert. Er setzte eine Substanz – Sand, Pulver, Flüssigkeiten oder Kitt – auf eine runde Metallmembran. Je nachdem wie sich die Scheibe als Reaktion auf verschiedene akustische Schwingungen bewegte, nahm die Substanz unterschiedliche Formen an. Viele der Formen ähnelten Strukturen, die man in der Natur findet. Die Fotografien in Jennys Buch ›Cymatics‹ bieten reiches Anschauungsmaterial. Sie machen konkret erfahrbar, was Cayce meinte, wenn er davon sprach, daß Gott die Formen des Universums aus Klang und Geometrie schuf.

Cayces Makro-Sicht der Schöpfung durch Schwingung ist in der Ansicht begründet, daß die ursprünglichen Schwingungen überall auf einmal sind. So kann durch ihre unendliche Ausdehnung die Schwingung die Kommunikation bewirken, die dem hellseherischen Bewußtsein eigentümlich ist. Ähnlich wie ein Kieselstein, der ins Wasser geworfen wurde, Ringe von kleinen Wellen verursacht, die sich in alle Richtungen nach außen verbreiten. Je nach der Größe des Kieselsteins und der Kraft, mit der er ins Wasser geworfen wurde, sind die Wellentäler entweder flach oder tief gekräuselt und haben engere oder breitere Abstände voneinander. Wenn Sie die Wellen analysieren, können Sie bestimmen, wann, wo, wie groß und wie hart ein Stein war, der ins Wasser geworfen wurde. Die Wellen im Wasser sind eine Form von Schwingungen. Die Wellenstrukturen geben Auskunft über die Natur des Steins, der ins Wasser geworfen wurde. Außerdem verbreiten sich die durch den Stein verursachten Wellen über die ganze Oberfläche des Sees. Der ›Gegenstand‹ Stein existiert nur an einem einzigen Platz; aber die ›Welle‹ Stein gibt es über den ganzen See. Schwingungsmuster geben überall gleichzeitig eine Auskunft.

Diese Makro-Perspektive erweist sich als Alternative zur Mikro-Sicht von Ursache und Wirkung. Ein Beispiel mag dies veranschaulichen: das Schwingungsmuster, das eine bestimmte Art eines Strauches entstehen läßt, ist überall im Universum; hat sich aber nur an bestimmten Orten manifestiert, an denen dann nur an bestimmten Plätzen diese Art von Sträuchern wächst. Alle Exemplare derselben Art sind durch das Schwingungsmuster verbunden, als Signum dieser Spezies. Aus der Mikro-Perspektive stellt sich der Vorgang dar als Reproduktion des Strauches durch Samen, die Vögel in alle Teile der Erde tragen, als eine Ursache — Wirkung, Folge mechanischer Vorgänge. Von Cayces Standpunkt aus jedoch verbreiten sich alle Sträucher zentripetal zur Quelle der Schwingung. Schon beim Setzen eines Samens ist bestimmt, wo die zentrale Schwingungsquelle die weiteren Samen lokalisiert.

Cayces Makro-Ansatz, die Schöpfung zu begreifen, wurde kürzlich in der umstrittenen Theorie von Rupert Sheldrake wiedergegeben. In seinem Buch ›A New Science of Life‹ versucht Sheldrake besonders die traditionelle mechanistische Sichtweise vom Leben zu erschüttern. Unter seinen Aussagen steht, daß die Formen der Natur organische Präzipitate führender Strukturen sind, die in einer anders-dimensionalen Wirklichkeit existieren, die er ›*morphogenetische Felder*‹ nennt. Den Begriff, den er für den Prozeß gebraucht — ›morphologische Resonanz‹ — ist akademischer Jargon für Biologie; seine grundlegenden Aussagen jedoch stimmen überwiegend mit Cayces Ansichten überein. Sheldrake nutzte seine Theorie von den morphogenetischen Feldern, um das häufige

Vorkommen von gleichzeitigen wissenschaftlichen Entdekkungen zu erklären. Wenn nach Sheldrake für eine Idee ›die Zeit gekommen ist‹, dann ›liegt sie‹ buchstäblich ›in der Luft‹. Viele verschiedene Wissenschaftler, solange sie mit dem entsprechenden Material arbeiten, werden anfangen, das Muster zu manifestieren, das von den Schwingungen dieser Idee gebildet wird. Es ist, als befinde sich eines jeden Wissenschaftlers Arbeit selbst auf einer von Jennys metallenen Scheiben, und eine jede wäre die Resonanz auf das Muster der Idee, jede käme unabhängig von anderen mit derselben ›Entdeckung‹ heraus.

Wiedererkennbare Strukturen

»Das Größte bei weitem ist, Meister der Metapher zu sein; sie ist eine Fähigkeit, die man nicht von anderen erlernen kann; und sie ist auch ein Zeichen des Genius, da die Auffindung einer guten Metapher eine intuitive Wahrnehmung des Ähnlichen im Unähnlichen voraussetzt.« Dieses Zitat, in Steven Starkers Buch ›F-States: The Power of Fantasy in Human Creativity‹ Aristoteles zugeschrieben, definiert schöpferische Vorstellungskraft als die Fähigkeit, Bilder in Entsprechung zu zugrundeliegenden Mustern aneinanderzufügen. Diese Definition deckt sich mit Cayces Standpunkt vom schöpferischen Potential von Strukturen. Eine besonders die Einfühlung fördernde Übung von Cayce, die Zugang zu vielen Lebensbereichen schafft, ist, die Bedeutung erkennbarer Strukturen herauszufinden. Er ließ Leute die Muster ihres eigenen Lebens herausfinden. Durch Traumdeutung ließ er Leute die Muster ihrer Träume erkennen und sie dann versuchen, diese mit Mustern, die sie in ihrem Leben entdeckt hatten, zusammenzubringen. Cayce kam den modernen holistischen Philosophen zuvor, als er erkannte, daß wir einen Sinn gebrauchen, wenn wir Muster zueinander in Beziehung setzen. Cayce

Dreiecksmuster

konnte die Funktionen des Körpers beschreiben und dabei korrekte anatomische Begriffe benutzen; doch wenn er die Aufmerksamkeit auf die Bedeutung dieser Funktion lenken wollte, bezog er sich auf ein Muster aus dem Leben der betreffenden Person und brachte es in Beziehung zu dem Muster der körperlichen Funktion.

Cayce war ein Experte im Erkennen und Zueinander-in-Beziehung-Setzen von Mustern, die für andere unsichtbar waren, aber letztendes sind wir alle Experten im Erkennen von Mustern. Melodien, Rhythmen und vieles, an dem wir uns mit unseren Sinnen erfreuen, basiert auf Mustern oder Strukturen. Unsere Augen sind sehr scharf im Erkennen von Strukturen. Die Dreiecksmuster zum Beispiel, auf Seite 67 abgebildet, geben einen erstaunlichen Beweis über die Fähigkeit der Augen, Strukturen ausfindig zu machen. Wenn Sie mit Ihren Augen über die Abbildung wandern, werden Sie entdecken, daß plötzlich Kaskaden von immer größeren Dreiecken auftauchen, erst schwarz, dann weiß. Unsere Augen spüren sofort die Regelmäßigkeit auf dem Sehfeld, und wir erleben diesen Sinneseindruck als Entdeckung von Mustern, die sich über die Seite bewegen.

Paradoxerweise, sogar obwohl wir recht gut im Erkennen von Sinnes-Mustern sind, hat die traditionelle Psychologie die größten Schwierigkeiten gehabt, dies zu erklären. Nehmen wir zum Beispiel einmal unsere Fähigkeit, Strukturen von Klangschwingungen zu erkennen. Unsere Ohren können zwischen einer Violine und einem Klavier unterscheiden, selbst wenn jedes Instrument die gleiche Note spielt. Das liegt an Eigenschaften der vibrierenden Klangwelle als Zusatz der zugrundeliegenden Frequenz. Verschiedene harmonische Obertöne, Verfallraten in der Lautstärke dieser Töne und andere Faktoren wirken sich auf die Qualität des Klanges in erkennbarer Weise aus. Unsere Ohren können die Unterschiede heraushören. Mit Hilfe technischer Begriffe kann ein Mensch komplexe Wellenstrukturen analysieren, sie aufeinander abstimmen und zwischen verschiedenen Formen unterscheiden. Daß wir verschiedene Stimmen erkennen können, zeigt nur, wie vielfach wir ein Schwingungsmuster analysieren können.

Menschen nehmen Strukturen so leicht wahr, daß es ihnen merkwürdig erscheinen muß, daß Computer damit große Schwierigkeiten haben. Es hat einige Zeit gebraucht, die Variablen in der Struktur einer Stimme zu erforschen, um einen Computer darauf zu programmieren, zwischen Stimmen zu differenzieren. Noch schwieriger ist für die Computertechnik, visuelle Strukturen zu erkennen. Erst durch die Konfrontation mit den Schwierigkeiten entwickelte sich in der Psychologie das Verständnis für das enorme Unterscheidungsvermögen des menschlichen Wahrnehmungsapparats.

Die Entdeckung von Erkennungsmustern hat die Theorien über Wahrnehmung umgekrempelt. Neuere Theorien über Wahrnehmung behaupten, daß Wahrnehmung auf Vorstellungskraft basiert – daß, etwas wahrzunehmen, voraussetzt, überhaupt fähig zu sein, es sich vorzustellen. Wahrnehmungspsychologen nennen dies eine ›Schablone‹, ein Leitbild, das benutzt wird, um die hereinkommenden Daten zu ordnen. Diese Schablone gibt uns den ›ersten Tip‹, was es ist, was wir sehen. Wir verarbeiten und ordnen die hereinkommende Information in Begriffen aufgrund der Hinweise des Leitbildes.

Wenn wir auf Diskrepanzen stoßen, versuchen wir es mit einem anderen Bild, um zu sehen, ob wir nicht ein passenderes zwischen dem, was wir erwarteten, und dem, was wir erhielten, bekommen können.

Sind die Erwartungen dominierend, werden widersprüchliche Daten oft ignoriert; es kommt zu einer Täuschung. Korrekturleser zum Beispiel werden Ihnen sagen, daß, wenn Sie nach Rechtschreibfehlern schauen, Sie einen Text nicht nach seinem Sinn lesen sollten. Wenn Sie ihn auf seinen Sinn hin lesen, entdecken Sie selbst bei sorgfältigster Lektüre keine

Rechtschreibfehler. Die Bestätigung des Sinns bei der Lektüre erfolgt über den Wahrnehmungsvorgang vereinfachende Muster, bei dem einzelne Rechtschreibfehler unter den Tisch fallen. Wenn wir einander sprechen hören, glauben wir, vollständige Sätze zu hören. Eine Tonbandaufzeichnung des Gespräches jedoch würde zeigen, daß wir Worte überspringen, Sätze baumeln und unbeendet lassen und ansonsten in disjunktiver Weise reden. Mündliche Unterhaltung ist voll von Löchern, aber wir hören das nicht so. Wenn, wäre es ganz schön störend. Gewöhnlich ist es effizienter, in von unseren Erwartungen bestimmten Mustern wahrzunehmen. Andererseits wird dadurch verhüllt, wie sehr wir das Wahrgenommene aktiv formen, um es unserer Vorstellung anzupassen.

Zahlreiche Versuche haben gezeigt, wie die Vorstellungskraft Gestalt annehmen kann oder sogar eine vorrangige Stellung gegenüber den Wahrnehmungsinformationen aus der äußeren Welt einnehmen kann. Die früheste Arbeit auf diesem Gebiet zeigte, wie unsere Wahrnehmungen oft von unseren Bedürfnissen und Interessen regiert werden. Kaufen Sie eine Kamera, und plötzlich werden Sie sich bewußt, wieviele Leute in der Welt fotografieren. Wenn Sie Hunger haben, fallen Ihnen Restaurants auf und alle Leute, die gerade etwas essen. Klar, das was Sie wahrnehmen, wird nicht nur von den Umständen bestimmt, sondern auch von unseren Interessen. Der Baum, den ein Naturliebhaber sieht, unterscheidet sich ziemlich von einem Baum, den ein Holzfäller sieht.

Daß wir unseren Wahrnehmungen Form geben, ist nicht nur eine Aussage über die Einstellung, es bedeutet auch genau, was es sagt: wir bauen unsere Erfahrung! Eine verbreitete Aussage des New Age besagt, daß wir uns unsere eigene Wirklichkeit erschaffen. Das ist mehr als ein Slogan, es ist eine Tatsache. Wir erschaffen Wirklichkeit mit der Metaphorik, die wir benutzen, um unsere Erfahrungen zu ordnen. Die drei-dimensionale Welt, die wir sehen, hat unser Hirn ersonnen, nach einem in uns wohnenden Muster von einem drei-dimensionalen Raum. Unser Gehirn trägt Bilder von der Welt mit sich und gebraucht solche Bilder, um unsere Erfahrung aufzubauen. Unsere Phantasie liefert den Entwurf; die Sinneseindrücke erst sind die Bausteine, die wir in jeder notwendigen Weise plazieren können, um dem vorgestellten Muster zu entsprechen.

Wir wissen auch, daß unsere Wahrnehmung von den Mustern, die wir uns vorstellen können, limitiert wird. In der Geschichte der Wissenschaft sind viele Fortschritte den Sprüngen in der Wahrnehmungsfähigkeit zuzuschreiben, bei denen plötzlich das Alte und Gewohnte auf eine veränderte Weise gesehen wurde. So zum Beispiel setzte William Harveys Entdeckung der Funktionsweise des Herzens als Blutpumpe voraus, daß er in der Lage war, sich eine Pumpe vorzustellen, wenn er auf das schlagende Herz schaute. Vor seiner neuen Sichtweise stellten sich die Menschen vor, daß das Blut, nach der Lehre des Galen, wie bei Ebbe und Flut der Gezeiten kam und ging. Dabei war die Aufgabe des Herzens, das Blut zu transformieren, dem Blut das Leben zu verleihen. Bis zu Harveys neuer Vorstellung hatte noch nie jemand den Pulsschlag gehört! Robert Romanyshyn vertritt in ›Psychological Life: From Science to Metaphor‹ den Standpunkt, daß Harvey, um seine Entdeckung zu machen, von einer anderen Sichtweise ausgehen mußte, die seine Beobachtung erst ermöglichte. Die Vorstellungskraft begründet die Wahrnehmung. Sie beherrscht und bestimmt, was wir sehen. Die Phantasie bestimmt die Wirklichkeit.

Es ist wichtig, zu erkennen, daß Bilder Muster sind. Bilder spielen manchmal eine metaphorische Rolle in unserer Wahrnehmung. Das Herz als eine ›Pumpe‹ zu ›sehen‹ heißt, zu erkennen, daß das Muster eines Herzens in Aktion analog ist dem Muster einer Maschine in Aktion, die Flüssigkeiten weiterleitet. Das Herz als Pumpe zu verstehen, gibt dem Herzen eine neue Bedeutung, und erlaubt uns, andere Fakten zu sehen, die vorher verborgen waren. Bedeutung ist die Korrelation der Muster. Metaphorische und symbolische Wahrnehmung tritt dort ein, wo die Phantasie kreativ das Bewußtsein wirkt.

Schwingungsmuster

Webster definiert Muster als ein Modell, nach dem Imitationen oder Duplikate gemacht werden können. Der platonische Begriff für Muster ist die ›Idee‹. Plato lehrte, daß die Welt eine unvollkommene Manifestation der transzendentalen Ideen wäre. Eine dieser Ideen ist beispielsweise die Idee des Kreises. Kreise kommen in allen möglichen Situationen vor, ein jeder unterschiedlich in seiner Nähe an das eine originale Muster eines Kreises, dem idealen Kreis. Plato behauptete, daß ein jeder von uns, der innerhalb der Natur erschaffen wurde, in sich die Vorstellung des idealen Kreises trägt, weshalb wir einen Kreis erkennen können, wenn wir ihn sehen. Intuitiv erkennen wir Kreisformen. Die Kreisform ist eine Begabung der Seele. Nach Plato war Erziehung nicht eine Sache, Wissen einzutrichtern, sondern einen Menschen an all das Wissen zu erinnern, das er schon in sich trägt. Viele Ansichten von Cayce entsprechen der platonischen Philosophie.

Cayces Konzeption der Ideale ist Platos Vision ziemlich ähnlich. Machen Sie sich zuerst klar, daß Ideen Muster sind. Wenn Cayce sagte, Gedanken seien Dinge, dann bezog er sich auf die Wirklichkeit von Ideen. Ideen sind auf der geistigen Ebene Schwingungen. Wenn er sagte, der »Geist ist der Baumeister«, dann meinte er, daß der Geist die Quelle der Ideen oder Muster ist, die den Schwingungen Form gibt. Alle Worte, die wir mit geistigen Mustern in Verbindung bringen – Bild, Ideen, Sinn, Metapher, Geschichte – alle haben die Wirklichkeit der Schwingungen bzw. von Schwingungsmustern auf der Ebene des Geistes. Für Cayce waren Ideale Ideen-Muster höchsten Wertes: universelle Werte wie Liebe, oder universell bewertete Muster wie Buddha oder Christus. Für Cayce war der historische Jesus die Manifestation eines Musters, ein Ideal, das Cayce und andere dem Christus-Bewußtsein zugeschrieben haben. Hier haben wir ein ziemlich komplexes Muster, das das Bewußtsein von Einheit, Liebe, Vergebung, Gestaltungs- und Veränderungswillen umfaßt; es ist imstande überall da zu sein, wiederholt zu werden, bis der Geist des Christus-Bewußtseins anfängt, das formende Muster im Leben eines Menschen zu werden. Cayce betonte, wie wichtig es für uns ist, dahin zu kommen, das Ideal zu erkennen, das die Muster in unseren Leben beherrscht, und ein alternatives Leben zu wählen, wenn das augenblicklich wirksame Ideal nicht unsere höchsten Werte trifft. Ideale manifestieren sich in den Mustern unserer Lebenserfahrungen.

Cayces Denken in diesem Punkt ist beinahe identisch mit dem von Carl Jung. Jung sprach von *Archetypen,* allgemeingültigen ersten Mustern, die unsere Erfahrungen beeinflussen oder formen. Er ordnete diese Archetypen einer vierten Dimension der Wirklichkeit zu. In je verschiedenen Manifestationen sind Einflüsse durch Archetypen gegeben, so bei der Wechselwirkung zwischen Mutter und Kind, der Entstehung und Regulierung von Aggression, dem Prozeß der Kindheitsentwicklung. Auf anderer Ebene prägen Archetypen unsere Erfahrung mit Metaphysik, Tod und Wiedergeburt, Yin und Yang und das Christus-Bewußtsein. Jung zufolge − eine Erkenntnis, die ihn mit Cayce verbindet und neuerdings auch von verschiedenen Philosophen und Physikern bestätigt wird − haben dieselben geistigen Muster, die unser Denken und unsere Phantasie schufen, ihre Entsprechung in der physischen Welt. Er nannte viele Beispiele von Übereinstimmungen zwischen vom Menschen intuitiv gewählten Metaphern und den Mustern in der Natur, die sich durch das Mikroskop oder Teleskop zeigen.

Das klassische Beispiel der Verbindung von Geist und Natur ist die Mathematik. Mathematik ist ein von Menschen aufgebautes Denkgebäude. Sie arbeitet mit imaginären Räumen, die nur in den Köpfen begabter Mathematiker existieren. Aber woher kommen diese Ideen? Aus demselben Ort, aus dem die Natur selbst kommt. Die imaginäre Welt steht nicht in Widerspruch zur empirischen Wirklichkeit. Beide haben dieselbe Quelle.

Synchronismen und Symbolismus

Wie oft haben Sie die Gelegenheit gehabt, zu sagen, »Was für ein Zufall!«? Solche Gelegenheiten bieten sich mit einer gewissen Häufigkeit. Wenn sich ähnliche Muster begegnen, findet ein Zusammentreffen von Bedeutung statt. C. G. Jung nannte dieses Phänomen *Synchronismus*. Jungs Synchronismus ist der Erkenntnis Cayces vergleichbar, daß die Bedeutung oder der Sinn durch Korrelation von Mustern wahrgenommen wird. Jung beschrieb einmal ein Beispiel von Synchronismus aus seinem eigenen Leben. Eines Tages malte er Bilder von Figuren seiner Phantasie, als der Postbote ihm ein Buch über chinesische Weissagungen überbrachte, in dem sich ein Bild genau wie das, das er malte, befand. Dieser Vorfall bewirkte, daß er sich in seinem Innern mit der ganzen Welt verbunden fühlte. Synchronismen sind ein Beleg dafür, wie der Geist und die Welt miteinander verbunden sind. Auch Gleichzeitigkeit von Entdeckungen, wie sie Sheldrake erwähnt, ist ein Beispiel für Synchronismus.

Ein Zusammentreffen von Bedeutung ist gebunden an das Innere eines Beobachters, der es rezipiert. Es löst eine emotionale Reaktion auf ein wahrgenommenes Muster aus. Das Muster ist die Ähnlichkeit zwischen den Innen und Außen. Offensichtlich hängt das Zusammentreffen nicht durch Ursache und Wirkung zusammen. Die Vernunft wehrt sich gegen einen tieferen Sinn des Geschehens, aber die Intuition akzeptiert es und heißt es willkommen.

Wenn wir intensiv mit einer kreativen Tätigkeit beschäftigt sind und unsere Intuition ins Spiel kommen lassen, sind wir sehr oft überrascht, mit welchem Spürsinn wir Entdeckungen machen und welchen Sinn das Zusammentreffen von Dingen ergibt. Unsere Kreativität zieht uns in die Einheit von Mustern hinein, in der Intuition und Wirklichkeit ineinander übergehen. Die eigenen Gedanken und die außen angetroffene Realität fügen sich zu einem Muster zusammen, das einen neuen Sinn ergibt. Entdeckung oder Schöpfung? Sie werden ununterscheidbar im Vorgang der Intuition gerade in der Erfahrung mit Synchronismen.

C. G. Jung fand, daß auch Weissagung auf dem Prinzip des Synchronismus basiert. Eine Reihe von ›Orakeln‹ arbeitet auf dem Prinzip der Übereinstimmung von Mustern. So z. B. das I Ging: Sie wollen Ihr Lebensmuster verstehen, können es aber noch nicht erkennen. Sie werfen Münzen und befragen das I Ging, das chinesische Buch der Weissagungen, das auf 64 Mustern von Ursachen basiert. Sie prüfen das Muster, das sich aus dem Wurf der Münzen ergibt, wie es im I Ging dargestellt wird. Mit Hilfe seiner Interpretation und aus Ihren eigenen Einsichten erkennen Sie, daß das Muster aus dem I Ging mit dem Muster in Ihrem Leben korreliert. Sie setzen voraus, daß die Muster im I Ging die Muster aus Ihrem Leben reflektieren. Keine Kausalbeziehung ist daran beteiligt. Ihre Lebenssituation verursacht nicht, wie die Münzen fallen. Vielmehr sind Ihr Leben und der Wurf der Münzen *zwei Abbilder desselben Musters.*

Cayce bemerkte das Vorkommen von Sychronismen nicht nur in den Übereinstimmungen, die zwischen den verschiedenen Lebensbereichen bestehen, sondern auch in der Form der Gelegenheiten. Diesen besonderen Aspekt der Synchronismen empfahl Cayce zu untersuchen im Sinne einer Suche nach einer Führung im Leben.

Das Prinzip der Übereinstimmung

Symbole vermitteln einen Sinn dadurch, daß sie Muster, die mit anderen Lebensbereichen korrelieren, zum Ausdruck bringen. Symbole entstehen nicht nur als Folge von Synchronismen, sondern hellseherisches Bewußtsein selbst ist oft unmittelbar Wahrnehmung durch Symbolik. Früher erwähnten wir einmal, daß Cayce den Satz gebrauchte, »Wie oben, so unten«, um damit auf das Phänomen der Übereinstimmung von Mustern auf verschiedenen Ebenen zu verweisen. Dieses *Prinzip der Übereinstimmung* taucht auch in den Schriften von Emmanuel Swedenborg auf, einem Hellseher, der eine Theorie über die Ebenen der Realität entwickelte, die eine Parallele zu Cayces Vision in vieler Hinsicht darstellt.

Dieses Prinzip hat beides, eine vertikale und eine horizontale Dimension. Die Vertikale bezeichnet Übereinstimmungen von Formen der physischen Realität mit den Mustern des schöpferischen Geistes. Die horizontale Dimension hat mit Übereinstimmungen zu tun, die Analogien, Symbolik und Geschichte betreffen. Manchmal wird ein Hellseher sich eines Symbols oder eines Musters bewußt, das mit der Realität einer Person übereinstimmt oder ihr entspricht – nicht jede hellseherische Wahrnehmung ist wörtlich.

Muster des Kopfes haben häufig ihre Pendants. Ein Hellseher nimmt vielleicht nicht Ihre genauen Gedanken wahr, aber er nimmt recht gut eine symbolische Parallele wahr. Ich habe Beispiele gesehen, bei denen eine Gruppe von Leuten um einen Hellseher versammelt war und hoffte, eine Information über ihr persönliches Leben zu bekommen, und waren überrascht, daß der Hellseher während des inoffiziellen Teils der Session Geschichten von sich erzählte, die mit den Themen aus dem Leben der Leute übereinzustimmen schienen, über die sie Readings erhalten wollten.

Symbole tauchen oft gehäuft auf. Jungs Bezeichnung

dafür war der ›Komplex‹. Wir denken gewöhnlich bei diesem Wort auch an die Bedeutung des ›Aufhängers‹, weil es ursprünglich benutzt wurde, um zu beschreiben, wie Probleme dazu neigten, zusammenzuhängen. Hier beschreibt das Wort auch das komplizierte Netzwerk, wie das Edelsteinnetz der Indra, das zwischen den Symbolen existiert. Lassen Sie uns ein Beispiel geben. Als eine Entsprechung zum Baumsymbol – ein Stamm mit vielen Ästen, der Nahrung aus der Erde aufnimmt und sie als Saft durch sich selbst hindurch schickt, erstorben und blattlos im Winter, zu neuem Leben aufbrechend im Frühling – wird das Rückenmark betrachtet, in dem der Fluß der übernatürlichen Energien in einem Körper stattfindet, der Prozeß der Schöpfung selbst sich nachvollzieht.

Solche komplizierten symbolischen Muster, wie sie die Schöpfungsmythen oder das Buch der Offenbarung in der Bibel gebrauchen, beschreiben – aus der Sichtweise hellseherischer Phantasie heraus – in höchst zutreffender Weise, wie die Dinge wirklich sind.

Für unseren wissenschaftlichen Standpunkt erscheint es vielleicht befremdlich, mit solchen Symbolen die Wirklichkeit zu beschreiben. Aber denken Sie daran, daß die Wissenschaft auch mit Modellen der Wirklichkeit, komplizierten Metaphern, von denen man annimmt, daß sie der Natur entsprechen, arbeitet. Die traditionelle Wissenschaft neigt dazu, die Modelle, die auf einer Mikro-Perspektive basieren, zu bevorzugen, während der Hellseher die Makro-Perspektive als angemessener empfindet.

Wenn Cayces Sicht des Psychokinese-Aspektes der Meditation in einem späteren Kapitel diskutiert wird, behalten Sie im Sinn, daß Hellseher die formende Energie, die in Symbolen enthalten ist, schätzen, und daß komplexe Symbolsysteme als Entsprechungen zu komplexen Prozessen im Körper angesehen werden.

Sich einstellen auf etwas:
Entwicklung im hellseherischen Bewußtsein

Wenn für das hellseherische Bewußtsein alles durch die Wirkung von Schwingungen entsteht, dann sind es Schwingungen, auf die das hellseherische Bewußtsein sich konzentrieren möchte. Einheit, sich einstellen, Resonanz, Harmonie, Einfühlungsvermögen, Sympathie, Übereinstimmung, Parallele, Verbindung, Einklang – wie häufig erscheinen diese Worte in den Aussagen der Hellseher. Cayce benutzte wiederholt viele dieser Worte, um den Prozeß hellseherischen Bewußtseins zu beschreiben. Sie alle bezeichnen den Zusammenhang zwischen verschiedenen Bereichen, den man sich dadurch erklärt, daß sie ›auf der gleichen Wellenlänge‹ sind. In der Sprache des hellseherischen Bewußtseins bilden sie den Grundwortschatz. Ich denke an diese Worte als an ›Bewegungs‹-Worte hellseherischen Bewußtseins, weil ein Hellseher oft einen Vorgang in der Verlaufsform eines Verbs, das die ›Einstellung‹ bezeichnet, beschreiben will. Zum Beispiel fragte Cayce nach dem Namen und der Adresse einer Person, die um ein Reading ersuchte. Dies waren seine einzigen ›Straßenkarten‹, um die Person ›ausfindig zu machen‹. Er fand sich selbst dann oft ›in Gegenwart‹ der Person und konnte über die Umgebung, die er beobachtete, berichten. Es war, als ginge er dorthin. Wenn er gefragt wurde, wie er das mache, beschrieb er es als einen Prozeß, bei dem er sich auf die Schwingungen des Namens der Person einstelle. Wenn diese Einstellung geschehen war, kam die Information in Fluß.

Harmonie, Einfühlung oder Resonanz bezeichnen alle eine besondere Dynamik. Auf ihr beruht der Ausgleich der Mitschwingung. Um zu wissen, wie ein anderer fühlt, fühlen Sie sich in diese andere Person hinein, stellen Sie sich auf seine oder ihre Schwingungen ein und erlauben sich, mitzuschwingen. Es ist ein Phänomen in der Musik, daß, wenn eine Saite vibriert und die nächste Saite so beschaffen ist, daß sie der ersten in Länge, Dicke und Straffheit gleicht, auch sie zu vibrieren beginnt. Dies wird *Resonanz* genannt. Die Dynamik basiert auf dem Prinzip der Übertragung von Information bzw. dem Wechsel zwischen Sender und Empfänger, um die Schwingungen des Senders aufnehmen zu können.

Ich stelle mir manchmal meinen Körper vor als eine Membran, die vibrieren oder Resonanz für Schwingungen sein kann. Um die Gedanken einer anderen Person aufzunehmen, konzentriere ich mich zunächst darauf, wie sich die Person ›anfühlt‹. Das ist etwas, das wir alle tun, ob wir es realisieren oder nicht. Wir fühlen uns gut in Gegenwart mancher Leute, bei anderen aber nicht. Es gibt gewiß mehr Schwingungsmuster als nur gute oder schlechte, es gibt zahllose verschiedene Muster. So konzentriere ich mich darauf, wie die Person sich für mich anfühlt. Ich fühle mich in die Schwingung der Person ein. Die Membran meines Kopfes schwingt jetzt mit auf dem Klang ihrer Schwingungen. Bald bemerke ich Bilder, die sich in meinem Kopf formen. Was zuerst nur unscharf war wie ein Häufchen Pulver auf einer von Hans Jennys Metallscheiben, fängt an, Kontur in Form von Bildern anzunehmen. Die Schwingungen der Person fangen an, Bilder in meinem Kopf hervorzurufen. Dies ist eine einfache Beschreibung der Telepathie, die auf der Analyse von Schwingungen basiert.

Als ›mentales Radio‹ hat Upton Sinclair die ASW beschrieben: Um uns auf eine Station einzuschalten, verändern wir die Kennziffern des Radios, so daß es für die Schwingungsfrequenz dieser Station empfindlich wird. Diese Station zu verlassen und auf eine andere zu gehen, dazu müssen wir uns nicht in ein Auto setzen und von Station zu Station fahren − wir drehen ganz einfach am Knopf. CBs gebraucht eine ähnliche Metapher, »wir verlassen hier…«, wenn auf eine andere Frequenz umgeschaltet wird. Wir ›bewegen‹ uns von einer Station zur anderen, indem wir uns auf eine andere Schwingungsfrequenz einschalten. Mit einer Drehung auf der Skala ›reisen‹ wir sofort hunderte von Meilen von einem Kanal zum anderen.

Oder betrachten wir einmal den Fall von Marcel Proust, der in ›Auf der Suche nach der verlorenen Zeit‹ beschreibt, wie er durch den Geschmack eines Kekses in einen Augenblick seiner Kindheit ›transportiert‹ wurde. Geschmack und Geruch können starke Erinnerungen an die Vergangenheit hervorrufen, so daß sie uns in einem Augenblick dahin zurückzutragen scheinen. Wir tragen nicht bloß Erinnerungen zusammen, sondern wir sind tatsächlich in der Vergangenheit verwurzelt und sind in der Lage, uns von einer Zeitperiode in eine andere zu ›bewegen‹.

Die hellseherische Phantasie

Für den Hellseher ist die Phantasie alles. Die Welt wurde durch die Phantasie oder Vorstellungskraft Gottes erschaffen, und dieselbe Kraft der Phantasie wirkt in jedem von uns. Die Phantasie ist das Reich der Muster, der Schwingungsmuster. Ideen, oder Muster des Geistes, bestehen in einer vierten Dimension. Sie sind gleichzeitig immer und überall. Wenn die Basis der Wahrnehmung die Phantasie ist, wenn sensorische Daten dem dienlich sind, was man sich vorstellt, dann kann ASW ganz einfach durch die Einschaltung auf Schwingungsmuster funktionieren. Der sensorische Kontakt kann für die Wahrnehmung eine Unterstützung sein, aber er ist nicht unbedingt erforderlich. ASW ist eine direktere Form der Wahrnehmung, indem sie die Einzelheiten der Sinne umgeht.

Deshalb ist es notwendig, um hellseherisches Bewußtsein zu entwickeln, gewillt und in der Lage zu sein, sich die Welt als Muster von Schwingungen vorzustellen, und sich vorzustellen, sich auf diese Muster einzuschalten. Der Hellseher stellt sich die Welt in einer Weise vor, die hellseherisches Bewußtsein zuläßt. Der Hellseher verhält sich in einer Weise, die mit dem Bild vom Wesen der Dinge übereinstimmt, und indem er sich so verhält, ist sein Tun naturgegeben. Menschen, die nicht an die Realität hellscherischer Wahrnehmung glauben können, haben Schwierigkeiten damit, hellseherisch zu sein. So haben Studien gezeigt, daß Leute, die nicht an ASW glauben, tatsächlich schlechter bei ASW abschneiden, weil sie die Möglichkeit ASW nicht in Betracht ziehen; vielmehr nützen sie unbewußt ASW als Beweis dafür, daß ihre Vermutungen falsch sind!

Wir alle haben übersinnliche Fähigkeiten, ob wir uns dessen bewußt sind oder nicht. ASW unbewußt zu benutzen ist ziemlich verbreitet. Unsere Ahnungen und Intuitionen decken Muster durch unbewußte ASW auf. In der Tiefe des Schlafes schöpfen unsere Träume aus den Mustern hellseherischer Information. In solchen Bewußtseinszuständen außerhalb unseres normalen Bewußtseins hat unsere hellseherische Phantasie unbegrenzte Freiheit, sich auszudrücken. Über solche Bewußtseinszustände wird der zweite Teil handeln, um ihr hellseherisches Potential in unser waches Bewußtsein zu bringen.

Zweiter Teil

Hellseherische Bewußtseinszustände

4   Unsere hellseherische Intuition

Wie weiß ich die Wege aller Dinge vom Ursprung? Weil es in mir ist.

LAO TSE

Ich weiß, wenn ich ein Problem habe und alles getan habe, was ich kann — nachdenken, lösen, planen — dann halte ich inne und lausche in eine Art innere Stille, bis etwas klickt und ich die richtige Antwort fühle.

CONRAD HILTON

Intuition wird oft definiert als ein Wissen, das vorhanden ist, dessen Herkunft aber unerklärlich ist.

›Ahnung‹ ist ein übliches Synonym für Intuition, auch metaphorische Wendungen wie ›vom Blitz getroffen werden‹, vom Licht, ›das einem aufgeht‹, ›alles kommt an seinen richtigen Platz‹, etwas ›in den Knochen spüren‹ u. ä. Jede dieser Redewendungen drückt etwas vom Wesen der Intuition aus.

Das Wort Intuition kommt von dem lateinischen Verbum intuere = anschauen, betrachten, in der Bedeutung nach innen sehen, auf etwas achten.

Wir können diese verschiedenen Dimensionen der Wurzelbedeutung von Intuition in den vielen Ausdrucksformen von Intuition wiederfinden.

Das Wesen der Intuition

In ›The Intuitive Edge‹ beschreibt Philip Goldberg sechs Aspekte von Intuition: Entdeckung, Entwicklung, Bewertung, Wirksamkeit, Prophezeiung und Illumination. Lassen Sie uns kurz jedes betrachten.

Die *entdeckerische* Intuition, oder aufdeckende, liefert Einsichten in zu entdeckende Fakten. Sie meint das ›Eureka!‹-Phänomen, berühmt geworden durch Archimedes' Experiment in der Badewanne. Als er in das Badewasser stieg, fand er, daß ein im Wasser untergetauchter Gegenstand die Menge Wasser, die dem Volumen des Gegenstandes entspricht, verdrängt.

Die Geschichte der Wissenschaft ist voll von zufälligen Entdeckungen, möglich gemacht durch den ›Spürsinn‹, das intuitive Erkennen der Bedeutung einer zufälligen Beobachtung. So führte beispielsweise die Beobachtung, wie Kaffee die Farbe einer Serviette veränderte, zur Entwicklung der Chromatographie (Analyse von Substanzen mittels ihrer Farbe). Die Beobachtung, wie einige photographischen Platten geschwärzt worden sind, führte zur Entdeckung der Radioaktivität. Die Beispielreihe ließe sich beliebig fortsetzen von der Entwicklung der Pap Testreihe, wie man Haut kultivieren kann zur Transplantation bei Opfern von Verbrennungen, bis zur Entdeckung des Radars oder der Röntgenstrahlen, des Teflon, des vulkanisierten Gummis und der Aspartame.

Die *produktive* oder schöpferische Intuition arbeitet mit Gelegenheiten, Optionen, Möglichkeiten und Alternativen. Zu lernen, am richtigen Platz zur richtigen Zeit zu sein, ist ein Beispiel. Künstler und Erfinder erleben diese Form von Intuition, indem sie sich absichtsvoll in bestimmten Situationen selbst erfahren. Sie haben eine dunkle Ahnung von den Möglichkeiten, auch wenn sie ihr Erleben später als einen glücklichen Zufall beschreiben.

Die *bewertende* Intuition folgt einer inneren Stimme, die Weisungen gibt. Von Sokrates heißt es, er habe gesagt: »Durch die Gnade der Götter bin ich seit meiner Kindheit von halbgöttlichen Wesen begleitet worden, deren Stimmen mir von Zeit zu Zeit von gewissen Unternehmungen abraten, die aber nie bestimmen, was ich tun muß.« Cayces Technik zur Entwicklung von Intuition fängt bei dieser inneren Stimme an.

Intuition als *wirkende Kraft* leitet unsere Handlungen. Anders als die bewertende Intuition hat sie nichts zu bewerten, sondern ist wie ein Drängen, etwas zu tun oder nicht zu tun. Sich zu etwas berufen zu fühlen, kann dazu gehören. An einem Tag während des zweiten Weltkrieges beschloß Winston Churchill plötzlich aus keinem ersichtlichen Grund, seinen Wagen nicht wie gewöhnlich zu besteigen. Er ging statt dessen auf die andere Seite des Wagens – und entging dadurch einem Bombenanschlag.

Voraussagende Intuition hat etwas von einer Prophezeiung. Nicht in dem Sinn, daß man notwendigerweise zu Handlungen getrieben wird, vielmehr als eine Ahnung, daß etwas passieren wird. Man sieht beim Autofahren voraus, daß ein anderes Auto eine plötzliche Bewegung machen wird – das ist ein Beispiel für diese Art der Intuition. Ich erlebe häufig während meiner Recherchen, daß ich in der Lage bin, Trends vorauszusehen, oder die Bedeutung neuer Informationen richtig einzuschätzen.

Illumination ist die stärkste Form der Intuition. Mystische Illumination transzendiert die anderen Formen der Intuition. Obwohl die Illumination die seltenste Form der Intuition ist, behauptet Goldberg, daß, wenn sie entwickelt wird, sie zu den anderen führt. Wie kosmisches Bewußtsein und damit in Beziehung stehende Erfahrungen werden Wissende und Wissen eins. In der Weise, wie sich Cayce der Intuition näherte, wurde er von der höchsten Form jeglicher Aktivität geleitet und versuchte, die Spiegelung der höchsten Form in der kleinsten zu finden. Seine Perspektive wurzelte in der Vorstellung von der Einheit. Er führte das Wesen der Intuition auf die der Schöpfung innewohnende Einheit zurück.

Vom Prinzip der Einheit ausgehend, nahm Cayce an, daß alles Wissen schon im Innern des Menschen enthalten ist, ganz gemäß der ursprünglichen Wortbedeutung, die ein Wissen von innen heraus meint und in Übereinstimmung mit dem taoistischen Ausdruck der Perennial Philosophie, wie er von Lao Tse formuliert wurde (s. Zitat am Anfang d. Kapitels). Für Cayce war Intuition kein singuläres Phänomen, sondern eine andauernde Wirklichkeit, die unsere Verbindung mit dem Leben widerspiegelt. Die verschiedenen Formen der Intuition können als Manifestationen dieser zugrundeliegenden Einheit erklärt werden.

Es besteht die Tendenz, Intuition als eine unzureichende, unkultivierte Form der ASW abzutun. Wenn auch eingeräumt wird, daß sich oft wichtige unerkannte übersinnliche Informationen hinter einer Ahnung verbergen, scheint sie doch im allgemeinen gegenüber der ASW-Erfahrung, der wir das voll bewußte Wissen der übersinnlichen Information zuerkennen, nachgeordnet. Goldberg setzt dieser Auffassung entgegen, daß Intuition nicht nur eine untergeordnete Form der ASW ist, sondern daß sie mehr als ASW ist, insofern sie *weit hinter gegebene Informationen zurückreicht.*

Auch Cayce empfand Intuition nicht als eine untergeordnete oder unterentwickelte Form der ASW — er sah sie als die ASW *plus* an. Während vieler Gelegenheiten, wenn jemand Cayce um ein Reading zur Entfaltung übersinnlicher Fähigkeiten bat, riet ihm Cayce, daß es besser wäre, vor allen anderen Fähigkeiten zuerst die Intuition zu entwickeln. Er nannte es die »höhere Entwicklung« hellseherischer Fähigkeiten. Für ihn bedeutete Intuition die holistische Intelligenz (die oft die ›leise innere Stimme‹ genannt wird), die nicht nur

Fakten zusammenbringt, sondern auch Möglichkeiten erschließt, persönliche Werte und Bedürfnisse aufruft, um auf eine Gelegenheit aufmerksam zu machen, und so oft sehr nützlich ist im Hinblick auf das konkrete Handeln. Während die hellseherische Fähigkeit eher fordert, wie Joe Friday in dem Titel ›Nur die Tatsachen, ma'am‹ festhält, wird während der Intuition gefunden, wohin-ich-gehen-soll und was-ich-tun-soll bei bestimmten Gegebenheiten. Schöpferisches und Intuitives sind eng miteinander verbunden. Ein Beispiel soll den kreativen Aspekt der Intuition illustrieren:

Nehmen Sie einmal an, ich strenge mich an, ein Konzept zu verstehen. Ich stehe vor einem Bücherregal. Reine ASW könnte mich bis zu einem gewissen Grad weiter bringen. Mit einer hellseherischen Fähigkeit könnte ich theoretisch den Rücken jedes Buches erfassen und im Geiste ihre Inhalte überfliegen. Danach könnte ich entscheiden, welche Information wichtig sein würde. Die Intuition dagegen vermag mich unter Umständen zu ganz neuen Entdeckungen führen. Während ich so ›ganz nebenbei‹ in dem Buch schmökere, stoße ich auf eine Passage, die eine Inspiration auslöst. Die ASW gibt mir nur Material, und es bleibt mir die Aufgabe, auszusortieren und zu entscheiden, was im Hinblick auf meine Zwecke richtig sein könnte. Dagegen ist der Vorzug der Intuition, daß sie unter Umständen direkt zu einer neuen Erkenntnis führt.

In diesem Beispiel implizierte die Intuition selbst einen kreativen Akt. Es wurde eine Möglichkeit neu erschlossen, deren Bedeutung erkannt, ich wurde mit einer Idee in Berührung gebracht, die bisher noch in keinem der Bücher existierte, aber in diesem Moment in mir ausgelöst werden konnte – und nur gerade in mir – dadurch daß ich auf eine bestimmte Passage ›durch Zufall‹ stieß. Übereinstimmungen sind oft Folge der Intuition und zeigen umgekehrt, daß Intuition eine Einstimmung auf ein Muster mit Sinn impliziert. Es gehört zum Wesen von Intuition, daß sie ganzheitlicher und schöpferischer vorgeht. Während hellseherische Fähigkeiten Informationen hervorbringen, bringt Intuition gewöhnlich Ergebnisse, Entscheidungen, Aufrufe zur Tat und andere Effekte zuwege, die auf eine sublime Weise mit den Bedürfnissen, Zielen und Wertvorstellungen der Person konform sind.

Die Notwendigkeit-zu-wissen als Basis intuitiver Führung

Cayce geht hinter diese beschreibenden Aussagen über Intuition zurück, um ihr absichtsvolles Wirken zu zeigen. Nach seiner Auffassung spielt Intuition eine führende Rolle in unserem Leben. Sie arbeitet auf einer Basis der ›Notwendigkeit-zu-wissen‹. Sie wird aktiviert durch die Notwendigkeit, wenn wir in Gefahr sind (wie im Falle von Winston Churchill), oder wenn wir schöpferisch tätig sind. Intuition ist zielgerichtet, geschieht nicht aufs Geratewohl.

Diese Zielgerichtetheit als Eigenschaft der Intuition ist einer der Gründe, weshalb Cayce sie als höchste Entwicklungsstufe der ASW betrachtet. Sie liefert keine Information, die nicht gerade benötigt wird. In Cayces von der Bibel geprägten Sprache steht Intuition höher als reine ASW, weil ›ungenutztes Wissen Sünde ist‹. Wir sind verantwortlich dafür, wie wir mit dem Wissen, das wir bekommen, umgehen. Willkürlich oder aus Neugierde provozierte ASW stellt häufig nur eine Belastung dar, wenn wir die Information nicht nutzen können. Intuition belastet uns nicht, sondern gibt uns nur die Information, die wir brauchen und ermuntert uns sie richtig einzusetzen. Archimedes' Entdeckung ist ein gutes Beispiel für die Funktionalität der Intuition. Was er entdeckte, scheint eigentlich offensichtlich: Sie werfen etwas ins Wasser, und das Wasser muß so viel Raum geben, wie der Gegenstand einnimmt — nämlich sein Volumen. Warum hat nicht bereits jemand vor ihm dieses Beziehungsverhältnis festgestellt? Was war das Ausschlaggebende für Archimedes' Entdeckung? Gerade zu dieser Zeit arbeitete Archimedes an einer Versuchsreihe, bei der es darum ging, die Qualität von Gold in einer Krone zu bestimmen. Die Methode der Volumenberechnung war eine wichtige Voraussetzung, sein Problem zu lösen. Die Notwendigkeit-zu-wissen stimulierte seine Intuition.

Es gehört zum Wesen der Intuition, daß sie wirksam wird in einer Situation, in der eine ganz starke *Notwendigkeit* zu wissen besteht, aber kein Weg dorthin erkennbar ist. Umfassender als dies durch bestimmte Informationen geschehen kann, werden durch Intuition neue Möglichkeiten sichtbar, deren Spur man folgen muß, um ihren Sinn zu erkennen. In einem Experiment gab Cayce konkrete Vorschläge, wie man lernen kann, den Sinn von Intuition zu erkennen.

Auf die leise innere Stimme hören

Cayce schlug vor, mit den einfachsten Fällen, bei denen Intuition in Ja/Nein-Situationen ins Spiel kommen kann, zu beginnen. Sie haben gewöhnlich mit Wahl oder Entscheidung zu tun: Sagt diese Person mir die Wahrheit? Ist dies eine gute Investition ins Geschäft? Ist dies wirklich die richtige Laufbahn für mich? Soll ich diesen Job annehmen? Solche Entscheidungsprobleme können mit Ja oder mit Nein beantwortet werden.

Fangen Sie mit einer Entscheidung an, oder einer Wahl, die Sie treffen müssen. Benutzen Sie dazu jedes nur mögliche Mittel, das relevant ist, und treffen Sie Ihre Wahl oder Entscheidung. Prüfen Sie die Situation, beobachten Sie Ihre Gefühle, machen Sie eine Liste über die Pros und Kontras. Diese Zeit der Vorbereitung ist wichtig. Intuition kann erst auf dem Fundament der Informationen, die Sie gesammelt und auf bewußter Ebene beurteilt haben, aufbauen. Die Zeit der Vorbereitung versetzt Sie auch in die Lage, sich in den Bereich oder das Thema Ihrer Angelegenheit einzustimmen. Wenn Sie sich mit der Situation genügend befaßt haben, dann treffen Sie Ihre eigene Entscheidung.

Dann wechseln Sie in eine Phase der Meditation. In der Meditation richten Sie Ihre Schwingungen auf das höchste Ideal aus, das universellste oder umfassendste Muster der Wahrheit, mit der Absicht, Ihre Entscheidung in Harmonie mit diesem Ideal abzustimmen. Dann rufen Sie sich Ihre Entscheidung ins Gedächtnis und fragen sich: »Ist dies die richtige Entscheidung?« Hören Sie auf Ihre innere Reaktion. Die innere Stimme, die zu Ihnen spricht, ob ja oder nein, ist der Akt der Intuition. Sie mag zu Ihnen kommen als ein Gefühl, ein Gedanke, oder vielleicht hören Sie sogar eine Stimme, die ›Nein‹! sagt. Wie Ihr inneres Selbst zu Ihnen sprechen wird, ist etwas, das Sie selbst entdecken müssen, aber die Antwort kommt, wenn Sie dafür offen sind. Cayce schlug diese Übung speziell dazu vor, die Arbeitsweise der Intuition erkennen zu lernen. Sie ist auch eine geeignete Form, eine Führung zu suchen. Er schlug vor, die Intuition durch laufende Anwendung auszubilden. Wenn Sie eine aktuelle Situation zum Anlaß nehmen, bei der Sie sich Gedanken über ihren Ausgang machen und bei der Sie sich bemühen, bewußt eine Lösung zu finden, dann eine Phase der Ruhe einlegen, werden Sie eine intuitive Antwort zu Ihrer Wahl oder Entscheidung vernehmen.

Gefühle und Bilder: Mitteilungen des Inneren Selbst

Cayces Experiment verlangt eine Erwiderung auf das innere Selbst. Intuition kann in verschiedener Gestalt vernehmbar werden, Gefühle und Bilder eingeschlossen. Gefühle und ganz besonders die Bildersymbolik können die Manifestation der inneren Stimme sein und intuitive Informationen vermitteln. Erinnern Sie sich an Hans Jennys Schwingungsmuster? Wenn wir von einem besonderen Thema oder von einer besonderen Situation betroffen sind, stellen wir uns auf sie ein

– unser ganzes Sein beginnt auf den Schwingungen dieser Situation mitzuschwingen. Unser inneres Selbst fängt an, die Auswirkungen dieser Schwingung zu reflektieren, indem es aus sich heraus analoge Muster in Form von Gefühlen und Bildern produziert.

Albert Einstein gab seiner Phantasie freien Lauf. Beim Nachdenken über das Wesen der Zeit, stellte er sich vor, er wäre eine Uhr, die durch den Raum geschleudert wird und dabei schneller und schneller fliegt. Diese phantastische Vorstellung trug dazu bei, die Relativitätstheorie zu entwickeln. Ein anderes berühmtes Beispiel in der Geschichte der Wissenschaft war Kekulès Entdeckung der Formel des Benzolringes. Beim Nachdenken über das Wesen der organischen Verbindungen stellte er sich eine Schlange vor, die sich zusammengerollt hat und sich in ihren Schwanz beißt. In diesem Bild erkannte er das Muster der Formel, nach der er suchte. In solchen Fällen wissenschaftlicher Entdeckungen waren die Suchenden so auf das vorliegende Problem konzentriert, daß sie unbewußt ›eins mit‹ dem Objekt der Studie wurden. Ihr ganzes Sein – ihr Denken, Fühlen, ihre Phantasie, ihre Taten und ihre Aufmerksamkeit – stellte sich auf die Schwingungen des Rätsels ein. Dies schuf eine Resonanz zwischen ihnen und dem, was sie entdecken wollten. Die Einstellung darauf verhalf der Intuition zum Durchbruch.

Ich werde an Detektive erinnert, die erklärten, besser als einen Kriminellen mit gewöhnlichen Strategien zu verfolgen, sei es, selbst wie einer denken zu lernen. Sie drücken damit die Schwingungsthematik intuitiver Entdeckung aus. Die Kraft der Phantasie, sich in die Denkweise eines Kriminellen hineinzuversetzen, verhilft ihnen schließlich dazu, den Kriminellen zu entlarven. Der Eingeborene Amerikas kommuniziert mit Gegenständen in der Natur in ähnlicher Weise: um beispielsweise die Weisheit eines bestimmten Steines zu erfahren, muß er sich selbst auf die Schwingung des Steines einstellen.

Der amerikanische Eingeborene respektiert den Fluß symbolischer Bilder in der Phantasie als Quelle der Offenbarung, nicht als bloße Phantasie. Während ich über den Stein meditiere in der Weise wie der amerikanische Eingeborene, gelangt die Botschaft des Steines durch die Vorstellungskraft zu mir. Während ich den Stein betrachte, werden meine Gedanken, Gefühle und Bilder zur Voraussetzung, als Schwingungen des Steines auf mich zu wirken.

Wenn ich mich in der Situation finde, jemanden zu beraten und konzentriert der Geschichte einer Person zuhöre, bemerke ich, wie ich den Worten wenig Aufmerksamkeit schenke und mich mehr auf den Klang der Stimme der Person konzentriere. Die Musik der Stimme sagt mehr darüber aus, was auf einer tieferen Ebene in der Person vorgeht. Die Seele singt oder klagt durch den Klang der Stimme. Wenn ich mir erlaube, auf diese Weise zuzuhören, dann ist es beinahe, als ob ich vom Klang der Stimme der Person hypnotisiert werde und eins mit ihren Tönen und Schwingungen werde. Wenn ich so verfahre, scheint mein Körper mitzuschwingen mit dem Klang dieser Stimme, mein Sein schwingt mit dem Sein der Person, und ich kann es fühlen. Wenn ich mich auf dieses Fühlen konzentriere, tauchen Bilder und Szenen in meinem Kopf auf. Ich habe gelernt, daß diese spontanen Phantasien weit davon entfernt sind, ein Zeichen von Unaufmerksamkeit zu sein. Sie sind Manifestationen intuitiven Wissens über die Person.

Wenn ich diese Bilder und Phantasien der Person mitteile, entdecke ich ihre Bedeutung. Die Bilder sind gewöhnlich nicht wirklich wahr, so wie sie sind. Ihre symbolische Form ist ein Aspekt von Schwingungsmustern. Symbolische Bilder sind oft hochkonzentrierte Muster von Informationen. Genau wie wir sagen »ein Bild ist mehr wert als tausend Worte«, können sich in einem Bild mannigfaltige Eindrücke zu einem Symbol verdichten und sich in diesem kreativen Akt der Informationsverarbeitung eine verborgene Wahrheit enthüllen. Träume, die ›Bilderfabrik‹ par excellence, sind ein wichtiges Aktionsfeld symbolischer Intuitionen.

Intuition als offenes Channeling

Der leisen inneren Stimme zuzuhören ist eine Form von Channeling. Wie oben bereits gesagt wurde: Intuition ist ein Wissen, das sich nicht ohne weiteres rational herleiten läßt. Sicher haben Sie schon einmal die Erfahrung gemacht, daß Sie mit voller Überzeugung über etwas sprechen und hinterher über die Wahrheit des Gesagten staunten: »Wie konnte ich das nur wissen?« Diesen Aspekt von Informationsverarbeitung bezeichnet der Ausdruck ›Channeling‹. In ›Channeling: The Intuitive Connection‹ definieren William Kautz und Melanie Branon Channeling als eine Form von Intuition, als einen »inneren Prozeß, eine intuitive Verbindung mit einer universellen, aber unsichtbaren Quelle der Information und des Verständnisses.« Jon Klimo nennt Intuition in ›Channeling: Investigations on Receiving Information from Paranormal Sources‹ ›offenes Channeling‹. Er schließt Inspiration und Kreativität als weitere Formen offenen Channelings ein, welche er als »die Fähigkeit als ein Vehikel für Gedanken, Bilder, Gefühle und Information zu dienen, die aus einer Quelle kommen, die hinter dem Selbst des einzelnen und hinter der bekannten Realität (so wie wir sie kennen) liegt − einer Quelle, die nicht identifizierbar ist und sich nicht selbst identifiziert« definiert.

Cayce nannte dieses Channeling das ›höhere Selbst‹, einen Zustand, in dem das Selbst der Seele mit dem universellen Bewußtsein in Berührung ist. Cayces Trancezustand kann als ein Beispiel offenen Channelings angesehen werden, das sich zum Zustand einer universellen Hellsichtigkeit entwickelt hat.

Wie andere Formen der Intuition geschieht das offene

Channeling, das wir Intuition nennen, als Erwiderung auf ein Bedürfnis. Als Redner – und ich habe ähnliche Geschichten von anderen Rednern gehört – schweife ich manchmal von meinen geplanten Ausführungen ab und bringe einen improvisierten Kommentar. Während des Sprechens staune ich immer wieder selbst über die Herkunft dieser Ideen. Nach der Rede kommt unweigerlich jemand auf mich zu und sagt, daß er nicht sicher gewesen sei, warum er zu diesem Vortrag gekommen wäre, aber meine spontanen Bemerkungen über das und jenes entsprächen einem echten Bedürfnis. Offenes Channeling kann auch eine übernatürliche, hellseherische Komponente haben!

Oft werden durch offenes Channeling Fragen geweckt. Bei Vorträgen habe ich gefunden, daß die Frage-und-Antwort-Session am Schluß oft Reden voller Inspiration mit sich bringt. Die Frage einer Person oder vielmehr die Gefühle, die ich aus der Frage aufnehme, lösen häufig eine intuitive Antwort aus. Von Cayce wurde berichtet, daß, wenn er in seine Trance ging, er oft, wenn man ihm nicht sofort eine Frage stellte, einschlief! Ich selbst habe festgestellt, daß die Energie der Frage oft die Quelle der Inspiration für die Antwort ist. Cayce behauptete, daß der Wunsch des Fragenden den Typus des Materials bestimme, der durch den Kanal seiner Trance käme. Es erinnert mich daran, wie oft ich gehört habe, daß mit der Entscheidung für die passendste Frage oft schon die Antwort halb gewonnen ist.

Channeling Intuition: inspiratives Schreiben

Cayce gab den Leuten eine Form an die Hand, offenes Channeling erleben zu können. Es ist eine Erweiterung der ersten Übung, der leisen inneren Stimme lauschen zu lernen. Die erste Übung, die Cayce uns nannte, hat zwei Vorzüge. Erstens ist es nützlich, die intuitive ›Kraft‹ in uns kennenzulernen, und wie sie uns erscheint oder sich für uns anfühlt. Der zweite Nutzeffekt besteht darin, Intuition bei einer Entscheidung oder Wahl kennenzulernen. Für Situationen mit eher unbestimmtem Ausgang, für die Sie etwas mehr als eine einfache Ja/Nein Antwort möchten, riet Cayce zu einer anderen Art von Experiment: zum inspirativen Schreiben.

Helen Cohn Schucman channelte ›A Course in Miracles‹ durch einen Prozeß inspirativen Schreibens. Es fing an mit dem Erleben der inneren Stimme. Sie hatte schon andere innere Vorgänge erlebt, deshalb war sie bereits sensibilisiert für die innere Stimme. Sie schrieb erst einige Zeilen, dann hielt sie inne. Sie hatte es schwer, das Phänomen zu akzeptieren. Aber die innere Stimme hörte nicht auf. Sie beschrieb den Prozeß so, als nähme sie ein Diktat auf. Sie war nicht in Trance, es war kein automatisches Schreiben. Robert Skutchs ›Journey without Distance‹ über diesen inspirierten Text zeigt, was durch inspiratives Schreiben fertiggebracht werden kann.

Auf die Ja/Nein-Antwort der inneren Stimme hören zu lernen, wäre sicherlich ein guter Weg, zu üben, bevor inspiratives Schreiben versucht wird, da diese Form des Channeling einfache Entscheidungen übersteigt. Wenn Sie sich in der Lage fühlen, auf das innere Selbst angemessen zu reagieren, können Sie inspiratives Schreiben versuchen.

Der einfachste Weg, diese Form offenen Channelings zu verstehen, ist, Ihren Atem zu beobachten, sich in den Rhythmus des Atems zu versenken und zu spüren, wie er sich auf das Bewußtsein auswirkt. Die meiste Zeit schenken wir unserem Atem keine Aufmerksamkeit. Jetzt, nur für einen Moment, schenken Sie ihm Ihre Aufmerksamkeit. Wenn Sie zunächst Ihren Atem wahrnehmen, haben Sie das Gefühl, daß Sie Ihren Atem kontrollieren, das Timing der Einatmung und Ausatmung. Versuchen Sie, sich zu entspannen. Dann beobachten Sie behutsam Ihren Atem und schauen, ob Sie ihn beobachten können, ohne ihn zu kontrollieren.

Wenn Sie sich entspannen und geduldig genug sind, werden Sie nach und nach miterleben, wie Ihre Atmung von ganz alleine geschieht, so wie sie die ganze Zeit von selbst geschieht, ohne daß Sie ihr nur irgendeine Aufmerksamkeit schenken. Den Atem zu beobachten, ohne ihn zu stören, ist eine alte Form der Meditation. Wenn Sie es üben, werden Sie herausfinden, daß Sie während der Ausatmung loslassen und sehr entspannt werden, und während der Einatmung einen neuen Anfang erleben, inspiriert werden! Daß gerade von dem Wort für das Atemholen sich der Begriff *Inspiration* herleitet, entspringt der uralten Erkenntnis dieses Zusammenhangs.

Nun wollen wir drei Formen des Schreibens betrachten. Die erste ist *Schreiben mit einer Absicht*. Dies ist, was wir alle bei unserem ersten Versuch machen, wie bei dem ersten Versuch, unseren Atem zu beobachten. Wir merken, daß wir kontrollieren, daß wir uns etwas ausdenken müssen, was wir schreiben wollen. Wir sind uns der Wahl der Worte bewußt, oder des Mangels an Worten, um auszudrücken, was in unserem Kopf vorgeht. Wir setzen uns zurück und versuchen, uns etwas auszudenken, was wir schreiben wollen und schreiben es nieder. Das ist Schreiben mit einer Absicht.

Eine weitere Form ist das *automatische* Schreiben. So wie wir automatisch atmen können, ohne auf diesen Vorgang unsere Gedanken zu lenken, ist es einigen Leuten möglich, zu schreiben, ohne ihr Bewußtsein dabei einzuschalten. Durch Ablenkung, Blockierung oder Leermachen des Kopfes haben sie gelernt, das ›Unbewußte direkt sprechen‹ zu lassen im Vorgang des Schreibens. Der Schreibende ist sich dessen, was geschrieben wurde, nicht bewußt. Während des Schreibens ist die Person in gewisser Weise in einem gelösten Zustand, abgelenkt oder in Trance. Automatisches Schreiben ist eine Art des Channelings von Wesenheiten, nicht Gestalt gewordener geistiger Existenzformen oder noch nicht ausgeprägter, vielfältiger Persönlichkeitsmerkmale. Es ist eine Form des Channelings, vor deren Gebrauch Cayce und andere mit ihren Gefahren vertrauten Personen oft warnten. Wie sich beim automatischen Atmen Ärger o. ä. in der Weise des Atmens niederschlägt, wir je nachdem schnell atmen oder den Atem anhalten usw. — der Atem ein Spiegel unserer inneren Verfassung ist —, so kann auch automatisches Schreiben Disharmonie, Angst und Unsicherheit im Leben einer Person ausdrücken. Oder es kann Bemühungen um Stärke, Anstrengungen, etwas zu vollenden, ›auf die Höhe‹ zu kommen oder ›seinen Weg‹ zu finden, ausdrücken. Es kann verführerisch sein. Es muß nicht notwendigerweise das Beste ausdrücken, noch ist es die kreativste Form.

Die dritte Form, das *inspirative* Schreiben, ist wie das Beobachten des Atems, ohne ihn zu unterbrechen. Beim inspirativen Schreiben ist sich der Schreibende der Absicht des Schreibens bewußt, er ist sich dessen bewußt, was er schreibt und wie er schreibt, erlebt aber das Schreiben, als geschähe es fast von selbst.

Um inspiratives Schreiben auszuführen, kehren Sie das gewöhnliche Verfahren um. Normalerweise denken Sie, wie beim bewußten absichtlichen Schreiben, zuerst darüber nach, was Sie sagen wollen, dann zeichnen Sie Ihre Gedanken auf. Beim inspirativen Schreiben machen Sie es umgekehrt: Sie fangen zu schreiben an, mit Ihrer Intention im Kopf und Sie beobachten, was Sie schreiben. Sie bringen nicht nur Ihre Gedanken zu Papier, sondern Sie notieren vielmehr bewußt, was Sie schreiben.

Um sich auf inspiratives Schreiben vorzubereiten, ist es hilfreich, sich für einen Augenblick auf unseren Atem zu konzentrieren und sich daran zu erinnern, daß man sich seines Atems bewußt sein kann, ohne den Fluß zu stoppen. Bevor wir mit einer Schreibübung beginnen, ist es wichtig, zu meditieren. Beim Meditieren versuchen wir, unsere Gedanken zur Ruhe zu bringen und uns auf unsere höchsten Gedanken einzustimmen. ›Höchste Gedanken‹ meint die universellste Perspektive. Mit der Meditation kommt ein Gefühl des Friedens und des Einsseins mit dem Leben. Oft, wenn Fragen gestellt werden, wird eine ganz andere Art von Antwort gegeben. Meditation selbst ist eine Art von Channeling – Channeling der kreativen Kräfte innerhalb unseres und durch unseren Körper.

Cayce riet, eine dem inspirativen Schreiben förderliche Atmosphäre zu schaffen: gedämpftes Licht, vielleicht ein wenig leise Musik. Weihrauch kann angebracht sein, wenn er Sie an einen höheren Zustand des Bewußtseins erinnert. Dann setzen Sie Ihren Stift aufs Papier. Im Hinblick auf die Zielgerichtetheit der Intuition ist es wichtig, ein Thema zu wählen, das Sie tief betrifft. Wenn Sie dem lauschen oder akzeptieren, was da ist, werden die Ideen in Ihnen auftauchen, die Sie zu Papier bringen können. Fangen Sie einfach an zu schreiben, nehmen sie zur Kenntnis, was niedergeschrieben ist; warten Sie nicht darauf, daß Ihnen diktiert wird.

Tagebuchschreiben ist in letzter Zeit populär geworden als eine Form, Inspiration zu gewinnen und Intuition einzusetzen. Daraus ergaben sich andere Methoden, Inspiration zu erlangen, die eingesetzt wurden. Eine Möglichkeit ist zum Beispiel – wie von Ira Progroff in ›Intensive Journal‹-Methode entwickelt wurde –, einen Dialog zwischen bewußtem und Höherem Selbst niederzuschreiben. Sie stellen die Fragen, und Ihr Höheres Selbst antwortet Ihnen. Die Erfahrungen zeigten, daß Leute oft sehr gute Informationen auf diese Weise erhielten. Aber es ist wichtig, fortzufahren, immer detailliertere Fragen zu stellen und nicht einfach allgemein gehaltene Aussagen zu akzeptieren und sich damit zufriedenzugeben. Zum Beispiel schreibt Ihr Höheres Selbst vielleicht »Leben Sie in Frieden mit sich selbst«. Sie sehen, daß dies ein guter Rat ist und sind versucht, ihn so wie er gegeben wurde, hinzunehmen. Später jedoch merken Sie, daß Sie nicht wissen, wie Sie mit sich in Frieden leben können. Dann stellen Sie eine weitere Frage, detaillierter: »Wie kann ich in Frieden mit mir selbst leben?« Dann wird Ihr Höheres Selbst genauer antworten.

Cayce riet, inspiratives Schreiben nicht als ein kurioses Phänomen zu betrachten, obwohl es das sein kann. Statt dessen sollten Sie aus dem Geschriebenen etwas herausnehmen und es in die Praxis umsetzen. Wenn Sie nach den gegebenen Ratschlägen handeln, die Anregungen ausprobieren, stellen Sie eine stärkere Verbindung zur Quelle Ihrer Intuition her. Das nächste Mal, wenn Sie versuchen, inspirativ zu schreiben, um Intuition zu channeln, wird die Information bedeutend besser sein.

Intuition bei Geschäften

›Phantasiebegabte gegen Techniker‹ heißt die Devise für Geschäfte der Zukunft, sagt Weston Agor, ein Politologe und Psychologe, der als Berater bei der Entwicklung von Intuition in Geschäften arbeitet. Er ist der Autor des Bestsellers ›Intuitive Management‹. In Geschäftsangelegenheiten ist man aufgeschlossen für alles, was letztlich das gute Geschäft fördert, und Intuition ist ein wichtiges Instrument für den, der sie vermitteln kann. Geschäftsleute haben stets ihre Intuition gebraucht. Viele wußten sogar, daß sie es taten, aber die meisten haben sie nicht als solche erkannt oder darüber nicht gesprochen. Allmählich wird jedoch Intuition zum diskussionswürdigen Thema.

Vor einigen Jahren testete Douglas Dean vom Newark College für Ingenieurwesen seine Theorie, daß fähige Manager wahrscheinlich gut in der ASW seien. Sein ›Executive ASW‹ ist voller Geschichten über Vorahnungen und Gespür bei geschäftlichen Angelegenheiten, die sich ganz groß auszahlen. Viele Geschäftsleute hatten den Einsatz von Intuition bei der Vorbereitung versiegelter Angebote angegeben. Neben der

Einschätzung aller bekannten Fakten und Informationen nutzten Sie Ihr Gespür dafür, wie die Zahlen bei den Angeboten möglicherweise herauskommen könnten. Dean wettete, daß ASW eine Rolle bei den intuitiven Entscheidungen spielte. Deshalb testete er Manager mit einem besonderen ASW-Spiel, das die Möglichkeit bot, die Zukunft vorauszusagen.

Dean dachte sich ein Experiment aus, das beinahe einer Lotterie glich. Er forderte die Manager auf, eine 100stellige Zahl zu erraten, die ein Computer später nach dem Zufallsprinzip erzeugte. Gefragt war Präkognition als Typ von ASW. Nachdem die Manager ihre Schätzungen genannt hatten, erzeugte der Computer die Zahlenreihe, und die genannten Zahlen der Manager wurden tabellarisch aufgezeichnet. Dean testete Hunderte von Managern und legte auch Portraits über sie an. Er fand heraus, daß die Manager, die in ihrer Arbeit hohe Gewinne erzielten, bedeutend genauer in ihren ASW Voraussagen waren, als weniger erfolgreiche Manager. Seine Arbeit lieferte den Beweis für die Rolle von ASW bei intuitiv getroffenen Geschäftsentscheidungen leitender Angestellter und gehörte zu einer der ersten Anstöße zur Entwicklung des allgemeinen Interesses an Intuition bei Geschäften.

Edgar Cayce wurden oft Fragen zu geschäftlichen Angelegenheiten gestellt, und viele Geschäftsleute fragten ihn über ihren Einsatz von Intuition und hellseherischen Fähigkeiten bei Geschäften. Sein Rat lautete, eine holistische Methode anzuwenden. Er betonte, wie wichtig es sei, ein Geschäft auf hohen Idealen zu gründen. Zu versuchen, ein Produkt zu entwickeln, das Leuten gute Dienste leistet, sei das beste Beispiel für ein solches Ideal und mache auch Sinn bei Geschäften. Er bekräftigte, daß ein Geschäft, das ernsthaft auf einem solchen spirituellen Ideal gegründet sei, natürlicherweise zum Erfolg führen werde. Er wies einmal darauf hin, daß die AT&T (American Telegraph & Telephone) es wegen ihres ursprünglichen Ideals, Leuten bei der Kommunikation zu helfen, schwerlich ein Mißerfolg würde, trotz geringen geschäftlichen Einsatzes.

Ein zweiter Ratschlag Cayces für Geschäftsleute bestand darin, die Untersuchung der Fakten bei Geschäften mit Selbststudien und der Untersuchung spiritueller Gesetzmäßigkeiten zu verbinden. Er wies darauf hin, daß die Geschäftsperson bald herausfinden würde, daß sich Muster geschäftlicher Dinge mit Lebensmustern der Person überschnitten. Und diese wiederum reflektierten Muster spiritueller Wahrheiten. Bei einem solchen Zusammenhang könne man davon ausgehen, intuitive und hellsichtige Führung in Geschäftsangelegenheiten zu erhalten. Cayce sah Intuition als etwas Holistisches an, als einen kreativen Ausdruck der ganzen Person, nicht bloß als einen besonderen einzelnen ›Muskel‹, der von Zeit zu Zeit genutzt wird.

Ich habe dies in meiner eigenen Arbeit bestätigt gefunden, ebenso in meiner Lehrtätigkeit zur Ausbildung von Kreativität. Ich bitte Sie, sich auf ein bestimmtes Dilemma in Ihrer Arbeit zu konzentrieren und zu versuchen, Ihr Bestes zu tun. Ihre Hindernisse bei der Arbeit spiegeln auch Ihre eigenen inneren Probleme wieder, sowie die allgemein bestehenden Muster, die Schwierigkeiten im Leben betreffen. Obwohl allgemein angenommen wird, daß man persönliches und berufliches Leben voneinander getrennt halten sollte, ist diese Trennung künstlich und schneidet einen Menschen von den Quellen der Inspiration in beiden Bereichen ab.

Ich arbeitete einmal mit einer Künstlerin, einer Designerin für Keramik, die unzufrieden war mit den Formen, die sie beim Entwurf von Eßgeschirr zustande brachte. Wir verbrachten viel Zeit damit, darüber zu sprechen, was für sie Schüsseln und Teller bedeuteten. Sie hatte ihre ganz privaten Auffassungen dazu, von denen sie aber glaubte, sie wären nicht sonderlich relevant, ebenso wie ihre offiziellen, fachlich rationalen in bezug auf Geschirr. Sie hatte dann einen Traum von einem Garnelenfang-Boot. Die Diskussion über diesen Traum brachte ihre Sorge zur Sprache, das ›Boot zu verpassen bzw. den Anschluß zu verpassen‹ (im Amerikanischen bedeutet ›miss the boat‹ — den Anschluß verpassen — hier ein Wortspiel zur Deutung des Traumes; Anm. d. Ü.), etwas, das sie ganz allgemein für ihr Leben und ihre Kunst empfand, eine Angst, daß sie nicht hatte, was verlangt würde, daß sie nicht das ›Zeug dazu‹ hatte und auf der Strecke bleiben würde.

Mein Eindruck war, daß sie durchaus das Zeug dazu hatte, aber sie sich darauf versteifte, daß es, wie sie glaubte, nicht dem entsprach, was erwartet wurde und was sich fachlich eignete, oder daß es ihr nicht die Anerkennung bringen würde, die sie suchte. Sie ging ungeschickt an ihre Arbeit, da sie ihre geschicktere Hand verbarg, wie auch ihr wahres Selbst. Als sie über Garnelen sprach, bemerkte ich, daß sie, obwohl sie behauptete, sie möge sie nicht, in der Lage war, ihre Form genau zu beschreiben. Ja es schien sogar, als habe sie eine tiefe Beziehung zu Form und Struktur der Schalen von Garnelen. So schlug ich vor, daß sie diese Formen auf ihren Keramiken verwenden sollte.

Aus dieser Art der Verwendung entstand ein neues Formenvokabular, das sie für ihre Arbeit entwickelte. Mit diesem künstlerischen Durchbruch kam auch eine größere Selbstsicherheit und Vertrauen in den Wert ihrer eigenen Vorlieben. Die beruflichen und persönlichen Dimensionen wuchsen gleichzeitig.

Selbstvertrauen bei der Arbeit scheint ein wichtiger Bestandteil von Kreativität und dem intuitiven Funktionieren im Beruf zu sein. Hierin liegt eine weitere Dimension der holistischen Natur von Intuition: es ist die Qualität der Persönlichkeit, die Kreativität, Intuition und hellseherisches Bewußtsein bestimmt.

Intuition, Kreativität und hellseherisches Bewußtsein: die persönlichen Muster

Cayce war der Auffassung, daß Intuition eine Resonanz aus dem Inneren sei, eine intuitive Person jemand, der mit seinem inneren Selbst vertraut ist. Intuition ist Ausdruck der ganzen Person; sie ist nicht nur eine bloße Technik oder eine isolierte Fertigkeit. Dies ist Cayces holistischer Standpunkt und alle Indizien deuten auf seine Richtigkeit. Das Persönlichkeitsprofil der intuitiven Person bestimmt das Profil von Kreativität und hellseherischen Fähigkeiten, genau wie Cayce behauptet hatte. Lassen Sie uns einmal anschauen, wie Forscher dieses Profil herausgefunden haben. Ein Experiment, das sich als äußerst einflußreich in der Geschichte von Persönlichkeitstests und Forschung erwies, verlangt von einem, auf der Ebene eines inneren Gefühls zu reagieren. Es wird der ›Stab und Rahmen‹-Test genannt. Stellen Sie sich diese Situation vor: Sie sitzen auf einem Stuhl in einem verdunkelten Raum. Auf der anderen Seite des Raums hängt ein illuminierter Stab, ein glatter, gerader Stock. Der Stab hängt ziemlich gerade von oben nach unten, kann aber leicht durch einen Kontrollknopf, den Sie in der Hand haben, in Drehbewegungen versetzt werden. Ihre Aufgabe ist es, den Knopf hin und her zu bewegen, bis der Stab von oben nach unten in der Vertikalen hängt. Der Test bewertet nicht das Augenmaß, sondern ob Sie aus Ihrem inneren Gefühl heraus bestimmen können, wann der Stab in der Vertikalen ist. Um das zu tun, müssen Sie sich selbst innerlich der Schwerkraft und dem Stab anpassen und einen Vergleich zwischen der Position des Stabes und Ihrem Gefühl für die Vertikale ziehen. Leute unterscheiden sich in ihrer Fähigkeit, eine korrekte Bestimmung der Vertikalen zu treffen.

Die eigentliche Prüfung kommt dann, wenn um den Stab ein Rahmen gesetzt wird. Der Rahmen wird absichtlich etwas aus der Vertikalen gerückt, und Sie müssen dann die Vertikale des Stabes bestimmen. Es ist leicht möglich, von dem Rahmen irregeführt zu werden. Um den Test zu lösen, wird verlangt, zu ignorieren, was Ihnen Ihr nach außen gerichtetes Gefühl sagt, zugunsten der Signale, die Sie von Ihrem Körper erhalten. Sie brauchen Ihr nach außen gerichtetes Gefühl, um die Vertikale des Stabes zu überprüfen, aber Sie müssen ignorieren, was Ihr Gefühl Ihnen zum Rahmen sagt. Die Einschätzung der Vertikalen muß von innen kommen.

Leute, die die Vertikale richtig bestimmen können bei diesem Test, werden die ›Feld-Unabhängigen‹ genannt, weil sie unabhängig von dem äußeren Feld, das der Rahmen schafft, schätzen können. Diese experimentelle Versuchsprozedur ist für den guten Zweck genutzt worden, Persönlichkeitsmerkmale wie Kreativität, Offenheit für innere Erfahrungen, das Abrufen von Träumen und andere Aspekte der Intuition vorherzusagen. Es ist ein gutes Beispiel, das konkret zeigt, was es heißt, in Berührung mit seinem ›inneren‹ Selbst zu sein.

Ein ähnliches Muster von Merkmalen ist unter intuitiven Menschen gefunden worden. Malcolm Westcott beschrieb in ›Toward a Contemporary Psychology of Intuition‹ seine breit angelegte Erforschung eines bestimmten Typus der Intuition, und zwar der Fähigkeit, Muster wahrzunehmen. Zum Beispiel in der Zahlenreihe 1,2,1,2,... was kommt als nächstes? Einfach! Es ist die 1. Was ist mit dieser Reihe: 1,4,5,2,... was kommt da als nächstes? Nicht so leicht. Was, wenn ich ein wenig mehr davon zeige: 1,4,5,2,5,6,3,6,7,... was kommt als nächstes? Die Antwort lautet 4 (die Reihe besteht aus Dreiergruppen; 4,7,8 kommt als nächste). Westcott präsentierte solche Zahlenreihen und bestimmte, wie viele Zahlen die Person sehen mußte, bevor sie eine Schätzung äußern konnte und wie akkurat die Schätzung war. Die Zahlenreihen basierten auf Mustern, nicht auf komplizierten mathematischen Konfigurationen. Er fühlte, daß es eine solide Bemessungsgrundlage der Intuition war, bei der von einer Versuchsperson gefordert wurde, hinter der gegebenen Information ein bestimmtes Muster aufzudecken.

Daß ASW bei diesen Tests mit eine Rolle spielte, konnte nicht ausgeschlossen werden, dieser Gesichtspunkt wurde aber nicht eigentlich betrachtet. Westcott führte auch ausführliche Persönlichkeitstests durch, um festzustellen, welche Merkmale mit dem erforschten Typus der Intuition übereinstimmten.

Die intuitive Persönlichkeit benötigte wenig Material und nannte korrekte Schätzungen. Westcott fand diese Leute kreativ, selbstsicher und selbstgenügsam, unabhängig und spontan. Sie begründeten ihre Identität eher mit persönlichen und inneren Dispositionen, als mit der Zugehörigkeit zu irgendeiner Gruppe oder Klasse.

Sie waren resistent gegenüber Kontrolle von außen, gingen das Risiko von Kritik ein und waren in der Lage, mit Zweifel und Unsicherheit umzugehen. Sie tendierten eher zu unkonventionellem Verhalten und fühlten sich wohl dabei. Und sie zeichneten sich aus durch eine in hohem Maße vorhandene Feld-Unabhängigkeit, die z. B. im Stab-und-Rahmen-Experiment untersucht wurde.

Parapsychologen haben herausgefunden, daß durch Kreativitätstests zuverlässige Aussagen über die Leistung in ASW-Situationen getroffen werden können. Zum Beispiel testete Gertrude Schmeidler die Fähigkeit von Studenten, die Aufeinanderfolge von Mustern vorauszubestimmen, die ein Computer nach dem Zufallsprinzip erzeugen würde. Sie testete sie auch in verschiedenen Aufgaben zu Kreativität, wie zum Beispiel über die unterschiedliche Verwendung von Ziegelsteinen nachzudenken.

Sie fand heraus, daß die Studenten, die die stärkste ASW aufwiesen, auch am besten in ihrer Kreativitätsleistung abschnitten.

Meditation und die Entwicklung der intuitiven Persönlichkeit

Meditation scheint der umfassendste Zugang zu sein zur Entwicklung des persönlichen Musters, über das hoch intuitive Leute verfügen. Das Muster, das sich als Intuition, Kreativität und hellseherische Fähigkeit manifestiert, setzt sich zusammen aus Merkmalen wie Feldunabhängigkeit, Offenheit und Vertrauen in die eigene innere Erfahrung, Spontaneität, Selbstvertrauen, Toleranz gegenüber Unsicherheit und Zweifel, sowie der Bereitschaft, Kritik zu riskieren, um nur einige der Eigenschaften der nach innen gerichteten Persönlichkeit zu nennen. Diese Merkmale passen zu Cayces Erklärung, Intuition komme von innen. Es mag scheinen, daß, um all diese Eigenschaften zu entwickeln, eine vollständige Erneuerung der Persönlichkeit verlangt würde. Aber es ist nicht die Änderung der Person, die gefragt ist; vielmehr ein Lernen darauf zu achten und zu wissen, was in einem ist.

Um ein persönliches Profil zu entfalten, das der Intuition förderlich ist, ist es nicht notwendig, einen Psychologen aufzusuchen. In ›Focusing‹ erläutert Eugene Gendlin die Fähigkeit, in sich zu schauen und beschreibt Methoden, wie dies zu tun ist. In seiner Untersuchung hat er herausgefunden, daß eine Psychotherapie nur insoweit effektiv ist, als sie diese Fähigkeit schult. Er hat wie viele andere herausgefunden, daß der eigentliche Akt des Lernens, wie man sich auf innere Vorgänge, Gefühle und Bilder konzentriert, selbst therapeutisch wirkt. Deshalb gibt es vielleicht einen direkteren Weg zur Entwicklung der verschiedenen Persönlichkeitsmerkmale, die die intuitive Persönlichkeit auszeichnen. Cayce und andere, die die Intuition studiert haben, scheinen dem zuzustimmen, daß die Meditation das beste Training ist und die beste Vorbereitung für die Entwicklung der intuitiven Persönlichkeit, zumal Meditation übt, den Blick nach innen zu wenden.

Meditation kann uns helfen, Aspekte intuitiver Wesenszüge zu entwickeln. Zum Beispiel wurde gefunden, daß durch Meditation die Feldunabhängigkeit wächst. Diese Auswirkung erklärt sich dadurch, daß eine Person durch Meditation sensibler wird und vertrauter mit den inneren Empfindungen und Signalen umgeht.

Wir werden während der Meditation gelassener, so daß Empfindungen, Gefühle und andere Signale sich weniger störend auswirken. Wir können ihnen erlauben, zu kommen und zu gehen. Der Meditationsforscher Daniel Goleman stellte die Theorie auf, daß Meditation eine Form der Psychotherapie ist, weil wir, während wir meditieren, dahingelangen, ohne negativen Streß zu akzeptieren, was immer auch in uns hochkommt.

Wir entwickeln Offenheit und Selbst-Akzeptanz während der Meditation. Eine jüngste Studie über Meditation und Psychotherapie, die von Dr. Herbert Benson der Harvard Universität durchgeführt wurde, bestätigte diese Theorie. Er fand heraus, daß Meditierende verschiedene Erfahrungen während der Meditation machten, die den Therapie-Prozeß beschleunigten: Kindheitserinnerungen, neue Einsichten, Loslassen von bedrückenden Gefühlen. Solche Erlebnisse helfen uns, besser auszukommen mit unserem inneren Selbst und toleranter zu werden gegenüber seinen Äußerungen.

Die eigenen Gefühle kennen und verstehen zu lernen, fähig zu sein, sie zu spüren, sie zu identifizieren, sie zu respektieren – diese Eigenschaften sind Teil des Lernprogramms der Selbst-Akzeptanz, die mit dem persönlichen Wachstum einhergeht, ob durch Therapie, Meditation oder der Schule der Lebenserfahrung.

Die Intuition ist davon abhängig, da es notwendig ist, in engem Kontakt mit den Gefühlen zu stehen, um Intuition zu erkennen. Gefühle zu akzeptieren, selbst wenn sie nicht mit unseren Gedanken und Erwägungen korrespondieren, ist Teil der Anerkennung von Intuition. Alle diese einzelnen Wesenszüge der intuitiven Persönlichkeit können durch Meditation entwickelt werden. Sie ist jederzeit anwendbar. Sie ist genau so leicht wie Atmen — die Inspiration der Energie, die uns mit allem Leben verbindet.

5 Träume: der Weg zu hellseherischen Kräften

Der Traum ist eine kleine versteckte Tür in den hintersten und geheimsten Winkel der Seele, Öffnung in jene kosmische Nacht, die Psyche war, lange bevor es irgendein Bewußtsein von Ego gab.

CARL JUNG

Im Schlaf sucht die Seele die wahre Zerstreuung oder die wahre Aktivität des Selbst. Jene, die dem spirituellen Reich näher sind, behalten häufiger ihre Visionen und Träume bis zum Erwachen.

EDGAR CAYCE Reading Nr. 5754–3

Die Chancen stehen gut, daß ein Traum Ihnen Ihre erste übersinnliche Erfahrung liefert. Mein eigenes Interesse an Träumen wurde zuerst durch diese Erkenntnis geweckt. Ich hatte einen begabten Künstler als Freund, Jim Turrell, der ›auf Cayce stand‹ und seine Träume als einen ›Führer‹ gebrauchte. Ich hatte von dem Umgang von Träumen bisher nur im Zusammenhang mit der Psychotherapie gehört. Jims Träume begeisterten ihn und erweiterten sein Leben um eine wichtige Dimension. Eines Tages fuhr er mich in sein neues Atelier in der Nähe des Strandes in Santa Moncia. Ich war überrascht, als er sagte, daß er diesen billigen, geräumigen und beneidenswert gelegenen Platz durch einen Traum gefunden habe. Sein toter Vater, vertraute er mir an, sei ihm im Traum erschienen, zeigte auf ein Gebäude mit großen übermalten Fenstern und sagte ihm, daß es ein ausgezeichnetes Atelier ergeben würde. Nach dem Erwachen fuhr mein Freund solange herum, bis er das Gebäude fand, das er im Traum gesehen hatte. Es war genau, was er wollte.

Bei einer anderen Gelegenheit kam Jim nach langer Abwesenheit und sagte mir, daß er einen Traum gehabt habe, in dem ein gemeinsamer Freund von uns in ernsthaften Schwierigkeiten steckte. Er entschloß sich, die lange Reise zu machen, um unseren Freund aufzusuchen und es herauszufinden. Der Traum erwies sich als völlig richtig, und er war in der Lage zu helfen. Ich war beeindruckt, nicht nur von seiner Fähigkeit zu träumen und seinem Vertrauen in seine Träume, die sich, wie ich gesehen hatte, bewahrheitet hatten, sondern auch von seiner Bereitschaft, seine Erfahrungen auch auf andere zu beziehen. Dies alles war Bestandteil dessen, was er den ›Cayce Trip‹ nannte: Einstellung und Dienst.

Jims Leben war aufregend, und die Idee, Träume als Führer zu nutzen, reizte mich. Aber ich hatte mir seit meiner Kindheit keinen Traum mehr ins Gedächtnis zurückgerufen. Auf seinen Vorschlag hin, traf ich den Entschluß, ein Traumtagebuch anzulegen, und wollte so eine neue Beziehung zu Träumen gewinnen. Ich legte das Buch neben mein Bett und ging schlafen in der Meinung, mit dem nächsten Tag würde ich ein neues Leben anfangen. Der nächste Tag kam, aber keinerlei Träume kamen. Und so war es am nächsten Tag und übernächsten: es stellten sich keine Träume ein. Tatsächlich dauerte dieser Zustand drei Monate! Solange lag mein Buch unbenutzt an meiner Bettseite, bis ich endlich mit einem Traum erwachte.

Es dauerte weitere vier Monate, bevor ich meinen zweiten Traum hatte. Mein dritter Traum stellte sich erst etwa nach einem Jahr ein, seit ich mein Buch begonnen hatte. Aber dieser Traum stellte sich als einer der bedeutendsten meines Lebens heraus, da er mich einweihte in den spirituellen Prozeß der Genesung vom Alkoholismus. Wie Dr. Charles Whitfield in ›Alkoholismus und Spiritualität‹ erklärt, ist dies ein Ansatz, der heute im Bereich der New Age-Therapie populär ist. Obwohl ich es erst einige Jahre später realisierte, zeigte sich dieser Traum zukunftweisend, auch über den Typus der Traumforschung, die ich später praktizieren sollte. Ich schrieb ›Getting Help from Your Dreams‹ als Ergebnis dieser Forschungsarbeit; das alles trug zu meinem Lernprozeß bei, in dem ich große Schwierigkeiten hatte, mich an meine Träume zu erinnern und sie zu interpretieren.

Die allgemeinste Quelle übersinnlicher Erfahrungen

Die allgemeinsten – und eine der nützlichsten – Formen übersinnlicher Fähigkeiten, die Sie entwickeln können, ist in Ihren Träumen. Daß Träume übersinnliche Informationen enthalten können, überrascht Sie vielleicht nicht. Wenn überhaupt, besteht am ehesten die Chance, daß Erfahrungen, die Sie an die Wirklichkeit hellseherischen Bewußtseins glauben lassen, zu Ihnen als Traum kommen. Louisa E. Rhine (Frau von J. B. Rhine und zusammen mit ihrem Ehemann Begründerin des ersten parapsychologischen Laboratoriums des Landes an der Duke Universität), erzählt in ihrem Buch ›Hidden Channels of the Mind‹ Geschichten aus der ganzen Welt, die übersinnliche Erfahrungen zum Gegenstand haben, von denen die meisten Träume enthalten. Forscher an der Universität von Virginia fanden heraus, nachdem sie College Studenten und Einwohner der Umgebung von Charlottesville eingehend befragt hatten, daß der größte Teil der berichteten übersinnlichen Erfahrungen Träume beinhalteten. Im Rückblick auf über 9300 Fälle dokumentierter übersinnlicher Erfahrungen, schätzte Ian Stevenson, daß 57% von ihnen in

Träumen gemacht wurden. In ›Telepathic Impressions‹ zog Dr. Stevenson den Schluß, daß Träume der Hauptzugang zum Übersinnlichen sind.

Sie haben wahrscheinlich schon mehrfach übersinnliche Erfahrungen in Träumen gemacht, ohne dies zu realisieren. Cayce wurde gebeten, Hunderte von Träumen zu interpretieren, und er machte viele Male auf die in den Träumen enthaltene Information aufmerksam. Bei vielen dieser Interpretationen, ebenso wie in Fällen aus anderen Untersuchungen, hatte die betreffende Person keine Ahnung davon, daß der Traum eine übersinnliche Quelle hatte. Manchmal erschien der Traum gewöhnlich, andere Male ungewöhnlich, aber die Person wäre nicht auf die Idee gekommen, ihn als eine übersinnliche Erfahrung zu deuten, bis eine spätere Nachforschung eben dies bewies. Höchstwahrscheinlich würden Sie, wenn Sie alle Träume, die Sie je gehabt haben, ob erinnerte oder nicht, aufgezeichnet hätten und überprüfen könnten, zu der Überzeugung gelangen, daß Sie schon mehrere übersinnliche Erfahrungen gehabt haben.

Übersinnliches Träumen im Laboratorium

Einer der überzeugendsten Laboratoriumsversuche, der das Auftreten von ASW in Träumen nachwies, wurde am Maimonides Hospital in Brooklyn durchgeführt. Ein vollständiger Bericht über diese Arbeit wird in dem Buch ›Dream Telepathy‹ von Dr. Montague Ullman und Dr. Krippner, den beiden Untersuchungsleitern, wiedergegeben. Ihr einfaches Verfahren ist es wert, beschrieben zu werden; es wurde in vielen anderen Versuchsanordnungen adaptiert und findet vielleicht auch Ihr Interesse.

Die Versuchsperson schläft in einem dafür eingerichteten Laboratorium, angeschlossen an einen elektronischen Monitor, der ermittelte, wann sie träumten. In einem anderen

Raum bleibt eine Person, als ›Agent‹ des Träumers, die ganze Nacht über wach und prüft das vom Monitor aufgezeichnete Bildmaterial. Die Rolle des Agenten besteht darin, daß er versucht, Figuren in das Traumgedächtnis des Träumers zu schicken. Dabei konzentriert er sich auf einen Ausschnitt des Bildes, das er mit allen Einzelheiten visualisiert, persönliche Erinnerungen abruft, die durch das Bild heraufbeschworen werden, er versetzt sich selbst in das Bild, in der Absicht, die ASW-Botschaft mit Emotionen aufzuladen. Sowie der elektronische Monitor die Traumphasen anzeigte, gibt der Träumer später seinen Traumbericht. Am nächsten Tag wird der Versuchsperson und einer Jury eine Reihe von Kunstdrucken gezeigt, um das Bild zu identifizieren, das der Agent aufgrund des Traumberichts aussuchte.

Zum Beispiel war in einem Experiment das anvisierte Bild das von Marc Chagall ›Paris aus einem Fenster gesehen‹, das einen Mann zeigt, wie er die farbenfrohe Skyline von Paris betrachtet. Das Bild hat mehrere unverwechselbare Elemente — eine Katze mit einem menschlichen Gesicht, einige Männer, die in der Luft fliegen und einen Stuhl, aus dem Blumen wachsen. Hier sind einige Auszüge aus den fünf Traumberichten, die aus dieser Nacht stammen: »Bienen fliegen um Blumen... Ich lief herum. Aus irgendeinem Grund sage ich französisches Viertel ... spreche mit einer Gruppe Shriners... Sie trugen einen Hut, der mehr wie der Hut eines französischen Polizisten aussah ... eine Art romantischer Typ Architektur — Gebäude, Dorf, malerisch ... ein Mann läuft durch eines dieser Dörfer, eine dieser Städte. Es ist bestimmt im neunzehnten Jahrhundert ... französische Kleidung ... geht die Seite eines Hügels über den anderen Lagen der Stadt hinauf ... es ist eine fröhliche Sache ... der Typ wie der Fastnachtsdienstag.«

Ganz klar, die Träume reflektierten die Inhalte des Bildes. Nehmen Sie jedoch zur Kenntnis, daß die Träume lediglich von dem Bild *beeinflußt* sind; sie betreffen nicht deutlich das

Bild selbst oder die Person, die versucht, das Bild zu ›senden‹. Wenn der Träumer einen Raum wie diesen außerhalb des ASW-Laboratoriums hätte, ist es zweifelhaft, ob er ihn als telepathisch wiedererkennen würde. Er würde ihn wahrscheinlich als normal ansehen ohne nur zu vermuten, daß er das Ergebnis von Telepathie war. Sogar bei vielen dieser Experimente erkannte der Träumer nicht die Ähnlichkeit zwischen dem Bild und den Träumen, während die Jury den Zusammenhang deutlich sehen konnte.

Zukunftsträume

Cacye war der Auffassung, daß nichts von Bedeutung jemals in unserem Leben passierte, ohne daß wir vorher davon träumten. Vielleicht erscheint Ihnen das Träumen von zukünftigen Ereignissen – präcognitives Träumen – weiter hergeholt als das telepathische Träumen, doch Untersuchungen haben gezeigt, daß das Träumen über die Zukunft weiter verbreitet ist, als das telepathische Träumen. Das liegt vermutlich daran, daß Träume von der Zukunft in größerem Umfang wahrgenommen werden als telepathisches Träumen. Eine Untersuchung des Psychologen David Ryback wiedergegeben in der Märzausgabe von 1978 in ›Psychologie heute‹ ermittelte, daß 8% der Bevölkerung – oder nahezu 2 Millionen Amerikaner – einen Traum gehabt hat, der sich bewahrheitete.

Die Maimonides Gruppe war in der Lage, präcognitives Träumen im Laboratorium zu demonstrieren. Malcolm Bessent, ein Hellseher, der den Ruf hatte, in der Lage zu sein, die Zukunft vorauszusagen, bot sich freiwillig für diese Studie an. Die Maimonides-Methode wurde in entscheidender Weise verändert, um Bessents präcognitive Fähigkeit zu testen. Die Kunstdrucke, die in den Studien über telepathisches Träumen als Zielobjekte gedient hatten, wurden zu multisensorischen

Erfahrungen ausgearbeitet. Der Plan war, daß, *nachdem* Bessent im Laboratorium schlief und seine Träume hatte, ein Szenarium wahllos ausgesucht würde, und Bessent einem Erlebnis, das auf diesem Szenarium basierte, ausgesetzt würde. Bessents Aufgabe war, von dem Erlebnis zu träumen, *bevor es überhaupt sogar ausgesucht worden war.*

In einer Nacht beinhalten Bessents Träume u. a. folgende Elemente: »...Eindruck von Grün und Purpur ... kleine Bereiche weiß und blau«; »... ein Gebäude ... ein Patient ... ein weißer Mantel wie der Mantel eines Arztes«; »Feindseligkeit mir gegenüber von einer Gruppe von Leuten, mit denen ich in täglichem Kontakt stand ... es waren Ärzte und medizinisches Personal«; »trinken ... essen.«

Am nächsten Morgen wählte einer, der das Experiment durchführte und der nichts von Bessents Traum wußte, willkürlich ein Szenarium aus. Es war eines, das auf dem van Gogh-Bild ›Korridor im Hospital von St. Remy‹ basiert und einen Patienten im Flur einer psychiatrischen Klinik darstellt. Die Farben auf diesem Gemälde sind Orange, Grün, ein tiefes Blau und Weiß. Das Erfahrungs-Szenarium, das rund um dieses Bild arrangiert wurde, wurde dann mit Bessent veranstaltet: Musik aus Roszas ›Spellbound‹ wurde gespielt, und er wurde mit Herr van Gogh angeredet von dem Mann, der das Experiment durchführte und der mit einem weißen Kittel bekleidet war. Dann zeigte man ihm Dias von psychisch Kranken. Er selbst wurde wie ein Patient behandelt, man gab ihm eine Pille und ein Glas Wasser. Er wurde mit Aceton, das man ihm mit einem Baumwolltupfer auftrug, ›desinfiziert‹ und dann durch einen verdunkelten Flur aus dem Laboratorium hinaus in das Büro des Mannes, der das Experiment durchführte, geführt. Bessent kannte diesen Mann persönlich und fand es seltsam, auf diese Weise behandelt zu werden, obwohl er wußte, daß es ein Teil des Experimentes war. Er fühlte eine deutliche subjektive Verbindung zwischen seinem Traum und den Erfahrungen, durch die man ihn am Morgen führte.

Unparteiische Gutachter bestätigten das Ganze. Als man ihnen eine Abschrift der Träume gab und ihnen acht unterschiedliche Kunstwerke mit zugeordneten Erfahrungs-Szenarien zur Beurteilung vorlegte, wählten sie einstimmig das ›Korridor‹-Erlebnis als dasjenige, das Bessents Traum am nächsten kam. Im ganzen verbrachte Bessent sechzehn Nächte im Laboratorium und versuchte, das Szenarium vorauszuträumen, das für ihn am nächsten Morgen ausgesucht wurde. Vierzehnmal konnten die Gutachter feststellen, daß Bessents Träume den Szenarien entsprachen, die am folgenden Morgen ausgewählt wurden.

Das kreative Rätsel des Traums

Jahrzehnte vor dieser Untersuchung unterrichtete Cayce, daß Träume der schnellste Weg zu hellseherischem Bewußtsein seien. Er ermutigte die Leute, sich ihre Träume ins Gedächtnis zurückzurufen, und sie zu studieren. Er gab an, daß jeder Aspekt von ASW, jede in einem veränderten Zustand des Bewußtseins angetroffene ›Wirklichkeit‹, oder jedes ›Mysterium‹ des Geistes, der Tod eingeschlossen, in Träumen erfahren und erforscht werden könnte. Er gab auch an, daß Träume der sicherste Weg sind, um diese Bereiche zu erforschen. Dabei konnte Cayce sich auf eine alte Tradition stützen. Nichts in der Geschichte menschlicher Erfahrung hat eine solch tiefgreifende Auswirkung auf die Kultur wie der Traum.

In ›Our Dreaming Mind: History and Psychology‹ beschreibt Robert Van de Castle den engen Zusammenhang von Träumen und Weltreligionen, wie Buddhismus, Islam und Christentum, ebenso wie den Einfluß von Träumen auf wissenschaftliche Entdeckungen, Erfindungen und Kunstwerke. Er beschreibt auch Träume, die eine Rolle in der Weltgeschichte spielten und politische Karrieren formten, zur Wiederentdeckung verlorener Objekte oder Schätze führten, oder Rat für den Börsenmarkt boten. Träume sind auch für Philosophen Quelle der Inspiration und Rätsel.

Aber was ist ein Traum? Was passiert, wenn wir träumen? Das nächtliche Erlebnis scheint wirklich zu sein, und doch findet es eigentlich nicht statt. Wenn der Traum wirklich ist, dann ist er eine andere Art von Wirklichkeit. Einige haben ihn eine Vision in der Nacht genannt mit der Vermutung, daß das Erlebnis wirklich war, aber auf einer anderen Ebene der Wirklichkeit. Manche halten ihn für eine Reise, die die Seele macht, und erklären sich so das Eintauchen in fremde Raumdimensionen. Beide Auffassungen nehmen aber in Anspruch, den Traum als Wirklichkeit anzuerkennen. Edgar Cayce nahm beide Aspekte in seine Traumtheorie auf.

Einschlafen: Dämmerung des hellseherischen Bewußtseins

Eine Weise, hellseherisches Bewußtsein zu entwickeln, regte Cayce an, ist, den Vorgang des Einschlafens einmal besser zu beobachten. Cayce wies darauf hin, daß, wenn wir uns schlafen legen, sich unsere Sensibilität auf ein anderes Schwingungsniveau begibt, auf eine andere Frequenz. Im Schlafzustand erscheint unser hellseherisches Selbst. Es ist ähnlich wie mit den Sternen – sie sind immer da, aber wir können sie am Tage nicht sehen, weil die Sonne zu hell ist.

Cayce nannte den Schlaf den ›Schatten‹ des Todes. Er sagte, er wäre dem Tod ähnlich in zweierlei Hinsicht: erstens, weil man sich im Schlaf des körperlichen Zustandes nicht mehr bewußt ist; und zweitens, weil ein größeres Bewußtsein erwacht, das Raum und Zeit transzendiert, ein Bewußtsein, wie es erst nach dem Tod verfügbar sein wird. Cayce beschrieb, daß das Erwachen des ›sechsten Sinnes‹ im Schlaf durch einen ähnlichen Prozeß geschieht. Warum nicht versuchen, wach zu bleiben und es mitzuerleben?

Wenn wir einschlafen, sagt Cayce, sind wir im herkömmlichen Sinne weniger bewußt. Der Geist des physischen Körpers, das zerebral-spinale System der Muskeln und Sinneseindrücke schließen sich allmählich ab. Sie haben dieses Sich-Schließen sicher schon erlebt, wenn Sie vor dem Fernseher in den Schlaf wegsackten oder dann, wenn jemand laut etwas vorlas. Plötzlich stellen Sie fest, daß Sie nicht mehr gehört haben, was um Sie herum vorging, sondern waren in Ihrer eigenen Welt. Ihr bewußter Geist ging schlafen, und Sie öffneten sich Ihrem Unterbewußtsein.

Cayce modifiziert seine Aussage über die sich abschließenden Sinne, indem er darauf hinweist, daß sie bis zu dem Grade wachsam bleiben, als es zur Aufrechterhaltung des Schutzes für die schlafende Person notwendig ist. Er sagt, es wäre so, als ob wir ›ein Ohr gespitzt‹ halten, im Falle, daß irgendein Geschehen es erforderlich macht, aufzuwachen und zur Tat zu schreiten. Es ist möglich, daß Sie plötzlich vor dem Fernsehgerät oder wenn Ihnen vorgelesen wird, wach wurden, weil Sie etwas von besonderer Wichtigkeit hörten.

Während das Bewußtsein seine Reaktionen auf Signale der uns umgebenden Welt reduziert, öffnet es sich gleichzeitig für Signale aus dem Reich des Unterbewußtseins. Das Einschlafen kann als Umkehrung der gewöhnlichen Situation bezeichnet werden: die äußere Welt wird unbewußt, und das Unterbewußtsein wird bewußt. Wir tauschen die wache Wirklichkeit ein für die träumende Wirklichkeit. Mit dem Einschlafen findet eine Veränderung der Schwingung statt: unser Schwingungsmuster wandelt sich, und wir stellen uns auf ein anderes Spektrum der Wirklichkeit ein. Daß wir uns unserer Vorstellungen und unbewußten Prozesse bewußt bleiben, ist ein anderer Aspekt von Cayces Behauptung, daß der Schlaf wie der Tod ist, da wir in beiden Zuständen mit diesen Dimensionen interagieren. Es überrascht dann nicht, daß Cacye manchmal von Leuten zu seltsamen Erlebnissen, die während des Einschlafens passieren, befragt wurde. Stimmen zu hören, ungewöhnliche Veränderungen in der Körperwahrnehmung und ähnliches sind etwas Alltägliches in dieser zwielichtigen Zone.

Im Prozeß des Einschlafens werden unsere Sinne laut Cayce einer Veränderung unterzogen. Der Hörsinn erstreckt sich auf den ganzen Körper: »Hören Sie auf das, was Ihr Körper Ihnen mitteilt.« Haben Sie je auf diesen Rat gehört? Es ist eine Empfehlung, auf die subtilen Hinweise, die Ihnen Ihr Körper gibt, zu achten. Das Unterbewußtsein tut genau dieses während des Schlafes. Es funktioniert nicht nur über das Gehirn, sondern auch über Lymphzentren und das sympathische Nervensystem. Darum haben wir oftmals Träume über unsere körperliche Verfassung, die uns vor möglichen Gesundheitsproblemen warnen, noch bevor sie physiologisch diagnostiziert werden können. In ›The Dream Worlds of Pregnancy‹ beschreibt Eileen Stukane, wie Frauen gewöhnlich während der Schwangerschaft von der Entwicklung des Fötus träumen.

Für ein solches Bewußtsein während des Schlafes gebrauchte Cayce ein Bild; es sei, wie wenn wir mit ›dem dritten Ohr hörten‹. Er nannte das Bewußtsein, das in uns erwacht, wenn wir einschlafen, den ›sechsten Sinn‹. Es ist eine Form von ASW. Da unser Bewußtsein über unseren ganzen Körper verteilt ist, sind wir wach für unser hellseherisches Bewußtsein. Träume sind eine der Erfahrungen dieses sechsten Sinnes!

Was ist ein Traum?

Cayce vergleicht den Prozeß des Träumens mit der Thematisierung von Tod und Auferstehung im Mythos und in der Bibel. Als Jesus körperlich starb, wurde er in geistiger Form wiedergeboren. Ähnlich sterben wir beim Prozeß des Einschlafens für unsere physische Existenz, erwachen aber für unsere geistige Wirklichkeit. Cayce bezeichnet den Träumer als die Seele. Wenn wir einschlafen, erwacht unsere Seele. Ein Traum ist ein Erlebnis der Seele.

Was tut die Seele, wenn sie träumt? Die Seele hat ein universelles Bewußtsein, das Erinnerungen an Erfahrungen aus früheren Leben, besonders an gelernte Lektionen, einschließt. Die Seele, die über den Erfahrungsschatz vieler Leben verfügt, bringt diese Perspektive ein im Rückblick auf Geschehnisse und Erfahrungen der Vergangenheit. Eine solche Perspektive gleicht ein wenig der Urteilsfähigkeit, die Eltern gegenüber ihren Kindern besitzen. Im Vergleich zu dieser viel umfassenderen Perspektive erscheinen die kindlichen Maßstäbe situationsbedingt witzig, schmerzlich, komisch, traurig oder hoffnungsvoll.

Das Ziel des Träumens

Das Ziel von Träumen ist Führung. Genau wie Eltern das Verhalten des Kindes aus der Perspektive eines Erwachsenen einschätzen, so prüft die Seele die Erfahrungen der Person aus der Sicht vieler Lebenszeiten aufgrund der gesammelten Erfahrungen. Es ist diese Erfahrung des Überblickhalten – die den Traum ausmacht, und eben dies ist der Sinn des Traumes. Er ist der Hauptweg der Seele, das Bewußtsein zu leiten. Im Traum wird unser Tun, die Weise, was wir tun, wohin wir gelenkt werden, verglichen mit unseren eigentlichen Wünschen und Zielvorstellungen. Träume sind Entdeckungen, wenn wir aus der universalen Sicht der Seele die Bedeutung unserer Lebensweisen erkennen. Sie bieten uns Raum für den Vergleich des Ideals mit der Realität.

Wie funktioniert die Führung? Cayce veranschaulicht sie wieder mit einem seiner anschaulichen Sprache eigentümlichen Wort. Er sagt, daß die Erfahrung der Seele (die universale Perspektive), die uns während des Traumes zuteil wird, in uns ›nachschwingt‹, wenn wir erwachen. Der Trauminhalt, den wir uns ins Gedächtnis zurückrufen, ist das, was wir uns von der Erfahrung der Seele in Erinnerung bringen können. Im Unterbewußtsein machen wir eine Entdeckung, aber wir erinnern uns daran als an eine Geschichte mit seltsamen Symbolen, oder selbst wenn wir den Traum nicht erinnern, bleiben Auswirkungen des Seelenerlebnisses zurück, das in uns nachschwingt, wenn wir erwachen. Manchmal erwachen wir in einer bestimmten Gemütsverfassung, die von einem Traum herübergetragen wurde, als ein Echo auf das Seelenerlebnis. Die Seele, die während vieler Lebenszeiten ein Ideal, wie Liebe oder Frieden, gebildet hat, vergleicht dieses Ideal mit den Aktivitäten der Jetztzeit, wenn wir schlafen. Sie kann sich danach sehnen, oder trauern, oder sich wünschen, daß unser Tun doch von früher Gelerntem profitieren möge.

Solche Gefühle, die Sehnsucht oder Trauer, werden in den Wachzustand hinübergetragen und beeinflussen unsere Stimmung und unser Verhalten. Auf diese Weise bietet uns die Seele durch ihre Träume an, uns zu führen.

Cayces Sichtweise von der Funktion von Träumen berührt sich mit einigen gegenwärtig populären Theorien über das Träumen. Zunächst einmal besteht nahezu Übereinstimmung, daß Träume für unser Überleben notwendig sind, daß wir ein vitales Bedürfnis haben, zu träumen. Theoretiker unterscheiden sich in der Ansicht, worin die Wichtigkeit der Traumerfahrung besteht. Viele haben den Standpunkt eingenommen, daß Träume ein Mechanismus des Gehirns sind, die Erinnerungen des Tages durchzusehen und sie für eine langfristige Speicherung zu ordnen und jüngste Erinnerungen im Kontext der gesamten Lebenszeit mit früheren Lernerfahrungen in Beziehung zu setzen. Versuche haben gezeigt zum Beispiel, daß eine Person, die am Träumen gehindert wird, sich weniger an die Ereignisse des vorangegangenen Tages erinnert. Ein Buch, das diesen Gesichtspunkt gut repräsentiert, ist ›Landscapes of the Night‹ von Christopher Evans. Seine Computer-entwickelte Theorie geht mit Cayces Sichtweise konform; beide argumentieren, daß Träume die Möglichkeit bieten, auf die Tagesereignisse in Begriffen von Erfahrungen der Vergangenheit zurückzublicken. Evans behauptet, daß die Rückschau des Hirns auf die Tagesereignisse ähnlich der Funktionsweise eines Computers geschieht; Cayce weist diese Rückschau der Seele zu, die über Erinnerungen an mehr als nur dieses eine Leben verfügt.

Carl Jungs Traumtheorie fügt sich hier gut ein. Auch Jung glaubte, daß das Ziel von Träumen Führung ist. Jung war nicht abgeneigt, die Seele als Quelle der Führung anzusehen, da er glaubte, Beweise zu haben, daß während des Träumens der Geist in der Lage ist, Informationen zu erhalten, die die raumzeitlichen Beschränkungen übersteigen. Die Grundfunktion des Traumes sei die der Kompensation. Durch das Traumerlebnis würden Tageserlebnisse ausgeglichen, und es entstehe durch diesen Prozeß ein ausgewogenes Totalerlebnis. Jungs Theorie von der Führung kommt der von Cayce nahe, insofern auch er fand, daß sich im Traumerlebnis selbst oft das Ziel des Traumes erfüllt. Jung glaubte, daß Traumdeutung wohl etwas ist, das ein bewußter Mensch tun soll, um innere Vorgänge besser verstehen zu lernen, nicht um daraus Veränderungen abzuleiten. Traumarbeit sei gut, um an den inneren Vorgängen, die der Traum in Bewegung setzt, teilzuhaben und mit ihnen zu kooperieren.

Sich an Träume erinnern

Wenn Sie Schwierigkeiten haben, sich an Ihre Träume zu erinnern, dann sind Sie nicht allein. Schätzungen haben ergeben, daß ca. 90% der Traumerlebnisse der gesamten Bevölkerung niemals erinnert wird. Das ist eigentlich eine Verschwendung einer wertvollen Quelle, was nicht so sein müßte. Cayce wies darauf hin, daß ein jeder mit nur geringem Aufwand sich an seine Träume erinnern könnte. In vielen Fällen sei der Grund für fehlendes Erinnerungsvermögen einfach nur Nachlässigkeit.

Laborstudien haben beträchtliche Einblicke ermöglicht, wie sich Erinnerungen an Träume auswirken. Unter idealen Bedingungen im Laboratorium, bei denen eine Person unmittelbar nach einer Traumsequenz aufgeweckt werden konnte, wurden bei etwa 80% der Versuchspersonen nach dem Wekken Erinnerungen an einen Traum abrufbar. Wenn die Person sich während des Aufwachens bewegt, dann ist im allgemeinen die Erinnerungsleistung an den Traum schwächer. Je mehr an geistiger Aktivität in der Zeit zwischen dem Aufwachen und der Traumreminiszenz stattfindet, desto schwächer ist die Fähigkeit sich zu erinnern ausgeprägt.

Es sei denn, Sie lernten, nach jedem Traum, den Sie während der Nacht haben, aufzuwachen, wie ja auch der Traum, den Sie mit größter Wahrscheinlichkeit erinnern, der letztgeträumte kurz vor dem Erwachen am Morgen ist. Sobald Sie beginnen zu erwachen, versuchen Sie, darüber nachzusinnen, was Sie geträumt haben. Dann sollten Sie sich nicht bewegen, sondern still liegen, die Augen geschlossen halten. Sie stellen fest, wie Sie sich fühlen, welche Gedanken Ihnen durch den Kopf gehen. Wie Sie empfinden und was Sie finden, was, worüber Sie nachdenken, das sind wichtige Schlüssel zu Ihren Träumen.

Versuchsreihen haben es bewiesen und persönliche Erfahrungen bestätigt, daß die Motivation, sich der Träume zu erinnern, mindestens so wichtig ist wie die Technik. Die Motivation drückt sich z. B. in den Aktivitäten vor dem Zu-Bett-Gehen aus. In einer meiner eigenen Studien fand ich heraus, daß, wenn Leute am Abend vorher in ihr Tagebuch schreiben, die Wahrscheinlichkeit größer ist, daß sie sich am nächsten Morgen an ihren Traum erinnern. Wer vor dem Einschlafen sich ein wenig auf sich besinnt, ist innerlich eher bereit sich an Träume zu erinnern. Ein Stück Papier und einen Bleistift neben das Bett zu legen, ist häufig eine praktische Hilfestellung und sichtbarer Ausdruck der Bereitschaft, sich der Träume zu erinnern. Und schließlich ist es ganz natürlich, daß man sich am Abend vor dem Einschlafen konzentriert, sich innerlich einstellt, wenn man daran interessiert ist, sich an einen Traum zu erinnern. Geistig zu üben, sich vorzustellen, wie man am Morgen mit einem Traum erwachen und ihn aufschreiben wird, ist eine wirkungsvolle autosuggestive Maßnahme. Für viele Leute sind solche Hinweise ausreichend, sich ihre Träume ins Gedächtnis zu rufen.

Wenn Sie nicht zu diesen Glücklichen gehören, sollten Sie sich damit trösten: Auch ich mußte mir sehr viel Mühe geben und üben, um zu lernen, wie ich mich an meine Träume erinnern konnte. Ich erinnere mich immer noch nicht regelmäßig an Träume ohne Motivation oder Anstrengung. Es ist wichtig, zu unterscheiden zwischen der Fähigkeit, sich an Träume zu erinnern, die angeboren oder erlernt sein kann, *aber nicht notwendigerweise benutzt* wird, und der jeweiligen Motivation, die von Tag zu Tag unterschiedlich sein kann. Nur wenn jemand trotz andauernder Anstrengung sich an Träume zu erinnern, keinen Erfolg hat, kann darauf geschlossen werden, daß Barrieren den Zugang zu den Träumen verhindern, sei es ein Mangel an Geschick oder eine emotionale Blockierung.

Wenn Sie Schwierigkeiten haben, sich Ihrer Träume zu erinnern, hier ist mein ›Erfolgsrezept‹, das Ihnen helfen soll, die Gründe festzustellen. Gehen Sie mit sich selbst eine Verpflichtung ein, daß Sie an sieben Tagen das folgende tun werden: Legen Sie Papier und Bleistift neben Ihr Bett. Beim Aufwachen am Morgen bleiben Sie still mit geschlossenen Augen mindestens zwei Minuten lang liegen. In dieser Zeit warten

Sie einfach ab, ob irgendeine Erinnerung an einen Traum in Ihnen hochkommt. Dann bringen Sie, ohne sich zu erheben, alles, was Ihnen in den Sinn kommt, zu Papier, ob Sie sich an einen Traum erinnern oder nicht. Schreiben Sie alle Gefühle oder Gedanken nieder, die Ihnen durch den Kopf gehen, wenn Sie erwacht sind. Sammeln Sie wenigstens *eine ganze Seite* Material, selbst wenn Sie es sich ausdenken müssen. Eines von diesen drei Dingen wird passieren: (1) Sie werden sich an einen Traum erinnern, und Sie sind auf Ihrem Weg; (2) Sie führen brav Ihr Sieben-Tage-Experiment durch, aber ohne sich an einen Traum zu erinnern; (3) Sie sind nicht in der Lage, das Experiment durchzuführen. Wenn auf Sie das zweite zutrifft, und Sie sich traurig und enttäuscht fühlen, dann müssen Sie an Ihrer Fertigkeit arbeiten. Wenn Sie keines der genannten Ergebnisse als zutreffend empfinden, oder wenn auf Sie das dritte paßt, dann bauen Sie wahrscheinlich eine Blockade auf, und ich rate Ihnen, mit Meditation anzufangen. Meditation ist dafür bekannt, emotionale Blockaden zu lösen. Sie fördert nicht nur die Erinnerung an Träume, sondern steigert auch die ASW-Fähigkeit, wie wir im nächsten Kapitel sehen werden.

Traumerinnerung ist lernbar — ob durch Techniken zur Entwicklung der Fähigkeit oder in Verbindung mit meditativer Übung, um Blockaden abzubauen — diese Praxis wird Ihr hellseherisches Bewußtsein erhöhen. Denn die innere Sensibilität, die beim Erlernen von Traumerinnerung geschult wird, ist Voraussetzung für hellseherisches Bewußtsein. Sensibilität meint, sich auf unbemerkte Ziele einzuschwingen, bis sie ins Bewußtsein ›eintreten‹. Ich führe die Geburt meines eigenen hellseherischen Bewußtseins zu einem guten Teil darauf zurück, daß ich mir angewöhnte, morgens still liegen zu bleiben und geduldig abzuwarten, bis schließlich das Bild eines Traumes erscheint. Wichtig ist auch, zu lernen, später am Tag aufmerksam zu sein, wenn man durch ›zufällige‹ Ereignisse an einen Traum erinnert wird. Noch einmal: Sensibilität für die Eingebungen unsichtbarer Eindrücke (in diesem Fall ein nicht erinnerter Traum, an den sie unbewußt erinnert wurden) zu entwickeln, ist ein wichtiger Schritt bei der Ausbildung hellseherischen Bewußtseins, weil Gefühle, Phantasien, Traumerfahrungen ein Teil ASW ist. Darum machen Sie weiter damit.

Ein Traum-Tagebuch

Ein Traum-Tagebuch zu führen, ist der zweite Schritt, mit Träumen zu arbeiten und hellseherisches Bewußtsein zu entwickeln. Machen Sie es sich zur Gewohnheit, Ihre Träume aufzuschreiben. Dies auszuüben wird nicht nur dazu beitragen, Ihr Unterbewußtsein zu überzeugen, daß Sie Ihre Träume schätzen, sondern es wird Ihnen auch dazu verhelfen, die übersinnliche Dimension von Träumen zu schätzen.

Erinnern Sie sich daran, daß die verbreitetste Form hellseherischer Erfahrung Träume sind, die von der Zukunft handeln. Lernen Sie eine Lektion von John Dunne. Er führte ein Traum-Tagebuch über einige Jahre zusammen mit einem persönlichen Tagebuch über Ereignisse und Gefühle, die sich während des Tages einstellten. Später ging er die beiden Tagebücher durch und verglich sie. Er fand viele Beispiele, wo ein Traum ein Bild enthielt, das später im wirklichen Leben auftauchte. Er schloß daraus, daß es für das Bild eines Traumes wahrscheinlich gleich war, ob es auf der Erfahrung der Zukunft oder auf einer Erfahrung der Vergangenheit basierte! Diese Entdeckung führte ihn dazu, sein einflußreiches Buch ›An Experiment in Time‹ zu schreiben.

Ich habe Traum-Tagebücher und Tagebücher von täglichen Ereignissen einige Jahre geführt, und ich fand dasselbe Muster wie Dunne. *Ohne es in der Zeit des Träumens zu wissen,* fand ich später heraus, daß viele meiner Träume präcognitiv waren. Diese präcognitiven Träume betrafen nicht immer die Zukunft. Die meisten meiner präcognitiven Träume betrafen die Gegenwart, aber sie entliehen oft triviale Erfahrungen der Zukunft beim Aufbau der ›Story‹. Wenn ich nicht ein Tagebuch und ein Traum-Tagebuch geführt hätte, hätte ich diese Übereinstimmungen nicht bemerkt. Ihr Traumkörper kann, wenn nötig, bis in die Zukunft reichen, genauso leicht, wie er in die Vergangenheit zurückreichen kann, um die Erfahrungen ausfindig zu machen, die er studieren möchte. Schreiben Sie Ihre Träume auf, so versäumen Sie nicht dieses faszinierende Beispiel der unendlichen Reichweite des Geistes.

Träume interpretieren durch Einfühlung

Was mich zuerst anzog, Cayce zu studieren, war seine Überzeugung, daß Leute lernen könnten, ihre eigenen Träume zu interpretieren. Zu der Zeit, als er das sagte, war diese Idee eine Seltenheit. Die gesamte Geschichte hindurch ist die Trauminterpretation Experten überlassen worden. Lange bevor das Interesse an Träumen Teil der ›New-Age-Bewegung‹ wurde, spornte Cacye die Leute dazu an, ihre eigenen Träume interpretieren zu lernen. Er argumentierte, daß die Symbole in den Träumen aus unserem Inneren kommen, und wir daher die besten Interpreten unserer eigenen Träume sind. Er schärfte uns ein, Trauminterpretation als einen Prozeß zu betrachten, als etwas, das einen längeren Zeitraum in Anspruch nimmt, in dem wir uns mit unseren Träumen beschäftigen müssen. Man sollte nicht meinen, die erfolgreichste Trauminterpretation sei die, bei der man sofort auf ›die Lösung‹ stößt, vielmehr ist der Akt der Auseinandersetzung mit dem Traum in sich selbst von Wert. Nachdrücklich forderte Cayce, zu versuchen, aus den interpretatorischen Anstrengungen eine Lehre für die Praxis zu ziehen, sozusagen als eine konkrete Verifikation der Trauminterpretation. Er versicherte, daß unsere Träume mit den Bemühungen, sie zu verstehen in Beziehung stehen.

Unser träumendes Selbst ist wie eine eigenständige Person, die uns beobachtet und versucht, unsere Haltung unserem träumenden Selbst gegenüber zu bestimmen. Wenn wir uns um das Verständnis unserer Träume bemühen, ist uns dieses träumende Selbst hilfreich, indem es uns Träume noch einmal mit Varianten präsentiert, die gewisse Symbole leichter verständlich machen, Interpretation korrigiert und unsere Aufmerksamkeit in eine andere Richtung lenkt. Jung kam dieser Vorstellung nahe, wenn er sagte, daß Träume selbst sich als Korrektur gegenüber unseren Interpretationen verhielten; aber er ging nicht so weit, zu behaupten, daß sie aktiv eingreifen würden in den Prozeß der Trauminterpretation. Cayce versicherte, daß Hilfe auf uns warten würde, wenn wir es nur versuchten.

Sind spezielle Techniken anzuwenden, um die Botschaften der Träume zu realisieren? Cayce gab zwei Hauptwerkzeuge an die Hand: Einfühlung und Erkennung von Mustern.

Um sich in einen Traum einzufühlen, meditiere man über ihn, indem man still sitzen und den Traum zum Mantra werden lasse, oder zum Ziel der Meditation. Ich habe mehrere Male bei mir und mit anderen zusammen herausgefunden, daß die folgende Technik sich bewährt: Beginnen Sie mit einem Meditationsprozeß und lassen Sie sich dann von einem Freund den Traum laut vorlesen. Wenn Sie den Traum im meditativen Zustand hören, kommen alle möglichen neuartigen Ideen über die Bedeutung des Traumes spontan hoch. Noch während der Meditation sollten Sie alle Ideen, die Ihnen in den Sinn kommen, laut aussprechen.

Eine andere Art der Einfühlung ist, den Traum in Ihrer Vorstellung noch einmal zu durchleben, immer und immer wieder, und dabei die Gefühle in den Traum hineinsickern zu lassen. Für Cayce war ein Traum eine Erfahrung, die die

Seele macht, während der Körper schläft. Die Seele führt das Bewußtsein durch die verschiedenen Schwingungsebenen der Traumerfahrungen. Der Traum selbst ist dann die beste Fassung des Traumes, denn es heißt: »Der Traum vollendet sich selbst.« Das heißt, sogar obwohl der Traum sich in einer Reihe von Symbolen und seltsamen Erlebnissen manifestieren kann, ist er nur die Weise, wie wir uns die Erfahrungen der Seele zurückrufen. Wenn wir uns auf die Geschichte des Traumes einlassen, so, wie wir uns an sie erinnern, dann beginnt die Erfahrung der Seele in unser Bewußtsein zu gelangen. Wie bei der Telepathie oder Hellsichtigkeit, bei der Informationen weitergeleitet werden, wenn wir uns auf die Schwingungen des Objektes, über das wir etwas wissen wollen, einstellen, so wird uns die Bedeutung eines Traumes übermittelt, wenn wir uns auf den Traum einlassen.

Eine weitere Art, sich auf einen Traum einzulassen, ist, eins mit ihm zu werden, eins mit jedem einzelnen Symbol. Im heutigen Sprachgebrauch heißt dies, sich auf geistiger Ebene in das Symbol in einer Art Rollenspiel zu versetzen. Stellen Sie sich vor, Sie sind der Baum, der Hund, das Laufen. Wie fühlt sich das an? Welche anderen Bilder und Gedanken kommen hoch? Sie finden sich möglicherweise damit beschäftigt, Ihre Phantasie mit Elementen aus den Träumen spielen zu lassen, Gespräche zu führen, Sie verändern den Ausgang der Handlung, werden beeinflußt und schöpferisch aktiv innerhalb der Geschichte des Traumes. Viele der modernen expressiven Methoden der Trauminterpretation können aus Cayces Anregung, über einen Traum zu meditieren, abgeleitet werden.

Suche nach Mustern

Aristoteles sagte einmal, anstatt ein guter Traumdeuter zu werden, sollte man lieber lernen, ›Ähnlichkeiten‹ zu erkennen. Ähnlichkeiten zu sehen, bedeutet, fähig zu sein, Ähnlichkeiten von Mustern zu erkennen. Cayces wichtigster Beitrag zu Trauminterpretationen war, ›diese Wahrheiten zueinander in Beziehung zu setzen‹, die des Traumes mit denen, die man in seinem Leben gefunden hat. Es gibt viele spezielle Wege, Muster zueinander in Beziehung zu setzen.

Nehmen Sie den Traum als ein Ganzes und suchen Sie nach den Mustern der Traumgeschichte. Suchen Sie nach dem ›Thema‹ des Traumes. Zum Beispiel, wenn der Kinderreim ›Mary hatte ein kleines Lamm...‹ ein Traum wäre, könnte das Muster der Geschichte lauten: ›Jemand hat etwas, das ihm getreulich folgt.‹ Der nächste Schritt ist, ein ähnliches Muster in seinem eigenen Leben zu finden. Wo in seinem Leben hat man bemerkt, daß es da etwas gibt, das beständig da ist, einem überallhin folgt? Der eigene Schatten? Etwas anderes?

Prüfen Sie die inhärenten Muster in den speziellen Mustern. Am Anfang können Sie versuchen, die Quelle der Symbole zu lokalisieren. Zum Beispiel, ist das Bild eine Erinnerung aus der Kindheit? Etwas aus einer gestrigen Erfahrung? Ähnelt es etwas, über das Sie nachgedacht haben, einem Kummer oder einem Problem? Erinnert Sie das Bild an einen körperlichen Vorgang – Verdauung, Ausscheidung, Transmission von Energie? Vorrichtungen in einem Haus, Rohre, elektrische Leitungen o. ä. können oft Bilder für Vorgänge des Körpers sein. Erinnert Sie das Bild an etwas aus Ihrer religiösen Erziehung? Die Religion ist häufiger eine Quelle von Traumsymbolen, als allgemein angenommen wird, sogar unter Leuten, die sich selbst nicht für ›religiös‹ halten. Und schließlich kann die Quelle des Symbols innerhalb des universellen Bewußtseins liegen. In dem Kinderreim ›Mary hatte ein kleines Lamm...‹ kann das Lamm für Jesus stehen. Er ist immer da, darauf wartend, angerufen zu werden, oft vernachlässigt, ›geopfert‹ zugunsten eines vorgeblich Nützlichen, wie wir ja oft unser wahres inneres Ich ignorieren zugunsten des äußeren Scheins, um auf andere einen guten Eindruck zu machen, um Erfolg zu haben.

Symbole als universelle Symbole deuten zu lernen, sollte Sie nicht irritieren. Sicher kann es nützlich sein, in den verschiedensten Büchern über Symbole der Welt zu lesen, doch ist es nicht wirklich Voraussetzung. Im Gegenteil, es ist eher hinderlich bei der Traumdeutung, wenn man jedem Symbol eine ganz bestimmte Bedeutung nach einem feststehenden Schema zuordnet.

Wenn universelle Symbole spontan in Ihren Träumen auftauchen können, unabhängig davon, ob Sie ihnen je in Ihrem Leben begegnet sind, dann muß es auch zutreffen, daß Sie die Bedeutung des Symboles spontan verstehen können, ohne daß Sie dazu etwas besonderes gelesen haben. Oft dringt, wenn eine Person einen Traum mit einem universellen Symbol hat und eins damit wird und eine Weile die Rolle, die das Symbol spielt, nachvollzieht, etwas von dem universellen Verständnis, das in dem Symbol enthalten ist, in das Bewußtsein der Person ein.

Das universelle Wesen des Symbols bildet die Phantasie der Person, so wie das Rollenspiel verläuft. Träume sind ein in sich vollkommen funktionierendes System. Nach Cacye ist alles, was Sie tun müssen, sich auf sie einzulassen, Ihre Ideen in der Praxis auszuprobieren, und die Bedeutung der Symbole wird Ihnen zuteil.

Testen Sie Ihre Interpretation durch Anwendung

Cayce schlug vor, man solle eine gewisse Form der Trauminterpretation entwickeln und die daraus gewonnene Einsicht möglichst pragmatisch anwenden, dann würden die nachfolgenden Träume leichter verstanden werden, man würde allmählich der Wahrheit näherkommen. Ich hatte die Gelegenheit, diese Hypothese an einer Gruppe von zweihundert

A.R.E. Mitgliedern zu testen, die an einem 28-Tage-Experiment teilnahmen, bei dem sie Führung durch Träume suchten.

Ein jeder Teilnehmer hatte das Anliegen, ein persönliches Problem zu lösen durch die Entwicklung einer Lösung aus ihren Träumen und nach den Anweisungen meines Selbsthilfeprogrammes ›The Dream Quest Workbook‹. Das Programm half ihnen, bestimmte Vorstellungen aus ihren Träumen in Beziehung zu setzen zu dem zu lösenden Problem. Sie machten täglich Aufzeichnungen über die verschiedensten Aspekte ihres Verhaltens während des Projektes. Diese Aufzeichnungen hielten die Zahl der erinnerten Träume fest sowie Angaben darüber, wie leicht diese Träume zu verstehen waren ohne interpretatorische Arbeit; wieviel Zeit auf die Meditation verwendet wurde; und welche Anstrengungen unternommen wurden, um eine Einsicht aus einem Traum für die Lösung ihrer persönlichen Probleme anzuwenden. Am Ende dieses Versuches benutzten wir die täglichen Aufzeichnungen, um eine statistische Analyse der Verhaltensmuster abzuliefern.

Die Analyse bestätigte, was schon in einer früheren Studie herausgefunden worden war: die Erinnerungsfähigkeit war größer, wenn am Vortag meditiert worden war. Im Hinblick auf die Träume selbst jedoch und darauf, wie leicht sie zu verstehen wären, hatte die Meditation keine große Wirkung! Träume, die auf Tage folgten, an denen man große Aktivitäten entwickelt hatte, die Einsichten aus vorangegangenen Träumen anzuwenden, wurden als viel klarer in ihrer Bedeutung empfunden, als Träume, die auf Tage folgten, die ohne Versuche von Anwendungen verliefen.

Träume verstehen zu lernen geht vor sich wie die naturwissenschaftliche Arbeit: Vorstellungen werden durch Experimente ausprobiert und man gelangt oft auf diesem Wege zu unvorhersehbaren neuen Einsichten.

Träumen mit einer Absicht: Traum-Inkubation

In der beschriebenen Untersuchung praktizierten die Teilnehmer eine Form von ›Traum-Inkubation‹ — sie bereiteten sich selbst aktiv darauf vor, einen Traum zu haben, der ihren Bedürfnissen entsprechen würde. Sie fanden Antworten auf Fragen und Lösungen für Probleme, indem sie mit einem sich wiederholenden Zyklus von Traum-Inkubation, Traum-Interpretation und der Anwendung der Interpretation arbeiteten.

Es gibt eine Entsprechung zwischen unseren Träumen und unseren Bedürfnissen, manchmal auch speziellen Intentionen. Sich seine Bedürfnisse zu vergegenwärtigen, kann den Prozeß, mit Träumen vertrauter zu werden, beschleunigen. Es kommt oft vor, daß jemand über ein Traumphänomen nachliest, bloß weil er sich wünscht selbst davon zu träumen. Der Grund des Interesses war, eine persönliche Erfahrung zu machen, das im Traum befriedigt wurde. Das ist ein Vorgang von unbeabsichtigter oder unbewußter Traum-Inkubation. Man kann einen Traum ›züchten‹, d. h. den Traum zu einem echten Erlebnis wachsen lassen.

Beabsichtigte Trauminkubation bedeutet, ganz bewußt nach einer besonderen Art von Traum zu fragen, oder nach einem Traum mit einem besonderen Thema. Cayce wies oft darauf hin, daß wir ›mit einer Absicht träumen‹! Vergessen Sie die weitverbreitete Ansicht, daß Träume ein rein zufälliges Vergnügen oder unfreiwillige mentale Krämpfe sind. Es gehört zum Verständnis der Träume, aus der Erfahrung zu lernen, daß Träume Quellen der Führung sind. Cayce fordert uns auf, schlafen zu gehen mit dem Bewußtsein, daß wir geleitet werden können während wir schlafen, und deshalb darüber nachdenken sollten, wofür wir eine Führung gebrauchen können. Mit anderen Worten, er schlug vor, daß wir Träume als eine Quelle betrachten, aus der wir Antworten schöpfen können, und daß wir uns daher dieser Quelle mit

Vorbedacht und wohlvorbereitet nähern sollten. Das ist Trauminkubation.

Es gibt viele Wege, Trauminkubation zu praktizieren. Die Art und Weise, wie Sie Ihren Tag verbringen, was Ihren Geist beschäftigt und wo Ihre größten Interessen liegen, hat einen großen Einfluß auf Ihre Träume. Träume tendieren auch dazu, ›unbeendete Geschäfte‹ und ungelöste Aufgaben zu beenden. Es ist möglich, einen Traum zu züchten ohne irgendeine besondere Technik, sondern allein dadurch, daß man während des Tages seine Traumabsicht reflektiert und entsprechend in seine Aktivitäten integriert.

Meine Frau zum Beispiel träumte von dem Haus, das wir kaufen wollten, bevor wir es fanden. Wie hat sie diesen Traum hervorgebracht? Wie es allgemein üblich ist, machten wir eine Liste über die Eigenschaften, die unser Haus haben sollte. Wir studierten die Immobilienanzeigen. Wir fuhren in der Stadt herum und schauten uns Häuser an und sprachen darüber, wo wir gerne leben möchten und wie wichtig ein Haus für unsere familiären Bedürfnisse ist. An dem Morgen, an dem wir uns mit einem Immobilienmakler treffen wollten, wachte meine Frau jedoch mit einem Traum von einem bestimmten Haus auf. Der Traum enthielt bis in Details Angaben über das Haus und wies darauf hin, daß das Haus am Wasser lag. Als der Makler uns mitnahm, um Häuser zu besichtigen, fanden wir bei dem ersten Haus, das er uns zeigte, von außen nichts Besonderes. Innen jedoch war es genau wie in dem Traum meiner Frau. Als wir aus dem hinteren Fenster sahen, entdeckten wir, daß der Garten hinterm Haus am Ufer eines Sees lag! Wir waren erstaunt über die unheimliche Übereinstimmung. In dem Traum waren wir glücklich in dem Haus. Wir entschieden, uns finanziell anzustrengen und es zu kaufen. Zehn Jahre früher hatte Jim Turrell mich durch das Ausfindigmachen seines Ateliers durch einen Traum inspiriert, und jetzt hatte meine Frau in einem ähnlichen Glücksfall die richtige Lösung für unsere Familie gechannelt. Hier wurde ein präcognitiver Traum einfach durch normale Aktionen, die darauf abzielten, zu versuchen, ein wichtiges Ziel zu erreichen, hervorgebracht.

Eine andere Methode, einen Traum hervorzubringen, ist, vor dem Zubettgehen sich im Traum-Tagebuch auf ein bestimmtes Traumziel zu besinnen. In ›Living Your Dreams‹ regt Gayle Delaney an, man sollte solange das Ziel umschreiben, bis man in der Lage sei, in einem ›Einzeiler‹ das Wesentliche zu treffen. Wenn Sie einschlafen, wiederholen Sie diesen Inkubationssatz im Geiste, immer und immer wieder. Er kann gut einen Traum zu diesem Thema motivieren. Im Traumlaboratorium wurde herausgefunden, daß das, was eine Person denkt bevor sie einschläft, oft in der Nacht in den Träumen erscheint. Ob Sie nun speziell eine besonders formulierte Frage wiederholen, oder sich selbst ganz auf Ihre Frage aufgrund Ihrer Bemühungen während des Tages konzentrieren, Sie werden dazu neigen, davon zu träumen, was wirklich in Ihrem Kopf ist.

Cayce erinnerte uns daran, daß Träume uns welche Bereiche des Lebens auch immer bringen können, die wir erkunden wollen, vorausgesetzt, daß wir uns während des Tages mit ähnlichen Bemühungen in dieser Richtung beschäftigen. Wir können dieses Phänomen in folgender Formel ausdrücken: »Wie im Wachzustand, so auch im Schlafzustand, das, was in Ihrem Kopf ist, zählt!« Nach den statistischen Untersuchungen ist der Traum die erste Erfahrung von hellseherischen Fähigkeiten.

6 Meditation: Einstimmung auf die Einheit

Meditation ist das Selbst zu leeren von allem, was die kreativen Kräfte daran hindert, sich in den natürlichen Bahnen des physischen Menschen zu entfalten, um in jene Zentren und an jene Quellen zu gelangen, die die Betätigung des physischen, geistigen und spirituellen Menschen hervorbringen.

EDGAR CAYCE Reading Nr. 281–13

Telepathie und Hellsichtigkeit sind nicht das Ziel der Ausübung von Yoga. Sie sind Nebenprodukte dieser Ausübung. Kosmisches Bewußtsein und universelle Durchdringung sind das inhärente Wesen des Geistes. Der einzelne Geist fühlt nicht seine kosmische Gestalt solange Unreinheiten bestehen. Nur wenn diese Unreinheiten beseitigt wurden, beginnt der Geist die kosmische Durchdringung zu empfinden. Diese Reinheit wird einzig durch Ausübung von Meditation und Kontemplation nach dem klassischen System von Yoga erreicht.

PATANJALI

Seit Patanjali die Yoga Sutras im zweiten Jahrhundert v. Chr. verfaßte, ist es bekannt, daß eine der Nebenerscheinungen der regulären Meditation die Erscheinung von *siddhis,* oder besonderer paranormaler Kräfte ist. Von der Zeit an ist die Meditation wahrscheinlich die hochangesehenste Ausübung zur Entwicklung von hellseherischem Bewußtsein geworden. Patanjalis Rat im Hinblick auf die paranormalen Kräfte — sie zu ignorieren, da sie von dem wahren Ziel der Meditation ablenken — hat auch nichts von ihrer Gültigkeit bis heute verloren.

Wenn Leute zu Cayce kamen und alle möglichen Arten von Phänomenen beschrieben, die sich während der Meditation ereigneten — Erfahrungen außerhalb des Körpers, das Hören sphärischer Musik, Kommunikation mit dem Tod, usw. — dann riet er gewöhnlich, dies alles durchzulassen und zur meditativen Konzentration zurückzufinden.

Wenn das Ziel die bewußte Vereinigung mit dem Unendlichen ist, dann ist die Meditation die prominenteste Methode, um hellseherisches Bewußtsein zu entwickeln. Meditation ist mit der Kunst zu sterben verglichen worden. Sie ist eine Übung, die physische Welt loszulassen, die Identifizierung mit dem Körper abzulegen. Sie ist ein Weg, sich dieser Erfahrung bewußt auszusetzen, nach und nach und ganz natürlich, ein beinahe-Sterben Erlebnis.

Ein Mensch, der durch eine beinahe-Sterben Erfahrung transformiert wurde, empfindet hellseherisches Bewußtsein oft als einen natürlichen Ausdruck des Gefühls der Einheit mit dem Leben.

Es ist notwendig, alte Vorstellungen von sich selbst gehen zu lassen und spirituell zu wachsen, um würdevoll mit der Entwicklung des hellseherischen Bewußtseins umzugehen. Meditation baut die spirituelle Entwicklung in harmonischer Folge auf und erleichtert so den Übergang von der Identifizierung mit dem endlichen Körper zur Annahme eines unendlichen Bewußtseins.

Mit anderen Worten, wenn sie die Gnade der hellseherischen Fähigkeit erlangen wollen, erlauben Sie ihr, aus der Ausübung von Meditation zu erwachsen. Dies ist der Rat, den spirituelle Lehrer zu geben pflegen.

Meditation und ASW: der wissenschaftliche Beweis

Wie wissen wir, daß ASW durch Meditation erhöht wird? Wir haben Beweise aus dem Laboratorium. In einem Gutachten über sechzehn experimentelle Tests berichtete Charles Honorton, heute im Labor für Psychophysik in Princeton, daß neun dieser Experimente den Beweis für die Erhöhung von ASW durch Meditation lieferten. Er schätzte, daß die Quoten gegenüber solchen übereinstimmenden Resultaten, die durch Zufall passieren, bei einer Trillion zu sechzehn liegen! Ein eindrucksvolles Ergebnis zugunsten der Meditation. Lassen Sie uns ein paar dieser Versuche näher betrachten.

Das erste derartige wissenschaftliche Experiment wurde von Gertrude Schmeidler vom City College in New York durchgeführt. Zu Anfang bat sie die Studenten, zu versuchen, die Identität von ASW Programmen zu raten. Die ASW Resultate waren schwach. Der Test wurde von einer kurzen Yoga-Meditationsübung gefolgt. Als sie die Klasse noch einmal mit den ASW-Programmen testete, waren die Studenten in mehr als doppelt so vielen Fällen erfolgreich und zeigten bemerkenswerte ASW-Kräfte. Ihr einfaches Experiment zeigte, daß schon eine kurze Spanne der Meditation das hellseherische Bewußtsein verbessert.

Im Gegensatz zu diesem einfachen Experiment wurde einer der ambitioniertesten Versuche über die Auswirkung von Meditation auf die ASW von Karlis Osis und Edwin Bokert von der Amerikanischen Gesellschaft für Parapsychologie durchgeführt. Statt Anfänger zu nehmen, die niemals meditiert hatten, waren die Testpersonen erfahrene Meditierende verschiedener Richtungen − transzendentale Meditation (TM), Zen usw. Bei diesem Versuch trafen sich die Meditierenden einmal wöchentlich zu einer zweistündigen Session. Diese Treffen dauerten sechs Monate an, so daß der Versuch auf insgesamt fünfundzwanzig Sessions basierte. Bei jedem Treffen fand eine dreißigminütige Meditation statt. Danach füllten die Teilnehmer einen Fragebogen aus über das, was während der Meditation passierte. Dann führten die beiden Forscher zwei ASW-Tests durch.

Der erste Test war ziemlich ungewöhnlich. Stellen Sie sich ihn aus der Perspektive der Versuchsperson vor. Ihnen sind die Augen verbunden. Vor Ihnen befindet sich etwas, das einem Schachbrett ähnelt, mit fünf Reihen und fünf Spalten, zusammen fünfundzwanzig Vierecken. Die Vierecke sind eingraviert, so daß Sie sie mit den Fingern fühlen können. Es wird Ihnen gesagt, daß ein ›korrektes‹ Quadrat herausgesucht werden soll. Sie werden gebeten, ›Ihren Weg‹ zu dem richtigen Quadrat ›zu ertasten‹ und Ihren Finger darauf zu legen, um Ihre Wahl zu signalisieren. In der Zwischenzeit beobachtet eine TV-Kamera Ihre Hand auf dem Ratespiel, die auf Monitor für eine andere Person, die sich in einem Nebenraum befindet, übertragen wird. Diese Person hat das gleiche Brett mit einem roten Kontrollpunkt auf dem ›korrekten‹ Quadrat vor Augen. Obwohl Sie weder etwas hören noch sehen, ›trainiert‹ Sie diese Person und versucht Sie anzuspornen, das richtige Quadrat zu wählen.

Der zweite Test ähnelte demjenigen, der bei den Maimonides Traum-Telepathie-Experimenten benutzt wurde. Der Unterschied bestand darin, daß die Versuchsperson, anstatt zu schlafen und zu träumen, gebeten wurde, sich zu entspannen und auf Gedanken und Phantasievorstellungen zu konzentrieren. Inzwischen wählte eine Person in einem anderen Raum ein zufälliges Bild aus, um es telepathisch zu übermitteln. Die Eindrücke der Versuchsperson wurden Wort für Wort aufgezeichnet. Danach versuchten Gutachter zu diesen Eindrücken aus einem Auswahl-Satz von Bildern die passenden zu finden, unter denen sich auch dasjenige befand, das die Person zu übermitteln versucht hatte.

Beide Tests ergaben positive Ergebnisse für ASW. Von den

Eigenschaften, an denen sich Meditationserfahrung bemessen läßt (der Grad der Entspannung, die Gelassenheit, die Konzentration, störende Gedanken), war der wichtigste Faktor für das Funktionieren von ASW die ›Offenheit und Transzendenz‹, die in der Meditation erreicht wird. Wenn die Versuchsperson erkennen ließ, daß während der Meditation ein Gefühl aufkam, eins mit der äußeren Welt zu werden, mit anderen zu verschmelzen, von einer Verbindung mit der Gruppe, eines Wandels der Weise, die Dinge zu erleben, oder der Liebe, Freude, der Sicherheit, dann deuteten auch die Testergebnisse auf ASW.

Dieses Ergebnis sollte aufhorchen lassen. Im zweiten Kapitel erörterten wir die Arbeit von Le Shan, der zeigte, daß die Gefühle von Einheit charakteristisch für die hellseherische Verfassung des Geistes waren, und seine Übungen dieses Bewußtsein von Einheit miteinander zu erreichen, mündeten in hellseherischen Interaktionen. Osis' und Bockerts Versuche weisen ebenfalls die Verbindung zwischen der Erfahrung von Einheit und dem hellseherischen Bewußtsein nach und lehren, daß Meditation ganz klar ein Weg zu dieser Erfahrung ist.

Was passiert bei der Meditation?

Lassen Sie uns Einblick nehmen in die Forschungseinrichtung des Wissenschaftlers, der sich mit Meditation beschäftigt. Das Laboratorium verfügt über einen ruhigen, schwach erleuchteten Raum mit einem bequemen gutgepolsterten, leicht nach hinten gestellten Sessel. Eine elektronische Anlage ist vorhanden, um die Versuchsperson in der meditativen Phase zu beobachten. Der Wissenschaftler instruiert die Versuchsperson zu dieser experimentellen Meditation.

»Versuchen Sie in einer verhältnismäßig aufrechten Position zu sitzen, so daß Ihre Haltung im Gleichgewicht ist. Auf diese Weise muß Ihr Körper nicht viel Energie darauf verwenden, sich aufrecht zu halten. Jetzt schließen Sie die Augen und entspannen sich. Stellen Sie fest, daß jedes Mal beim Ausatmen sich Ihr Körper entspannt. Erlauben Sie Ihrer Aufmerksamkeit auf dem Ein und Aus des Atems konzentriert zu bleiben. Jedesmal wenn der Atem geht, ist es entspannend. Jedesmal, wenn der Atem kommt, lassen Sie es mit dem Gedanken ›eins‹ geschehen. Denken Sie das Wort ›eins‹ jedesmal, wenn der Atem kommt. Strengen Sie sich nicht an, lassen Sie Ihren Geist einfach ›eins‹ mit jeder Einatmung denken, wie einen automatischen Gedanken. Ihre Gedanken wollen wandern. Das ist normal. Wann immer Sie entdecken, daß Ihre Gedanken wandern, kehren Sie ruhig darauf zurück, sich auf Ihren Atem zu konzentrieren und denken das Wort ›eins‹ mit jedem Atemzug.

Fahren Sie nun damit fort. Am Ende der Meditationszeit werde ich Sie informieren, daß es Zeit ist, aufzuhören.«

Mit diesen einfachen Anweisungen hat der Wissenschaftler die Versuchsperson in das ›initiiert‹, was als ›klinisch standardisierte Meditation‹ bezeichnet worden ist, die von Patricia Carrington von der Princeton Universität entwickelt wurde. Sie ist eine Art Oberbegriff für die Meditation, die auf den allgemeinen Grundlagen der verschiedensten Meditationsschulen basiert. Sie schließt die Konzentration auf den Atem ein, wie in der Zen-Meditation, aber auch die sich ständig wiederholende geistige Konzentration (das Wort ›eins‹), oder Mantra, wie in der Transzendentalen Meditation. Der Gebrauch dieser standardisierten Form von Meditation macht es den Wissenschaftlern leichter, ihre Forschungsbemühungen zu koordinieren. Jetzt lassen Sie uns in den Raum mit den Monitoren gehen und beobachten, was der Wissenschaftler während der Meditation der Versuchsperson beobachtet.

Drähte, die von dem Monitor ausgehend an den Körper der Versuchsperson angeschlossen sind, enden in verschiedenen

Skalen und Meßgeräten im Beobachtungsraum. Ein Computer verfolgt laufend die Readings. Es gibt viele Anzeichen, daß die Versuchsperson in den Zustand der Entspannung kommt. Der Herzschlag verlangsamt sich, der Blutdruck fällt ein wenig. Die Atmung hat sich auf ein gleichmäßiges Tempo verlangsamt. Eine Analyse des Blutes der Versuchsperson zeigt eine Veränderung im Chemiehaushalt des Körpers, zeigt an, daß die Stoffwechselleistung sich verringert. Die Messungen der Gehirnströme beginnen die Präsenz von Alpha-Wellen aufzuzeigen, einer sanften gleichmäßigen Welle, die in einem Rhythmus von etwa zehn Zyklen in der Sekunde kommt. Sie kommt und geht im Wechsel mit der sonst typischen Beta-Welle, einer dichten, wirren und unregelmäßigen Welle, die mit dem normalen Wachzustand korreliert. Allmählich wird die Alpha-Welle zum vorherrschenden Muster. Zunächst beschränkt auf eine Gehirnhälfte, umfaßt sie später beide. Schließlich ergeben die Messungen der Gehirnströme synchrone Aufzeichnungen, ein Zeichen von Gleichmaß und Harmonie.

Wir werden Zeuge eines typischen Musters physiologischer Veränderungen während Meditation. Das Bild ist das von Beruhigung, Verlangsamung und Vereinfachung. Es ist, als schütteten wir Sand in ein Glas Wasser, rührten, bis er sich langsam setzt und sich das Wasser klärt. In einem anschließenden Gespräch berichtet die Versuchsperson, wie sie die Meditation erlebte: »Es war sehr entspannend. Habe ich wirklich zwanzig Minuten meditiert? Ich dachte, daß es bloß ein paar Minuten waren. Es war seltsam am Anfang. Ich war mir meines Atems allzu sehr bewußt, es kam mir vor, als wäre der Herzschlag besonders laut. Ich konnte meinen Puls fühlen in meinem ganzen Körper.

Zuerst war es leicht, mich auf meinen Atem zu konzentrieren, aber ich wurde immer wieder abgelenkt durch anderes, was mir durch den Kopf ging. Ich kriegte das in den Griff und ging zurück zu meiner Atmung, aber ich mußte dies immer und immer wieder tun. Ich denke nicht, daß Eigenmächtigkeit meines Kopfes aufhörte, aber nach einer Weile schien es anders. So, als wären die Gedanken ganz woanders, sage ich mal, weil ich ihnen keine Aufmerksamkeit mehr schenkte. Es war erholsam, nur mit meinem Atem zu sein. Es schien beinahe so, als ob die Atmung selbst ›eins‹ sagte, weil sie ganz automatisch geschah. Es war, als ob ich das Wort ›eins‹ hörte und nicht wirklich selbst dachte. Das Wort schien sich auch zu verändern, manchmal leise, dann laut, ganz nahe, weit weg, riesig groß, dann sehr klein, und manchmal schien es wie ein anderes Wort, wie ›Ei‹ oder ›Heim‹ (im Amerikanischen ein schönes Wortspiel: statt ›one‹ hört die Person ›won‹ = gewonnen und ›un‹ = Kerl oder Kleiner / Anmerkg. d. Übersetzers), dann plötzlich meldeten Sie sich, und ich realisierte, daß ich meditierte. Ich vermute, ich vergaß, wo ich war.«

Die Versuchsperson erwähnte, daß nach einer Weile das Wort ›one‹, auf das sie sich konzentrierte, sich zu verändern begann. Psychologen, die Meditation studiert haben, bemerkten, daß Meditation einen dramatischen Effekt auf die Aufmerksamkeit und die Wahrnehmung hat. Die Versuchsperson wird von den meisten äußeren Reizen ferngehalten wie bei der sensorischen Deprivation. Die innere Sammlung ist ein sich ständig wiederholender Vorgang, ist voraussagbar, und – im Grunde genommen langweilig. Das Bewußtsein, das gewohnt ist, vielen verschiedenen Gegenständen gleichzeitig seine Aufmerksamkeit zu widmen, beginnt, wenn es sich auf dieselbe Sache immer und immer wieder konzentrieren muß, sich selbst Abwechslungen zu schaffen. Nehmen Sie auch zur Kenntnis, daß die Versuchsperson sagte, daß die Gedanken niemals aufhörten, aber nach einer Weile einfach ignoriert wurden. Der Geist verschloß sich ihnen.

Erinnern Sie sich an das Übungsbeispiel im 2. Kapitel, in dem es darauf ankam, sich auf ein Wort oder ein Bild zu konzentrieren und es sich nicht verändern lassen. Dabei stellten wir fest, wie die Gedanken wanderten, wie das Bild sich änderte. Im Laufe der Übung stellte sich allmählich ein Hintergrund-Bewußtsein ein, das nur Zeuge war. Aus dieser Erfahrung heraus kann man ermessen, was im Bewußtsein während der Meditation abläuft. Unseres Geistes natürliche Neigung, etwas zu haben, das seine Aufmerksamkeit beansprucht, wird während der Meditation frustriert. Die Wiederholungen beim meditativen Prozeß entwöhnen den Geist von seiner ›Sucht‹ nach Sensation. Er wird zum ›Rückzug‹ gezwungen und dadurch die Reaktion allmählich abgestellt. Genauer gesagt, das Bewußtsein wird losgelöst von seiner Bindung an das, was im Bewußtsein ist. In der Meditation wie auch im Schlaf ist das Bewußtsein zurückgenommen, da ihm die Objekte der Aufmerksamkeit entzogen sind. Da der Meditierende nicht einschläft, wird sein Bewußtsein gereinigt, und sichtbar für sich selbst in seiner ganzen ureigenen Gegenwart. Diese Gegenwärtigkeit kann überall und nirgends zur gleichen Zeit sein. Hier liegt der Anfang der meditativen Erfahrung von Einheit, die das hellseherische Bewußtsein erweckt.

Die Vorstellungen des Meditierenden

Was passiert noch in der Meditation? Um das herauszufinden, müßten wir die Meister befragen, denn die Wissenschaft hat nicht viel mehr unternommen als das, was eben beschrieben worden ist. Cayce behauptet, daß das, was sonst noch passiert, davon abhängt, was wir mit der Meditation beabsichtigen. Die Forschung würde mit Cayce übereinstimmen, daß das, was in der Meditation passiert, nicht einfach nur eine Frage der Technik ist, sondern auch beeinflußt wird von der Intention und von der Erwartung. Meister der verschiedensten Traditionen nennen Ziele, wie sie innerhalb der Sprache der jeweiligen Tradition formuliert worden sind. Diese Tradition formt die Vorstellungen des Meditierenden. Wie im dritten Kapitel erklärt wurde, ist die Vorstellung der strukturbildende Aspekt des Geistes. Das Bild von Meditation bestimmt das Schwingungsmuster, das die Meditation prägt.

Einige Traditionen betonen die sich im Bewußtsein entwickelnde Freiheit. Da die Aufmerksamkeit von ihrer Bindung an äußere Objekte befreit ist, kann das Bewußtsein sich selbst zuwenden. Das Bewußtsein ist vom Körper losgelöst und läßt den Körper bei seiner Erforschung höherer Ebenen spirituellen Bewußtseins hinter sich. Indem wir die Freiheit vom Körperlichen sinnlicher Erfahrung verwirklichen, transzendieren wir den Tod, da das Leben nicht länger mit der Bindung an den Körper gleichgesetzt wird. Patanjalis ›Yoga Psychology‹ ist ein gutes Beispiel in dieser Richtung.

Andere Traditionen heben die Vergeistigung des Körpers selbst hervor. Da wir einen höheren Zustand des Bewußtseins erreichen, haben diese erhöhten Schwingungen eine Wirkung auf unseren Körper. So wie ein großes Stück Kohle durch intensiven und prolongierten Druck in einen Diamanten verwandelt wird, so wird der menschliche Körper in einen strahlenden Kristall transformiert. Da jede Zelle im Körper kosmisches Bewußtsein erlangt, wird ein neues Sein in die Existenz gebracht. Richard Wilhelms Übersetzung von ›The Secret of the Golden Flower‹ bietet eine gute Darstellung dieses Weges, und berührt sich in vieler Hinsicht mit Cayces Anschauung von der Meditation.

Die tieferen Ebenen der Meditation zu erlangen bleibt als Aufgabe der spirituellen Vorstellung des Meditierenden vorbehalten durch die religiöse oder spirituelle Tradition, die er in die Meditation einbringt. Die Rolle der Vorstellung in der Meditation war für Cayce ein wichtiges Thema. Nicht Vorstellung im Sinne von ›sich Dinge ausdenken‹, sondern als kreative, strukturbildende Dimension des Geistes. Das was wir in die Meditation einbringen, wird sich auf die Erfahrung und das Erleben auswirken. Ich hörte einmal Cayce zu diesem Thema, als er sagte: »Wenn Sie denken, Meditation ist eine Sache, die den Geist leer macht, dann ist es genau das, was Sie erreichen werden, einen leeren Geist — sonst nichts!« Meditation ist eine Reise. Wenn Sie kein bestimmtes Ziel im Kopf haben, dann werden Sie wahrscheinlich dahin gelangen — wenn Sie Glück haben.

Eine hellsichtige Vision von Meditation

Es ist wichtig, zu realisieren, daß in der Meditation es nicht der Geist des Meditierenden ist, der den Vorgang kontrolliert. In der Meditation öffnen wir uns Einflüssen. Wenn wir dies nicht täten, wäre es keine Meditation. Meditation ist Hingabe an eine höhere Macht. Welcher höheren Macht können wir uns hingeben? Cayce ließe uns die Quelle des Einflusses, die wir suchen, *auswählen*. Es gibt auch eine psychokinetische Wirkung in der Meditation — der Geist wirkt auf die Materie. Cayce sah, daß während der Meditation übernatürliche Kräfte das endokrine System des Körpers und die ihm zugeordneten Wahrnehmungszentren stimulieren. Die Quelle und die Struktur dieser Stimulation ist wichtig.

So wie in dem Buch von Whitley Streiber ›Communion‹, darüber gehandelt wird, können wir uns vielleicht vorstellen, daß außerirdische Wesenheiten auf uns Einfluß ausüben. Durch telepathischen Kontakt treten sie in unser Bewußtsein. Sie möchten Bewußtsein in menschlichen Körpern erfahren. Noch deutlicher, durch die Kräfte ihres Geistes, der mit psychokinetischen Fähigkeiten ausgestaltet ist, wirken diese Wesen auf unseren Körper. Ohne unser Wissen laufen funktionelle Veränderungen in unserem Körper ab, die dazu führen, daß sie mit uns verschmelzen können, um ein neues zusammengefügtes Wesen hervorzubringen.

Cayce behauptete niemals, daß außerirdische Wesen von

UFOs versuchen würden, durch die geöffneten Chakren während der Meditation einzudringen. Aber er hat Momente beschrieben, in denen Wesen von verstorbenen Personen versuchten, in den Meditierenden einzudringen, indem sie den Vorteil der psychischen Offenheit und der Ungeschütztheit der Wahrnehmungszentren des Meditierenden ausnutzten. In ›Meditation: A Step Beyond with Edgar Cayce‹ beschreibt M. E. Baker den Fall eines Mannes, der zu meditieren begann ohne Einbeziehung spiritueller Gesichtspunkte. Er benutzte Techniken, Zentren zu öffnen und fand sich selbst als jemand, auf den Nicht-Inkarnierte Einfluß nahmen. Nach und nach gelang es einem Wesen, völligen Besitz von seinem Geist und Körper zu nehmen. Wenn diese Wahrnehmungszentren in unausgewogener Weise geöffnet werden, dann können seelisch-geistige Störungen die Folge sein. Mehr über das Problem dieser Störungen, die Kundalini-Krise genannt, in einem späteren Kapitel.

Korrekt angewandt, kann Meditation die Wahrnehmungszentren in einer sinnvollen Weise öffnen, um eine positive Transformation des Körpers herbeizuführen. In östlichen Traditionen baut sich Meditation in einzelnen Stufen auf, damit sichergestellt ist, daß der Meditierende langsam und konstruktiv vorgeht. Cayces Sohn, Hugh Lynn Cayce und der Psychologe Herbert B. Puryear, beide in der Meditation erfahren und Kenner von Cayces Lehren über Meditation, wiesen den chinesischen Text ›The Secret of the Golden Flower‹ als eine der besten östlichen Quellen über das Phänomen der Meditation aus, das Cayce in seiner hellseherischen Vision beschreibt.

Cayce faßte es als ein Versprechen oder als eine Prophezeiung auf, was jedem Meditierenden passieren würde. Das Endresultat ist eine Transfiguration des Körpers und der Persönlichkeit des Meditierenden. In dem Maße, als Körper und Geist des Meditierenden gewandelt sind, kann Gottesbewußtsein der Person innewohnen. Cayce betonte jedoch, daß der eigene Wille der Person wichtig ist in der Bestimmung, was während der Meditation geschieht. Um für Erlangung des Gottesbewußtsein die Meditation zu wählen, statt irgendeine andere Quelle, muß der Meditierende dafür bereit sein. Die Vorstellungen des Meditierenden, die schöpferische Gestaltung der übersinnlichen Energien, sind entscheidend.

Die Bildersymbolik in der Meditation

Bildersymbolik in der Meditation kommt entweder durch implizit traditionsgebundene Vorgaben des Meditierenden zustande, oder sie wird durch spezielle Techniken erzeugt. Meditation ist ein Vorgang, bei dem übernatürliche Kräfte, Energie, die die spirituellen oder seelischen Kräfte bilden, die Funktionen des Körpers beeinflussen. Bildersymbolik ist die Formensprache des Geistes, die dadurch bestimmt ist, wie diese Energie den Körper beeinflußt. Von der schöpferischen Tätigkeit des Geistes, der die Schwingungen bildet, die Bilder anwendet, hängt letztlich das Ergebnis ab.

In der Meditation ›erhöht‹ der Meditierende, da die Aufmerksamkeit von den sinnlichen Wahrnehmungen abgelenkt und auf den Geist selbst konzentriert wird, ›das Niveau der Schwingungen‹. Das bedeutet, daß der Meditierende weniger von der sensorischen Schwingungsebene in Anspruch genommen ist und mehr von der geistigen Ebene bzw. der spirituellen Schwingungsebene. Je mehr es gelingt, das Physische ›loszulassen‹, desto mehr Einfluß erhalten die geistigen und spirituellen Kräfte auf das, was geschieht. Der schöpferische Aspekt des Geistes des Meditierenden hat einen starken Einfluß darauf, wie sich die spirituellen Energien im Physischen manifestieren.

In ›Meditation and the Mind of Man‹ erklären Herbert Puryear und Mark Thurston diesen Vorgang anhand einer Analogie. Sehen Sie sich die Projektion eines Dias auf einer Leinwand an. Die Lichtquelle im Projektor liefert die Energie: sie steht für die spirituelle Kraft. Das Dia im Projektor gestaltet die Energie: im Analogievergleich ist dies die Tätigkeit des schöpferischen Geistes. Dem Ergebnis, dem projizierten Bild auf der Leinwand entspricht analog die Manifestation der Energie auf der physischen Ebene. Unser normaler Wachzustand kann damit verglichen werden, in einem vollerleuchteten Theater zu sitzen. In diesem Fall erscheint das auf die Leinwand projizierte Bild nur schwach. Da wir im Theater gut sehen können, beeinflußt uns unsere Umgebung beinahe so sehr, wenn nicht stärker, wie das, was auf der Leinwand zu sehen ist. Aber wenn das Licht im Theater ausgeht, dann fesselt das auf die Leinwand projizierte Bild unsere Aufmerksamkeit. In ähnlicher Weise haben in der Meditation, wenn die Sinne in Ruhe sind, die spirituellen Kräfte eine größere psychokinetische Einwirkung auf den Körper; die Art dieser Einwirkung wird von dem Bild bestimmt, das der schöpferische Geist des Meditierenden gestaltet.

Die Meditation mit Bildsymbolik hat eine starke Wirkung auf den Körper. Einige Meditationstechniken gebrauchen bestimmte Bilder, in Verbindung mit Atemübungen, um spezielle übersinnliche Zentren zu öffnen. Nur ein einziges übersinnliches Zentrum zu öffnen, kann zu bizarren physischen oder seelischen Problemen führen. Energie aus übersinnlichen Kräften überflutet das Zentrum, womit starke körperliche Auswirkungen korrespondieren. Die Drüsen werden überaktiv und beginnen das übrige endokrine System zu beeinflussen, das versucht, sich diesem Trauma anzupassen.

In den östlichen Traditionen gibt es Übungen verschiedener Art, das Visualisieren, das Singen oder das Atmen, um einzelne Zentren zu öffnen. Solche Meditationen können nützlich sein, besonders unter Anleitung eines erfahrenen Praktikers solcher Methoden, um an Bereichen, in denen eine Person

Schwierigkeiten hat, zu arbeiten. Cayce wies darauf hin, daß karmische Erinnerungen in den einzelnen Zentren gespeichert sind. Die Zentren nach und nach zu öffnen, würde die Energie von diesen Erinnerungen befreien, so daß ihre Wirkung auf den Menschen ausgeprägter sein könnte. Das ist es, warum die Kundalini-Krise manchmal merkwürdige ›Flashback‹-Erlebnisse, intensive Emotionen und starke körperliche Auswirkungen zur Folge hat. In den Händen erfahrener Lehrer können solcherlei Erfahrungen zu transformativen Ereignissen werden. Cayce jedoch scheute durchweg vor Methoden des Wachstums zurück, die für den Menschen den Rat eines Experten erforderlich machten und empfahl Methoden, die den Leuten erlauben, zu ihrem spirituellen Erbe aus sich selbst heraus zu gelangen.

Östliche Traditionen weisen auch auf die Gefahren der Öffnung einzelner Chakren hin und betonen, daß es zum Zwecke der spirituellen Entwicklung besser ist, die Chakren als ein ganzes System zu öffnen unter Einfluß der höheren Zentren. Für eine holistische Annäherung an spirituelles Wachstum, das im Zusammenhang mit der Entwicklung von hellseherischem Bewußtsein allgemein empfohlen wird, empfiehlt Cayce Sorgfalt in der Wahl der Bilder walten zu lassen, die während der Meditation benutzt werden. Auch er tritt dafür ein, das ganze System zu erwecken, das auf der natürlichen Integration der höheren Zentren basiert. Wie wir später sehen werden, glaubte Cayce, daß das ›Vaterunser‹ eine Formel für eine solche Integration einer höheren Ordnung war.

Cayce empfahl den Gebrauch einer *Affirmation* während der Meditation, einer Phrase oder eines Gebets, das dem Ideal Ausdruck gibt, von dem sich der Mensch wünscht, daß es seine Meditation bestimmt. Ein *Ideal* bezieht sich auf ein hoch bewertetes Muster, das als Maßstab verwendet wird. Der Meditierende sollte eine Affirmation wählen, die seinen höchsten Wertvorstellungen entspricht. Sie kann so etwas wie das einfache Wort ›Liebe‹ sein. Es kann ein Sprichwort oder ein Gebet sein; Cayce nannte vieler seiner eigenen Affirmationen und außerdem das Vaterunser. Er empfahl den Leuten, zu Beginn der Meditation die Affirmation solange zu wiederholen, bis sie gut in das Bewußtsein eingedrungen ist und dann einfach das Empfinden, das von der Affirmation ausgeht, das *Gefühl* im Kopf zu behalten und der Schwingung dieses Gefühls zu erlauben, im Körper mitzuschwingen. Von diesem Phänomen ausgehend, daß der Meditierende die Idee als eine Schwingung im Körper fühlt, schließt Cayce darauf, daß der Schwingungseinfluß des Musters im Kopf körperliche Folgen nach sich zieht. Es ist ein Prozeß, sich auf die Schwingung der Idee einzuschalten. Die Vorstellungskraft des Meditierenden, im Sinne der kreativen Dimension des Geistes, verleiht dem Zustrom übersinnlicher Kräfte, die während der Meditation auf den Körper wirken, Bedeutung. Die Wirkung, behauptete Cayce, ginge direkt auf das, was er die ›Rotationskräfte‹ der Atome des Körpers nannte.

Meditation leben

Während der Meditation zirkuliert Energie im Körper. Die Wirkung dieser Energie sollte jedoch nicht bloß auf momentane Zustände des Meditierenden beschränkt werden. Es sollte ihr auch gestattet sein, insgesamt im Leben des Meditierenden zu zirkulieren. In der Versenkung zu sitzen, ist wirklich nur die eine Hälfte des Meditationsprozesses. Die andere Hälfte heißt meditativ zu leben. Meditation ist unter bestimmten vereinfachten Bedingungen die Ausübung einer Lebensweise.

Zwei Hauptkomponenten dieser Lebensweise sind das Bewußtsein von Einheit und das, was das Losgelöstsein anbetrifft, oder anders ausgedrückt ›*in* der Welt sein, aber nicht *von* ihr‹. Beide Eigenschaften werden in der Meditation entwickelt und sollten im Alltag ausgelebt werden, um den Meditationszyklus zu vollenden.

Die ASW-Studie zeigte, wie Gefühle von Einheit während der Ausübung von Meditation entstehen. Andere Studien haben gezeigt, daß die Ausübung von Meditation das Einfühlungsvermögen zu steigern vermag. Einfühlungsvermögen führt dazu, ›eins‹ mit einer anderen Person ›zu sein‹. Es hat sich auch als Basis für Zusammenarbeit und altruistisches Verhalten erwiesen.

Auf diese Weise werden die Gefühle von Einheit, die im Zustand der Meditation entwickelt wurden, in einem wachen Leben angewendet.

Meditation ist ein Weg, dem Leben einen geistigen Rahmen zu geben.

Eins mit dem Leben zu werden und sich allem, was uns umgibt, nahe zu fühlen, impliziert Sorge um den Nächsten, und der Wunsch, alles in der gleichen Weise beschützen zu wollen wie unser eigenes Selbst, könnte als Last angesehen werden. Verantwortung für andere hat zur Voraussetzung die Loslösung.

Die Meditation baut die Fähigkeit zur Loslösung auf.

Viele Hellseher berichten von traumatischen Erlebnissen während der Kindheit. Ein Teil in ihnen verschloß sich in eine sichere beschützte innere Welt. Dieses Kind im Innern wurde zur Basis für das hellseherische Bewußtsein und empfand, nachdem es sich seiner selbst bewußt wurde, keine Grenzen zu anderen Menschen.

Und weil es ›alles richtig machen‹ will, ist dieses hellseherische Kind mit den Gefühlen anderer Leute belastet. Die Notwendigkeit, über hellseherische Kräfte zu verfügen oder sie zu entwickeln auf der Grundlage des Losgelöstseins, unterstreicht die Wichtigkeit der Meditation, die die Transformation zu hellseherischem Bewußtsein zu einer positiven Entwicklung werden läßt.

Meditation annehmen

Lassen Sie sich von Cayces idealer Meditation nicht einschüchtern. Fangen Sie einfach an zu meditieren. Die Beschreibung von Meditation, die unserer Vorstellungskraft gegeben wird, ist ein völlig ausreichendes Instrumentarium, um damit anzufangen.

Tief in uns existiert das Wissen über Meditation. Das hauptsächliche Hindernis, sich daran zu ›erinnern‹, wie man meditiert, ist die Annahme perfekt sein zu müssen. Ich habe zu viele Leute in der Meditation mit gerunzelten Augenbrauen sitzen sehen, wenn sie versuchen, nach bestem Wissen und Gewissen es ›richtig‹ zu machen. Dieses Verhalten ist verständlich, wenn man bedenkt, daß unsere Kultur uns darauf getrimmt hat, alles mit höchster Perfektion durchzuführen. Doch der Anspruch, ein möglichst ›guter‹ Meditierender sein zu wollen, widerspricht im Ansatz dem, was Meditation eigentlich ist und verfehlt das Ziel. Meditation ist ihrem Wesen nach in erster Linie ein ›Sein‹ und nicht ein ›Tun‹. Das zu akzeptieren fällt uns schwer.

Betrachten Sie die Meditationserfahrung als eine Erfahrung der Hingabe und des ›Loslassens‹. Halten Sie Ihre Aufmerksamkeit auf Ihren Atem konzentriert und lassen Sie Ihre Höhere Kraft, wie auch immer Sie sich dieses Wesen ›Einheit‹ vorstellen mögen, zur Meditation in Ihnen werden. Erinnern Sie sich daran, daß die wichtigsten Dinge, die in der Meditation geschehen, nicht die Dinge sind, die Sie tun, sondern die Ihnen durch die übersinnliche Wirkung der höheren Kraft geschehen. Nehmen Sie Meditation als ein Geschenk der Schöpfung an. Über allen Beschreibungen, die Cayce und andere über die unglaublichen Geschehnisse, die Sie in der Meditation erwarten, gegeben haben, steht als Überschrift, daß Sie ein Geschenk der Schöpfung ist. Nehmen Sie das Geschenk an und es wird Ihnen mehr, viel mehr gegeben.

7 Hypnose: Hyperspace hellseherischen Bewußtseins

Die Hypnose ist bloß die Enthüllung des Unterbewußtseins...
Hypnose ist auch die Kommunikation mit den äußersten
Grenzen der Phantasie und der unbekannten Welt.

GREGORY, sechzehn Jahre alt, unter Hypnose

»Schließen Sie alle Ihre Augen, versenken Sie sich in die Meditation und beobachten Sie mich.« Diese scheinbar widersprüchliche Anweisung wurde einer Gruppe von uns während einer Demonstration telepathischer Hypnose von Dr. Carlos Treviño, einem Parapsychologen und Hypnoseforscher in Mexico City, gegeben. Er hatte unsere Gruppe gefragt, ob wir jemals Zeuge davon geworden waren, wie ein Mensch aus seinem Körper geht. Da alle verneinten, erklärte er sich bereit, uns dies vorzuführen. Als wir alle im Kreis saßen, sagte Dr. Treviño, daß er aus seinem Körper gehen würde. Wir könnten versuchen, dies mit geöffneten Augen zu beobachten, aber er sagte, wir würden mehr sehen, wenn wir versuchten, es in telepathischer Weise zu beobachten, indem wir unsere Augen schlössen und die visuellen Bilder beobachteten.

Nach einigen Minuten bat uns Dr. Treviño, unsere Augen zu öffnen und unsere Erfahrungen zu berichten. Viele von uns hatten nichts ›gesehen‹. Zwei Leute jedoch sagten, sie hätten den Eindruck gehabt, daß Dr. Treviño von seinem

Stuhl aufgestanden sei und quer durch den Raum zur anderen Seite der Gruppe gegangen sei. Während sie berichteten, stand er auf von seinem Stuhl, begab sich in die Mitte der Gruppe und fragte: »Wohin bin ich gegangen?«

Die beiden Beobachter wiesen Dr. Treviño in meine Richtung. »Hier herüber?« fragte er. »Noch etwas?«

Einer der Beobachter – meine Frau – gab an, daß sie den Eindruck hatte, daß Dr. Treviño sich über mich gebeugt hatte. Er kniete neben mich, legte seine Hand auf meinen Arm und fragte mich: »Haben Sie irgendetwas gespürt oder gesehen?« Ich versicherte ihm, daß ich nichts gespürt oder gesehen hatte.

»Spüren Sie jetzt irgend etwas?« fragte er. Ich sagte nein, aber er wiederholte die Frage. Ich war irgendwie verwirrt. Er blickte hinunter auf meinen Arm, und mein Blick folgte seinem. Noch einmal fragte er: »Spüren Sie jetzt irgend etwas?«

Einige Leute in der Gruppe fingen zu lachen an. Ich war immer noch verwirrt. Was wurde von mir erwartet, das ich fühlen sollte? Er schaute auf meinen Arm und fragte mich noch einmal: »Spüren Sie jetzt etwas?«

Plötzlich dämmerte es mir: er zwickte meinen Arm, aber ich fühlte nichts. Vom Aussehen der gekniffenen Haut her war es klar, daß er mich recht kräftig kniff. Er schnippte mit seinen Fingern und ich gab ein lautes »Aua!« von mir. Jetzt konnte ich es spüren.

Er erklärte uns, daß, als er aus seinem Körper herausgegangen war, er zu mir herüber ›gereist‹ sei, mich hypnotisiert habe und mir suggeriert habe, daß ich nichts mehr in meinem Arm spüren würde. Das Fingerschnipsen war das Signal für die Aufhebung der hypnotischen Suggestion. Er beschrieb dieses Phänomen als ein Beispiel für ›telepathische‹ Hypnose, oder der Induktion von Hypnose ›auf Distanz‹.

Jedoch ich sollte seine Erklärung verstehen. Was ich mir noch in Erinnerung rufe, ist, wie mir klar wurde, daß ich außerhalb meines Bewußtseins hypnotisiert worden war! Bei anschließenden Erfahrungen mit traditioneller Hypnose, bei der man in Trance versetzt wird, stellte ich fest, daß ich kein sehr gutes Medium bin und ziemlich empfindlich auf Schmerz reagiere. Dr. Treviños Erfolg, bei mir Schmerzlosigkeit zu erzeugen, ist ein Zeichen seines Induktionsgeschicks, seiner telepathischen oder sonstigen Fähigkeit.

Hypnose und übersinnliche Phänomene

Hypnotische Induktion durch Telepathie ist heute ein wenig bekanntes Phänomen. Im späten 19. Jahrhundert jedoch war es Gegenstand vieler Diskussionen, besonders in Frankreich, wo man es ›luziden Schlaf‹ nannte. Es wurde als Schlaf angesehen, weil die Person in einen außerordentlichen Zustand geriet und später keine Erinnerung mehr daran hatte, was geschah. Es wurde luzide genannt, weil die hypnotisierte Person in der Lage war, zu sprechen, herumzulaufen und sich normal zu verhalten. Doch dieser luzide Schlaf zeigte einige andere merkwürdige Eigenschaften, die schließlich zur begrifflichen Scheidung von Unter- und Überbewußtsein führte. Am wichtigsten war die Entdeckung, daß das Unterbewußtsein in telepathischem Kontakt mit dem anderen zu sein schien.

Hypnotische Suggestionen müssen der Person in luzidem Schlaf *nicht* verbal übermittelt werden. Einer der früheren französischen Forscher, Puységur, demonstrierte dies, indem er an die Verse eines Liedes dachte. Die Person, die sich in Trance befand, sang sie gleichzeitig mit. Bei seinen Demonstrationen konnte er einem der Zuschauer dazu verhelfen, ›en rapport‹ mit der hypnotisierten Versuchsperson zu kommen, was zu Folge hatte, daß dieser Zuschauer die Versuchsperson dazu veranlassen konnte, Tätigkeiten auszuführen, lediglich indem er die gewünschte Tätigkeit visualisierte. Spätere Forscher entdeckten ähnliche Phänomene, genannt ›die Gemeinsamkeit der Sinneswahrnehmung‹. Zwei Leute wurden ›en rapport‹ zueinander gesetzt und sollten sich gegenseitig hypnotisieren. Wenn dem Hypnotiseur eine Substanz, wie etwa eine Orangenschale in den Mund gelegt wurde, dann konnte die hypnotisierte Versuchsperson den Geschmack schmecken. Wenn der Hypnotiseur gekniffen wurde, dann spürte die hypnotisierte Person den Schmerz.

Andere französische Forscher entdeckten, daß die ganze Hypnoseprozedur durch telepathischen Rapport erreicht werden konnte. Ein bemerkenswerter Fall war der von Madame Léonie, die Versuchsperson in vielen Untersuchungen war. Dr. Pierre Janet, der berühmte Hypnoseforscher, ›sandte‹ auf geistigem Wege eine Suggestion an Léonie, so daß sie in Trance irgendeine bestimmte Handlung ausführte. So z. B. schlief sie plötzlich, während sie sich allein in ihrem Wohnzimmer aufhielt, ein; ein anderes Mal zog sie sich plötzlich an und ging aus dem Haus und hinüber zu Dr. Janets Haus, aber ohne zu verstehen, was sie da um diese Zeit in der Nacht machte.

Luzider Schlaf schließt hellseherische Fähigkeit ein. Bei einer früheren Untersuchung wurden einer Versuchsperson die Augen verbunden und sie konnte dennoch lesen und ›Seh‹-aufgaben lösen. Bald fand man heraus, daß diese ›Visionen ohne Augen‹ auch über große Distanzen funktionierten. Hypnotisierte Versuchspersonen konnten verlorene Gegenstände finden und Ereignisse schildern, die an entlegeneren Plätzen passierten. Einige dieser Personen wurden eingesetzt, um derartige Aufgaben durchzuführen, wozu z. B. gehörte, verschwundene Kinder aufzufinden. Diese Fähigkeit wurde ›wanderndes Hellsehen‹ genannt. Es schien keine Grenzen für diese supersensorischen Kräfte zu geben. Es wurde allgemein angenommen, daß eine gut hypnotisierte Person in der Lage war, die Symptome eines Patienten zu ›lesen‹ und eine medizinische Diagnose zu stellen, eine Behandlung anzugeben und in einigen Fällen diese Person telepathisch von der

Krankheit zu heilen. Es gab Ärzte, die die Hilfe von Hellsehern bei der Erstellung einer Diagnose in Anspruch nahmen. In diesem Goldenen Zeitalter der Hypnose hätten die hellseherischen Fähigkeiten von Cayce beinahe normal gewirkt.

Schlafende Propheten

Während des 19. Jahrhunderts waren übersinnliche Phänomene in Verbindung mit hypnotischer Trance in erster Linie als Merkwürdigkeiten unter Anleitung von Hypnotiseuren bekannt. Nach der Jahrhundertwende jedoch mit Aufkommen des Spiritismus verselbständigte sich die hellseherische Arbeit, und ›Hellseher‹ wurden freie Agenten, die ihre Dienste anboten und die Entwicklung von Spiritualität bei ihren Klienten förderten. Edgar Cayce, der ›schlafende Prophet‹ war einer von ihnen.

Schon als Kind wurden an Edgar Cayce Zeichen von hellseherischer Fähigkeit erkennbar. Er war nicht gut in der Schule und zog es vor, auf dem Lande mit seinen eigenen inneren Erlebnissen allein zu sein. Die am meisten erzählte Geschichte berichtet davon, wie er entdeckte, daß er über einem Buch einschlafen konnte und erwachte und sich photographisch genau an seinen Inhalt erinnern konnte. Mit dreiundzwanzig Jahren entwickelte er eine seltsame Krankheit, die schließlich zur Folge hatte, daß er seine Stimme verlor. Nach wiederholten Behandlungen durch verschiedene Ärzte wurde er als unheilbar angesehen.

Eines Tages fragte ein reisender Hypnotiseur, ob er den Versuch einer Heilung unternehmen könnte. Unter Hypnose wurde Cayces Stimme normal; aber sowie er wieder aus der Trance erwachte, kehrte seine Heiserkeit zurück. Ein anderer Hypnotiseur, der mit Cayce arbeitete, kam zu demselben Ergebnis. Er wollte schon aufgeben, als Cayce während der

Trance angab, er wolle seine eigene Hypnose-Sitzung durchführen. Ein dritter Hypnotiseur hypnotisierte Cayce und suggerierte ihm, daß er seinen eigenen Körper klar sehen könnte und sein Kehlkopfproblem beschreiben könnte. Als Erwiderung auf diese Suggestion äußerte Cayce, und dieser Satz wurde später sein Signum, ein Reading einzuleiten: »Ja, wir haben den Körper.« Cayce fuhr fort, das Problem zu schildern und fand selbst sein Heilmittel, indem er sich suggerierte, Blutreserven in den Kehlkopfbereich zu schicken. Die Behandlung erwies sich nur für eine kurze Zeit als wirksam; eine weitere Trance-Sitzung war erforderlich, um Linderung für mehrere Tage zu bringen.

Weil diese Trance-Sitzungen notwendig waren, um seinen Kehlkopf gesund zu erhalten, begann Cayce ›Readings‹ für andere Leute zu geben. Wenn sein Hypnotiseur ihn in Trance versetzte, bat er Cayce um Rat für einzelne Patienten. Cayce gab gut fundierte Antworten und wurde auf diese Weise ein Trance-Diagnostiker, noch ehe er realisierte, was er tat. Er war ängstlich, als er hörte, was er getan hatte, aber ließ sich von den positiven Ergebnissen, die auf diese bei anderen Leuten erzielt wurden, überzeugen.

Cayces Geschichte veranschaulicht ein Muster, das typisch für den Durchbruch eines hellseherischen Heilers ist: (1) er hatte eine Krankheit; (2) er wurde zu einer Methode der Selbstheilung gebracht; (3) er entdeckte, daß diese Methode auch geeignet war, anderen zu helfen; und (4) anstatt diese Entdeckung für seine eigene Gesundheit zu behalten, setzte er sie für das Wohl anderer ein. Anthropologen haben über dasselbe Muster in ihren Studien über traditionelle Kulturen und Schamanismus berichtet. Die populär gewordene Biographie ›Black Elk Speaks‹, die Geschichte eines Schamanen in Amerika, war wohl der stärkste Auslöser für das stetig wachsende Interesse am Schamanismus. Ein besonders wichtiges Kapitel in der Geschichte Black Elks (Schwarzer Elch) betrifft seine Heilung in der Jugend, die durch Geister vollzogen wurde, während Black Elk sich in einem anderen Bewußtseinszustand befand. Als Erwachsener fühlte Black Elk sich erneut als Opfer seiner Krankheit. Die Geister gaben ihm zu verstehen, daß er krank sei, weil er nicht seine ursprüngliche Vision ausgearbeitet habe und seine eigene Heilung zum Wohl anderer angeboten habe. Nun indem er seine selbstentdeckte Heilmethode anwandte, blieb Black Elk gesund.

Als Regel gilt beim Schamanismus, daß der Weg von einer initiatorischen Krankheit und der Fähigkeit einer Selbstheilung (›Arzt, hilf Dir selbst‹) dazu führt, eine Heilmethode zu finden. Ein Schamane tritt gewöhnlich in einen anderen Bewußtseinszustand, in dem er die Krankheit des Patienten innerhalb seines spirituellen Kontexts sehen kann.

Jahre vor Cayce gab es einen anderen schlafenden Propheten, dessen Lebensgeschichte auch in das schamanische Muster paßt. Das Buch ›X + Y = Z oder Der Schlafende Prediger‹, 1876 von Walter Franklin Prince geschrieben, erzählt die Geschichte von dem unglaublichen Leben des Pfarrers Constantine Blackmon Sanders, der 1831 in Alabama geboren wurde. Sanders, der mit sechs Jahren Waise wurde, hatte nur eine geringe Schulausbildung und konnte kaum schreiben, als er Geistlicher wurde. Sanders litt unter ›nervösen Spasmen‹, Kopfschmerzen verbunden mit Schüttelkrämpfen. Wenn sie aufhörten, hatte er keine Erinnerung an das, was passiert war; bis einmal, als sich die Schüttelkrämpfe beruhigt hatten, er in einer neuen Weise erwachte, sich sogar der Dinge, die weit weg waren, bewußt schien. In diesem Zustand war er − oder das Wesen, das sich selbst durch ihn als ›X + Y = Z‹ identifizierte − gefragt als Finder von verlorenem Geld. Er schien zu wissen, wann Leute gestorben waren, konnte weitentlegene Szenen beschreiben, schrieb in Latein und Griechisch, stellte hellseherische Diagnosen und verordnete Rezepte. Sanders fühlte sich von seinen Fähigkeiten irritiert und hatte, wie auch Cayce, zunächst Angst, daß die Dinge, die er tat, seinem christlichen Glauben zuwider laufen würden. 1876, zweiundzwanzig Jahre, nachdem diese Erscheinungen begonnen hatten, verkündete das $X+Y=Z$-Wesen, daß es das ›Kästchen‹ (damit war Sanders' Person gemeint) verlassen würde, und die Erscheinungen hörten auf — sehr zur Erleichterung des ›Kästchens‹.

Cayce hatte über Sanders, der ihm ein halbes Jahrhundert vorausging, nichts gewußt; aber man machte ihn mit einem noch anderen ›schlafenden Propheten‹, Andrew Jackson Davis, bekannt. Cayces Biograph, Thomas Sugrue, schrieb, daß Davis' Geschichte Cayces so sehr ähnelte, daß es Cayce davor schauderte.

Andrew Jackson Davis wurde 1826 in Poughkeepsie, New York geboren. In seiner Autobiographie ›The Magic Stuff‹ beschreibt der sogenannte ›Seher von Poughkeepsie‹ seine eigene Entwicklung in seiner Jugend, die in die Zeit der Entstehung des Mormonentums, des Shakerismus und des Spiritismus fiel. Er war körperlich und geistig schwach in seiner Jugend, zeigte aber übersinnliche Kräfte, hörte Stimmen und hatte Visionen von kürzlich Verstorbenen. Seine hellseherischen Kräfte wurden von einem reisenden Hypnotiseur evoziert und danach durch einen ortsansässigen praktischen Arzt entwickelt. Im Gegensatz zu Cayce war er nicht schüchtern, was seine Fähigkeiten anbetraf, sondern stellte sie eifrig in der Öffentlichkeit vor. Im Hypnosezustand konnte er mit verbundenen Augen lesen und Dinge sehen. Er stellte medizinische Diagnosen, die ihm schließlich im Alter von sechzig Jahren den Doktorgrad und die Approbation einbrachten. Doch schon im Alter von neunzehn hatte er in Trance diktierte Abhandlungen zusammengefaßt unter dem Titel ›The Harmonial Philosophy‹ veröffentlicht. Er betrachtete sein Werk als die Erweiterung des späten Emmanuel Swedenborg, mit dem er, wie er glaubte, in göttlichem Kontakt stand. Davis machte auch Voraussagungen. In ›The History of Spiritualism‹ nennt der Autor Arthur Conan Doyle die bekanntesten, die neben technischen Verbrennungsmotoren und ihren zukünftigen Gebrauch in Wagen ohne Pferde und fliegenden Maschinen oder der Schreibmaschine auch ankündigte, daß der Spiritismus eine neue Religion hervorbringen würde.

Wiederholung des ›Cayce-Experimentes‹

Eileen Garretts Gabe wurde entdeckt, als sie versehentlich in Trance versetzt wurde, während sie auf ihre erste Sitzung wartete. Sie entwickelte ihre Fähigkeit dann ganz deutlich durch Hypnose-Training. Al Miner, ein Hellseher in Florida, der die Quellen des ›Lama Sing‹ channelte, entdeckte seine hellseherischen Fähigkeiten als Ergebnis eines Besuches bei einem Hypnotiseur. Als er aus seiner Hypnosetrance erwachte, hatte er keine Erinnerung an das Erlebnis, aber der Hypnotiseur und Als Freund, der ihn begleitet hatte, waren sprachlos. Al war aus seinem Körper herausgegangen und hatte die Probleme einer Frau beschrieben, die er nicht kannte, die die Bekannte eines anderen anwesenden Mannes war. Ein Telefonanruf bestätigte die hellseherische Information. Hypnose führt ferner dazu, schlafende Propheten hervorzubringen.

Dies sind weitgehend zufällige Entdeckungen gewesen, aber erst kürzlich gemachte Untersuchungen haben gezeigt, daß Hypnose unter richtigen Umständen durchgeführt, gezielt hellseherische Fähigkeiten hervorbringen kann. In ›The Journey Within‹ erzählt Henry Bolduc, ein Hypnose-Forscher und Past-Life-Therapeut (ein Therapeut, der mit Erinnerungen an frühere Leben, in die er seine Klienten durch z. B. Hypnose zurückführt, arbeitet. Anmerkg. d. Übersetzers) in Independence, Virginia, von seiner Arbeit, in der er von der ›Wiederholung des Cayce-Experimentes‹ spricht. Bestandteil dieses Experiments war eine kritische Überprüfung von Cayces eigener Beschreibung dessen, was er während seiner Trance erfuhr:

»Ich sehe mich selbst als einen winzigen Punkt außerhalb meines Körpers, der unbeweglich vor mir liegt. Dunkelheit umgibt mich und lastet auf mir. Da ist ein Gefühl schrecklicher Einsamkeit. Plötzlich bemerke ich einen weißen Lichtstrahl. Als dieser winzige Punkt bewege ich mich aufwärts und folge dem Licht. Ich weiß, daß ich ihm folgen muß, oder ich bin verloren.

Während ich mich auf diesem Weg des Lichtes bewege, werde ich mir allmählich verschiedener Ebenen bewußt, auf denen es Bewegung gibt. Auf den ersten Ebenen befinden sich vage schreckliche Gestalten, groteske Formen, solche, wie wir sie aus Alpträumen kennen. Wie ich mich weiterbewege, beginnen da auf einer Seite mißgebildete Formen menschlicher Wesen zu erscheinen, an denen ein Teil des Körpers vergrößert ist. Und wieder ein Wechsel und ich werde mir graubemützter Gestalten bewußt, die sich nach unten bewegen. Nach und nach werden diese heller in der Farbe. Dann verändert sich die Richtung und diese Formen bewegen sich nach oben und die Farbe der Roben wird rapide heller. Als nächstes erscheinen auf der anderen Seite die verschwommenen Umrisse von Häusern, Mauern, Bäumen usw., aber alles ist unbeweglich. Wie ich weitergehe, ist da mehr Licht und Bewegung und es sieht nach normalen Städten und Dörfern aus. Mit dem Wachsen von Bewegung werde ich mir Geräuschen bewußt, zuerst eines undeutlichen Knackens, dann Musik, Gelächter und des Gesangs von Vögeln. Mehr und mehr wird es licht, die Farben werden sehr schön, und da ist der Klang einer wunderschönen Musik. Die Häuser liegen hinter mir, vor mir gibt es nur eine Mischung aus Klang und Farbe. Ganz plötzlich stoße ich auf einen Saal voller Dokumente. Es ist ein Saal ohne Mauer, ohne Decke, aber ich nehme einen alten Mann wahr, der mir ein großes Buch aus-

händigt, eine Aufzeichnung des Menschen, für den ich eine Information suche.«
(Eine Notiz, die dem Edgar Cayce Reading Nr. 294–19 beigeheftet ist.)

Bei einer anderen Gelegenheit ›fühlte‹ Cayce »sich wie eine Blase, die durch das Wasser reist, um an den Platz zu gelangen, wo er immer die Information bekommt«, laut den Aufzeichnungen in der A.R.E. Bibliothek. In einem anderen Moment »ging er durch eine sehr große Säule immer weiter nach oben, vorbei an all den schrecklichen Dingen, ohne mit ihnen persönlich in Kontakt zu kommen und kam da heraus, wo das Haus der Dokumente war. Die Säule wand sich um ein Rad herum, wie die Rotarier es haben. Er fühlte sich sehr sicher, auf diese Weise zu reisen.«

Bolducs Fragstellung war: »Kann Cayces Schilderung von dem, was er, während er seine Veränderung in einen hellseherischen Zustand des Bewußtseins durchmachte, erlebte, als Anleitung benutzt werden, um diesen hellseherischen Zustand herbeizuführen?« Dahinter steht die Berücksichtigung des Prinzips der Übereinstimmung und ist damit auf der Logik des hellseherischen Bewußtseins begründet. Hier folgt, was er tat:

Er begann das Experiment mit Daniel Clay Pugh, einem Laienprediger und Automechaniker, den Bolduc vorher ausgebildet hatte, Hypnose-Sitzungen wie auch Selbsthypnose durchzuführen. Cayces Schilderung seiner Trance wurde zur Vorlage für die Suggestionen, die Daniel gegeben wurden. Nachdem Daniel hypnotisiert war, suggerierte Bolduc: »Sie werden sich selbst als einen winzigen Punkt außerhalb Ihres Körpers sehen, der unbeweglich vor Ihnen liegt.« Dies war eine einfache Suggestion, der Daniel folgen konnte. Bei der nächsten Suggestion, »Sie finden sich von Dunkelheit umgeben, die auf Ihnen lastet, und da ist ein Gefühl schrecklicher

Einsamkeit«, erschien auf Daniels Gesicht der Ausdruck von Traurigkeit. Daniel reagierte auf jede der übrigen Suggestionen. Am Ende der Sitzung gab man ihm den Namen von jemandem und bat ihn, einige Dinge über die Person zu sagen. Seine Antworten waren ermutigend. Nach jeder Wiederholung des Experimentes schien Daniels Körper mehr auf die Sequenzen eingestellt zu sein. Er äußerte weniger physische Qualen während der Passage der grotesken Gestalten, und die hellseherischen Informationen waren klarer und genauer. Als Ergebnis fing Daniel an, woran universelles Bewußtsein erkennbar wird, ›die Ewigen‹, ›das Ewige Eins‹, wie es dort heißt, zu channeln. Bolduc berichtet, daß Daniel, seitdem er begonnen hat, Readings für andere zu channeln, sich einen Ruf für akkurate und inspirierende Arbeit aufgebaut hat.

Bolducs Buch beschreibt ein zweites Experiment mit einer Frau, namens Eileen Rota, die zum Schluß eine Quelle, genannt ›Hübsche Blume‹, channelte. Der Bericht über den Prozeß, bei dem ›Hübsche Blume‹ mit Eileen arbeitete, um einen besseren Zugang zum Bewußtsein zu gewinnen, ist faszinierend. Am Anfang der Arbeit gab Eileen in Trance Bolduc an, daß Cayces Bildsymbolik durch ein Bildsymbol, das aus ihrem eigenen inneren Selbst kam, ersetzt werden sollte: eine emporsteigende Flamme. Als Bolduc sich auf dieses Bild einstellte, ging die Arbeit schneller voran. Das gleicht Cayces Entwicklung – als ihm erlaubt wurde, anstelle des Hypnotiseurs die Suggestionen selbst zu bestimmen, wurden schließlich Fortschritte gemacht.

Ein Wort zur Vorsicht ist angebracht, das auf einem anderen Experiment von Bolduc basiert. Eine Frau wollte lernen, wie man zu einem Channel wird. Bolduc bat sie, zunächst mit vorbereitenden Maßnahmen zu arbeiten, bis sie Selbsthypnose beherrscht, und sie zur allgemeinen eigenen Verfeinerung anzuwenden, bevor sie versuchte, ein Trance-Channel zu werden. Sie war jedoch ungeduldig und nahm ihren Ehemann, der ihr als Führung dienen sollte. Sie begann Cayces Bildsymbolik zu benutzen, um in Kontakt mit der Ebene universellen Bewußtseins zu gelangen. Sie zeigte Zeichen bescheidenen Erfolges, fing aber an, unter einer Hautreizung zu leiden, die sie schließlich zwang, die Experimente aufzugeben. Offensichtlich deckte das Sich-Öffnen für das Channeling bei ihr ungelöste Probleme, die sie mit sich selbst hatte, auf. Der Fall ist lehrreich und kann als Warnung dienen, sich kopfüber in solche Experimente zu stürzen.

Bolducs Arbeit minimiert die allgemeine Vorstellung, daß ›Schicksal‹ oder ›göttliche Bestimmung‹ erforderlich für die Entwicklung hellseherischer Fähigkeiten seien. Indem er zeigte, daß es möglich ist, einer Folge von hypnotischen Bildsymbolen zu folgen und bei einigen Menschen hellseherische Fähigkeiten während der Trance hervorzurufen, hat er damit das Wissen um das Muster hellseherischen Bewußtseins, die Erweckung zum ›schlafenden Propheten‹ zu einer gezielten persönlichen Entwicklung erweitert.

Hypnose und Telepathie

Laboratoriumsuntersuchungen haben bestätigt, daß Hypnose ASW beweist. Hypnotisierte Personen sind beim Erraten von ASW-Programmen genauer als Personen in normalem bewußten Zustand und sind viel besser bei der Erkennung von Inhalten auf Bildern, die sich in einem versiegelten Umschlag befinden. Zwei ungewöhnliche Experimente, die Telepathie im Laufe der Hypnose einbezogen, hatten einen besonderen Einfluß auf die Entwicklung hellseherischer Fähigkeiten.

Ein Experiment zeigte, wie zwei hypnotisierte Personen spontan miteinander en rapport gelangen können und demonstrierten so eine telepathische Wirkung. Allan Rechtschaffen von der Universität Chicago suggerierte einer hypnotisierten Person, von einer ganz bestimmten Sache zu ›träumen‹. In einem anderen Raum wurde eine zweite Versuchsperson hypnotisiert und gebeten, einfach nur so zu ›träumen‹ ohne eine spezielle Vorgabe. So wurde z. B. der ersten Person eingegeben, sie fiele und könne nicht mehr bremsen. Die Person träumte, sie wäre in einem hohen Appartmenthaus. Ein Mädchen spielte Flöte in einem Stockwerk darunter. Es herrschte eine unheilvolle Stimmung. Die Person fiel von einem Fensterbrett und fiel ganz langsam. Während sie so fiel, warf ihr das Mädchen eine Orange zu und sie warf ihm eine Kopie von ›The Waste Land‹ zu. Dann verschwand das Gebäude. In der Zwischenzeit träumte die zweite Versuchsperson, sie sei in New York und hörte Musik spielen (›Rhapsody in Blue‹ und ›I Can't Get No Satisfaction‹, von den Rolling Stones). Plötzlich verschwanden die Gebäude im Zusammenhang mit Weltwirtschaftskrise. Sie pumpte die Gebäude mit einer Fahrradpumpe auf, sprang dann auf ein Tamburin, das sich in eine Mandarine verwandelte. Dann fand sie sich wieder, wie sie verkehrtherum einen Korridor entlang trieb. Die beiden Träume waren ganz klar verwandt.

Eine andere Untersuchung, die Charles Tart durchführte, setzte explizit zwei Versuchspersonen zueinander. Die telepathischen Phänomene waren sogar noch stärker als die in Rechtschaffens Untersuchung. Tart nannte seinen Versuch ›gegenseitige Hypnose‹, weil er das Paar darauf trainierte, daß einer den anderen hypnotisierte. Person A begann damit, Person B zu hypnotisieren. Als ein bestimmtes Niveau an Trance erreicht war, suggerierte die hypnotisierte Person B A in Hypnose-Trance zu gehen. Tart schlug vor, die Trance zu vertiefen, dadurch daß A einen Traum haben sollte, den sie später B mitteilte. Sie tauschten laut Eindrücke über nur eine kurze Zeit aus, aber waren dann für eine lange Zeit still. Obwohl sie nicht weiter verbal kommunizierten, so waren sie dennoch in geistigem Kontakt. Der telepathische Austausch wurde später, als sie über ihre Erfahrungen diskutierten, berichtet. Ihre hypnotischen ›Träume‹ waren ziemlich ähnlich. Sie berichteten auch von Erfahrungen des ›Zusammenkommens‹, bei denen ihre Körper und ihre Identität zu kongruieren schienen. Der Versuchsverlauf war bestimmt von einem intensiven Gefühl der Intimität, das auch in der Folgezeit bestehen blieb, in der die beiden Personen Freunde wurden.

Tart berichtete von einigen anderen Effekten bei diesen Experimenten. Jede Versuchsperson war nun in der Lage, eine größere Tiefe der hypnotischen Trance zu erreichen. Jede hatte mehr Vertrauen als Hypnotiseure, vermutlich, weil der Zustand der Hypnose mehr persönlichen Charakter annahm. Die Wirklichkeit der hypnotischen ›Träume‹ übertraf das, was gewöhnlich in der Hypnose erreicht wird, schrieb Tart, welches einen interessanten Nebeneffekt hatte — die beiden Versuchspersonen mochten Tarts Einmischung in ihre Erfahrungen nicht! Tart fand, daß seine frühere Arbeit mit den beiden Personen, bei der die Suggestionskraft, die ein Ergebnis der Trance sein sollte, etabliert wurde, ernsthaft während der späteren Sitzungen gegenseitiger Hypnose in Frage gestellt war. Obwohl er nur einen begrenzten Bereich der Möglichkeiten gegenseitiger Hypnose untersucht hatte, hatten die Phänomene sich bereits der Kontrolle des Untersuchenden entzogen.

Wie man in Trance kommt

Wenn Cayce gefragt wurde, wozu Hypnose nütze, hing seine Antwort davon ab, wer fragte. Wenn man nach einigen seiner Bemerkungen urteilt, scheint es, daß er in Übereinstimmung mit den zeitgenössischen Hypnotiseuren war, die Hypnose als ein gewaltiges, zunächst wertneutrales Werkzeug ansehen, das positiv wie negativ verwendet werden kann. Leute mit Problemen oder labile Persönlichkeiten können von der Hypnose angezogen werden und sie in einer unglücklichen Weise benutzen; aber sie kann auch mit guter Wirkung als therapeutisches Mittel oder zur Entwicklung hellseherischen Bewußtseins verwendet werden. Der Wert von Hypnose hängt auch von den Idealen und Zielen der Leute ab, die sie anwenden.

Cayce wies darauf hin, daß Trance durch Selbst-Hypnose eine Fertigkeit ist, die durch Übung erlernt werden kann. In ›Self-Hypnosis: Creating Your Own Destiny‹ liefert Bolduc die Einzelheiten dazu unter Einbeziehung der Sichtweise aus den Edgar Cayce-Readings.

Viele Bücher können für den Zweck der Selbst-Hypnose adaptiert werden durch den Gebrauch selbstaufgezeichneter Hörkassetten. Auf diese Weise können Sie sich selbst eine Hypnose-Sitzung nach ihren eigenen Vorstellungen erarbeiten.

Viele Leute mögen es dennoch schwierig finden, Selbst-Hypnose auf eigene Faust zu erlernen. Hypnose ist in gewisser Weise von Geheimnis umwittert — sie kann unheimlich oder erschreckend wirken; sie hat den Ruf des Verlustes von Kontrolle. Hypnose kann auch unerreichbar oder schwer faßbar erscheinen. Es ist bestimmt schwierig für Experten gewesen, diesen Zustand des Bewußtseins zu definieren. Autodidaktisches Erlernen der Selbst-Hypnose kann daher schwierig sein, aufgrund solcher Fragen, die man sich stellt: »Wird es mir gut gehen, so ganz allein? Bin ich jetzt *wirklich* hypnotisiert?« Diese Art Fragen sind der Selbst-Hypnose nicht förderlich.

Eine Möglichkeit dieses Dilemma zu überwinden, ist sich einer Initial-Hypnose-Sitzung durch einen professionellen Hypnotiseur zu unterziehen. Der Hypnotiseur kann dem Novizen ein Gefühl der Sicherheit vermitteln. Es kann beruhigend sein, gesagt zu bekommen: »Ja, Sie waren wirklich hypnotisiert — so fühlt sich Hypnose an.« Ein Hypnotiseur kann auch nachträgliche hypnotische Suggestionen geben, die helfen, für Autosuggestionen empfänglicher zu sein.

Ein anderes Mittel ist, Autogenes Training auszuüben, das von einem deutschen Ärztepaar, Schultz und Luthe, als Alternative zum Gebrauch von Hypnose für medizinische Zwecke entwickelt wurde. Vom autogenen Zustand wird angenommen, daß er selbst herbeigeführt wird, was bei Hypnose ursprünglich nicht der Fall war. Er ist eine Form selbst-vollzogener, ›synthetischer‹ Hypnose, der die typischen subjektiven Symptome der hypnotischen Trance als Basis für eine Reihe von Autosuggestionen einsetzt. Da dabei von einer Person verlangt wird, ganz bestimmte konkrete Schritte zu lernen anstatt gleich den ›Hypnosezustand‹ herbeizuführen, kann die Person lernen, den autogenen Zustand anhand schriftlicher Anleitungen, wie sie z. B. in dem Buch ›Autogenes Training‹ von Schultze und Luthe gegeben werden, hervorzurufen.

Autogenes Training hat zur Folge, daß Ihr Körper auf geistige Formeln reagiert. Zu Beginn legen Sie sich entspannt auf Ihren Rücken, die Arme ausgestreckt auf beiden Seiten. Konzentrieren Sie sich auf Ihren rechten Arm und lassen Sie es zu, ihn als ›schwer‹ zu empfinden. Ignorieren Sie alle gegenteiligen Empfindungen und sagen Sie sich immer wieder vor: »Mein rechter Arm ist schwer.« Unternehmen Sie nichts, um zu versuchen, Ihren Arm schwer zu ›machen‹. Lassen Sie ihn einfach da liegen und erlauben Sie ihm, schwer zu werden, so, wie Sie es sich vorstellen. Durch diese Übung lernen Sie, zuzulassen, daß etwas geschieht, ohne daß Sie es geschehen machen; so wie Sie lernen zu entspannen oder in den Schlaf zu fallen. Es ist nicht so sehr eine Angelegenheit etwas zu tun, als vielmehr etwas geschehen zu lassen, geleitet von Ihrer geistigen Vorstellung.

Nach etwa einer Minute hören Sie auf und stellen fest, wie schwer sich Ihr Arm anfühlt. Dann bewegen Sie Ihre Finger und lassen das Gefühl in Ihren Arm zurückkehren, bis er sich wieder normal anfühlt. Setzen Sie sich einen Moment auf und versuchen Sie es noch einmal. Machen Sie die Übung nur höchstens eine Minute, hören Sie dann auf, taxieren das Ergebnis, setzen sich einen Augenblick hin und machen alles noch einmal. Nach einer Minute aufzuhören und sich in der Zwischenzeit aufzusetzen, sind wichtige Bestandteile der Übung. Sie vermeiden, daß Sie übermäßig ruhig werden oder versucht sind, Resultate zu erzwingen. Die Unterbrechungen bewirken auch, daß Sie sich auf das Erlernen dieser speziellen Aufgabe immer wieder neu konzentrieren, und so die Reaktion des Körpers möglichst effektiv gestalten. Autogenes Training zu erlernen, erfordert Geduld, nicht Anstrengung. Wenn Ihre Übung Sie ermüdet, oder Sie haben Schmerzen oder sich griesgrämig fühlen, dann hören Sie besser auf.

Wenn Sie in der Lage sind, Schwere innerhalb einer Minute in Ihrem Arm zu empfinden, dann erweitern Sie Ihre Übung auf ihren linken Arm. Konzentrieren sie Ihre geistige Formel nicht länger als eine Minute auf Ihren rechten Arm, dann wenden Sie Ihre Aufmerksamkeit direkt Ihrem linken Arm zu und wiederholen den Satz: »Mein linker Arm ist schwer.« Nach einer Minute hören Sie auf und taxieren Sie das Gefühl der Schwere in jedem Arm. Wenn jeder Arm in jeweils einer Minute schwer wird, dann nehmen Sie eine dritte Formel hinzu: »Meine Arme sind schwer.« Üben Sie diese drei Teile hintereinander, bis Sie Schwere innerhalb von dreißig Sekunden in beiden Armen erreichen können. Fahren Sie mit den Übungsformeln fort und schließen Sie Schwere in jedem Bein ein und dann Wärme in jedem Arm und Bein. Der nächste Schritt wird sein, passives Atmen zu erfahren mit Hilfe der Formel »Es atmet mich.« Es gibt weitere Formeln, aber die erwähnten reichen aus, einen Zustand von Trance zu erreichen, ähnlich dem in der Hypnose.

In dieser selbstherbeigeführten Trance ist es leicht, spontane Bilder und lebhafte Tagräume zu erleben. Wenn Sie Ihrer Phantasie freien Lauf lassen während dieser herbeigeführten Trance, dann sind Sie auf das hellseherische Bewußtsein vorbereitet. Bildersymbolik in der Trance: übersinnliches Radar.

Träume sind das natürliche Tor zu übersinnlicher Erfahrung, während Meditation die klassische Methode spiritueller Entwicklung ist, die hellseherisches Bewußtsein einschließt; Hypnose schließlich ist sicherlich der Zustand des Geistes, der hellseherisches Bewußtsein in grundlegender Weise offensichtlich macht. Obwohl sie nicht die Technik ist, die man zuerst anwendet und die für jeden geeignet ist, so ist es wahrscheinlich, daß, wenn Sie in Ihren Versuchen fortfahren, ASW zu entwickeln, Sie eines Tages Hypnose ausprobieren werden. Wenn Sie über eine gute Grundlage verfügen, werden Sie mit Ausdauer und Übung sicherlich das hellseherische Potential dieses Bewußtseinszustandes, der einst ›luzider Schlaf‹ genannt wurde, entdecken. Da es Sie an Grenzbereiche Ihrer Phantasie bringt und danach hinaus in Bereiche, von denen Sie nie gedacht hätten, daß Sie sie sich vorstellen könnten, verdient Hypnose es, das ›Hyperspace‹ hellseherischen Bewußtseins genannt zu werden.

Dritter Teil

Die Seele des Hellsehers

8 Die holographische Seele

Mein ganzes Leben lang habe ich ein Bewußtsein von anderen Zeiten und Orten gehabt. Ich bin mir anderer Personen in mir bewußt gewesen. Oh, und glauben Sie mir, auch Sie kennen das... Gehen Sie zurück in Ihre Kindheit, und Sie werden sich an diesen Eindruck des Bewußtseins, von dem ich spreche, als an eine Erfahrung Ihrer Kindheit erinnern. Sie waren da noch nicht festgelegt, nicht kristallisiert. Sie waren formbar, eine Seele im Fluß, ein Bewußtsein und eine Identität im Prozeß der Formung – ja, der Formung und des Vergessens.

JACK LONDON

Jack Londons Erzählung ›The Star Rover‹ (›Wanderer zu den Sternen‹) über einen Mann, der aus seiner Gefängniszelle ausbricht, indem er kraft seiner übersinnlichen Kräfte in andere Zeiten und zu anderen Plätzen reist, ist eine Fiktion, aber die Romanfigur bringt recht gut zum Ausdruck, was Edgar Cayce wirklich erlebte. Wir sind, sagt er, »eine Seele im Fluß, eine Identität... in der Formung und im Vergessen«. Londons Worte »Formung und Vergessen« fangen das Wesentliche von Cayces Standpunkt über die Entwicklung des Bewußtseins ein – nicht bloß die Entwicklung des Bewußtseins einer Person für die Dauer dieses Lebens von der Kindheit bis zum Erwachsenenalter, sondern auch die Entwicklung der Seele über viele Lebenszeiten hinweg. Wir müssen diese Dimension von uns untersuchen, weil, wie Cayce es ausdrückt: »Das Übersinnliche kommt aus der Seele.«

Die Erschaffung von Seelen

Viele Wissenschaftler glauben, daß das Universum als ein schwarzes Loch seinen Anfang nahm, das nach außen explodierte. Wir leben immer noch in einem sich ausdehnenden Universum, das der Ausläufer dieser Explosion ist. Cayces Version von der ›Ur-Knall‹-Theorie ist, daß Gott in die Seelen ›explodierte‹. Eine jede Seele wurde zur gleichen Zeit erschaffen und eine jede Seele ist ein Stück von Gott; oder wie Cayce es einmal ausdrückte, eine jede Seele »ist ein Atom im Körper Gottes«. Gott trat in die Wirklichkeit als Gemeinschaft der Seelen. Eine jede Seele trägt in sich das verkleinerte Bewußtsein ihres Originals und der Gesamtheit des Schöpfers. Jeder von uns ist eine der Seelen, deren Ursprung zu diesem Anfang zurückreicht. Cayce behauptete auch, daß die Genesis eine gültige Beschreibung der Schöpfung ist, in der sich Tatsachen und symbolischer Ausdruck überlagern. Seine Auffassung von Schöpfung versucht die biblische Sicht von der ›Schöpfung‹ und die wissenschaftliche Sicht der ›Evolution‹ zu integrieren.

Als die Seelen erschaffen wurden, wurde ihnen, so Cayce, der freie Wille und alle anderen Attribute Gottes, einschließlich der schöpferischen Phantasie und der Kraft der Manifestation gegeben. Diese Phantasie war dieselbe wie die, durch die Gott die Schöpfung verwirklichte, und die den Seelen innewohnt aus einem ähnlichen Grund zu ihrer eigenen Zerstreuung. Durch Muster, die aus der Phantasie geboren wurden, projizierten die Seelen ihre übernatürliche Gotteskraft in materielle Formen, in erster Linie zum Zwecke des Spiels.

Als die Seelen mehr mit in die materielle Schöpfung hineingezogen wurden, geschahen zwei Dinge. Erstens, sie konzentrierten mehr Energie auf die physische Ebene von Schwingungen, vermischt mit den sich herausbildenden materiellen Strukturen auf der Erde, und nahmen physische Formen an. Bei dem Prozeß entstanden menschliche Körper, und allmählich entwickelten sich die fünf Sinne, um damit auf der physischen Ebene des Seins zu interagieren. Zweitens, da sie der physischen Ebene von Schwingungen mehr Aufmerksamkeit schenkten, schwächte sich langsam ihr Bewußtsein von der spirituellen Ebene. Die Seelen waren gebannt auf die sinnliche Wirklichkeit ihrer eigenen Körper und vergaßen ihren Ursprung. Auf diese Weise gerieten die Seelen in die Gefangenschaft des Körpers, in eine sinnliche Existenz auf dem Planeten. Seitdem ist es der Weg der Seele, dies zu durchschauen und zu lernen, über die Interaktion mit der materiellen Welt zurückzufinden, ihr Erbe als Seelen des spirituellen Reiches, als Gefährten und Mitschöpfer Gottes wiederzuentdecken und wiederzugewinnen.

Dieser Gedanke von der Seele, die sich von Gott weg bewegt, in die Illusion der materiellen Welt fällt und einen Weg zurück sucht, ist universell.

Es gibt diese Tradition bei amerikanischen Eingeborenen, die die Erinnerung an den Ursprung in mächtigen außerirdischen Wesen bewahrt und sich daraus das Gefühl von Verlorenheit in den Erdenkörpern erklärt. Platos Höhlengleichnis ist eine Behandlung des Themas vom philosophischen Standpunkt aus. Die vier Stufen der Erkenntnis, von denen das Gleichnis spricht, veranschaulicht den Weg der Seele von einer schimärenhaften Höhlenexistenz über die Befangenheit in der gegenständlichen Welt bis zum wahren Sein, der Erkenntnis Gottes im Anblick der Sonne als Quelle des Lichts.

Eine Parallele aus der Psychologie läßt die Schöpfungsgeschichte noch in einem anderen Licht erscheinen und zeigt ihren symbolischen Wert. Denken Sie an die Vorliebe des Kindes, das allein ist, sich aus seiner Phantasie Spielgefährten nach seiner eigenen Vorstellung zu schaffen. Sie sind aber nicht nur Gebilde seiner Phantasie, sie spiegeln auch seine eigene Persönlichkeit wider. Ein jeder ist eine Übertragung von der Subpersönlichkeit des Kindes. Manchmal beginnen die Spielgefährten der Phantasie ein eigenes Leben anzunehmen. Sie werden autonom und eigensinnig, sie haben ihren eigenen Tagesablauf und gehen ihre eigenen Wege. Eines Tages verkündet Jonny, daß er ›Aileron‹ ist. Aileron verleugnet Jonnys Existenz und Mutter ist alarmiert. Doch dann am nächsten Tag ist Jonny ›Jakoda‹ geworden, und wieder verleugnet Jakoda Jonnys Existenz. Und so mag es weitergehen. Es ist normal für Kinder, sich Spielgefährten in der Phantasie zu schaffen, und es ist normal für sie, daß sie ihre eigene Wirklichkeit erhalten. Es ist auch eine bedeutungsvolle Analogie dazu, wie die Geschöpfe aus Gottes Phantasie ihr eigenes Leben annahmen. Carl Jung entwickelte eine ähnliche Vorstellung über die Beziehung zwischen dem Abbild Gottes und dem individuellen Bewußtsein, wovon später noch die Rede sein wird.

Cayces Geschichte der Seele hat eine weitere Parallele im Bereich der Psychologie. Die Psychologie des Yoga hat über Jahrhunderte die Lehre vertreten, daß das bewußte Bewußtsein dazu neigt, verlorenzugehen und sich von seinem Ursprung zu entfernen, da es von dem Objekt des Bewußtseins absorbiert wird. Reines Bewußtsein verflüchtigt sich schnell, so, als ob es aufhört zu existieren, während wir gefesselt werden von dem, was uns beschäftigt. Es erfordert einen Akt angestrengten Erinnerns, um uns dieses Bewußtsein ins Gedächtnis zu rufen, aber es verblaßt wieder, wenn wir uns im Strom der Gedanken und Erfahrungen verlieren. Ein Ziel von Meditation ist, weniger vergeßlich für diese Quelle des reinen Bewußtseins zu werden, damit es für uns so wirklich wie die Dinge unseres Bewußtseins wird. Die Seele muß sich in gewissem Sinne weit genug vom Materiellen lösen, um sich ihres Wesens als Geist zu erinnern.

Unter den Werkzeugen, die die Seele benutzt, um ihren Weg zurückzufinden, ist die Erfahrung der Dimensionalität. Zeit und Raum wurden nach Cayce als Dimension im Bewußtsein erschaffen, um der Seele eine Spielfläche zu liefern, durch ihre hypnotische Therapiesitzung mit den stofflichen Dingen zu arbeiten. Cayce spricht oft vom »Geflecht von Zeit und Raum«. Diese Formulierung gleicht den gegenwärtigen Theorien über die wechselseitige Abhängigkeit von Zeit und Raum innerhalb der Mathematik eines Garngespinstes. Er benutzt auch den Satz »auf den Prospekt von Zeit und Raum projiziert«, eine Anspielung auf die gemalten Hintergrundleinwände in einem Theater, als Prospekt bekannt, auf denen die Illusion von einem tiefen Raum erschaffen ist. Cayce sieht Raum als ein Mittel an, durch das die Seele kraft ihrer Sinne die Illusion des Getrenntseins von Gott aufrechterhält und den sie sich selbst entwirft als Schauplatz, an dem ihre Selbstfindung sich vollzieht. Der Raum ist eine sinnliche Täuschung, die uns davon ablenkt, daß wir in Gott sind. Ähnlich ist Zeit eine Einrichtung des Bewußtseins, in der wir uns durch die stoffliche Welt hindurch zurück zu einer bewußten Beziehung mit dem Schöpfer bewegen. Aus dieser Perspektive wird erst der Stellenwert hellseherischen Bewußtseins ersichtlich, das Raum und Zeit transzendiert, um uns für unsere wahre Natur und Wirklichkeit zu öffnen. In dieser Weise spielt die Entwicklung hellseherischen Bewußtseins – oder besser gesagt, seine Wiedererweckung – eine entscheidende Rolle in unserem Schicksal.

Was ist die Seele?

Jede Seele trägt den Stempel des Schöpfers. Damit trägt sie in sich das Bild vom Ganzen. Denken Sie nach, was dies bedeuten kann. Wenn in jeder Seele das Ganze enthalten ist, dann ist alles Wissen bereits in jeder einzelnen Seele enthalten. Wir neigen dazu, uns das Funktionieren hellseherischer Kräfte als eine außerordentliche Leistung vorzustellen, weil es unsere Begriffe von Raum und Zeit und den Rahmen unserer Sinneswahrnehmungen zu überschreiten scheint. Aber wenn die Seele nach dem Bild des Schöpfers erschaffen wurde, dann ist die hellseherische Fähigkeit nicht wirklich eine außerordentliche Fähigkeit, sondern lediglich eine Manifestation der Natur unserer Seele. Das entspricht genau dem, was Cayce meint mit dem Satz »das Hellseherische kommt aus der Seele«.

Obwohl Gott sich anscheinend in einzelnen Seelen zum Ausdruck brachte, so ist doch eine jede Seele auf ihre eigene einzigartige Weise dem Bild des Schöpfers analog. Diese Sichtweise der Seele gleicht im allgemeinen metaphysischen und spirituellen Traditionen. Jede Seele ist wie ein Edelstein im Edelsteinnetz der Indra, jeder spiegelt das Ganze wider. Die alten Traditionen sprechen auch vom »Menschen als der Nachbildung des Universums« oder wie auch gesagt wird »der Mikrokosmos reflektiert den Makrokosmos«. In solchen Sätzen wird das Prinzip der Übereinstimmung zum Ausdruck gebracht, von dem schon früher die Rede war. Alle Teile der Schöpfung können in jedem Menschen gefunden werden, und die Beziehung dieser Teile ist analog zu der Beziehung der korrespondierenden Teile innerhalb der Schöpfung. Demnach ist die Seele der Aspekt eines menschlichen Wesens, der in Übereinstimmung mit dem ganzen Universum, mit Gott, existiert.

Die Christus-Seele wurde nach Cayce als das Muster für all die anderen erschaffen. Die Christus-Seele vergaß nie ihre Einheit mit dem Schöpfer, doch durchlief sie von sich aus Inkarnationszyklen, ging freiwillig in ›der stofflichen Welt verloren‹, um so von diesem Weg zurückzukehren zur erneuerten Beziehung mit dem Schöpfer. Cayce behauptet, daß das Christus-Bewußtsein das Bewußtsein ist — welches in einer jeden einzelnen Seele und als Prägung im Geist existiert — das erwartet, durch freien Willen der Einheit der Seele mit Gott geöffnet zu werden. Folglich ist, obwohl Christus eine individuelle Seele ist, das Christus-Bewußtsein ein Muster einer Seele in jeder Seele; weil alle Seelen, inklusive Christus, aus derselben Form erschaffen wurden.

Carl Jung entwickelte ein ähnliches Konzept über die Seele. Sein Begriff dafür hieß das Selbst. Er benutzte diesen Begriff großgeschrieben, um ihn vom kleingeschriebenen selbst, unserer Ego-Persönlichkeit, zu unterscheiden. Cayce machte dieselbe Unterscheidung, indem er das Wort ›Individualität‹ in bezug auf die Eigenschaften der Seele benutzte. Jungs Konzept vom Selbst reflektierte dieselbe Dualität, die Cayces Konzept von den Seelen enthielt. Auf der einen Seite beschrieb Jung das Selbst als gäbe es nur eines, das darauf schließen läßt, daß Sie und ich, ein jeder von uns, im Kern einem Selbst angehören. Technisch gesehen setzte Jung das Selbst nicht gleich mit Gott. Statt dessen war er der Überzeugung, daß der Sinn des Selbst in der symbolischen Erfahrung von Gott besteht. Er wollte damit sagen, daß das Bild des Selbst Gottes Prägung der menschlichen Psyche ist. Auf der anderen Seite sagte Jung, daß eines jeden Menschen Begegnung und Erfahrung mit dem Selbst einzigartig ist. Es sei die Aufgabe eines jeden Menschen, sich im Laufe des Lebens mit dem Selbst zu einigen. Diesen Prozeß nannte er ›Individuation‹, da niemals zwei Leute diesen Prozeß wirklich in der gleichen Weise erleben könnten, selbst wenn wir alle finden würden, daß wir uns mit allgemeinen Fragen auseinandersetzen müssen. Damit porträtierte Jung das Selbst als sowohl in seiner allgemeinen wie in seiner individuellen Disposition.

Gegen Ende seines Lebens kam Jung zu einer ähnlichen Ansicht wie Cayce in bezug auf das Schicksal des Selbst und seine Beziehung zu Gott. In seinem provokativen Buch ›Answer to Job‹ faßt Jung ein Leben der Gedanken und der Suche zusammen, indem er den Vorschlag macht, das Ziel des menschlichen Bewußtseins darin zu sehen, Gott zu entwickeln. Wie Cayce ist er der Ansicht, daß Gott als ein Mensch in der Person Christi inkarnierte. Er gab Christus auch einen symbolischen Status, der darin bestehe, daß Christus ein Muster repräsentiere, das die Polarität in der Natur des Selbst in Einklang zu bringen oder zu integrieren vermag. Im Mandala, das einen Kreis, der ein Quadrat einschließt, zeigt, sah Jung das Symbol von der Ganzheit des Selbst schlechthin. Er fand Beispiele von Mandala-Metaphorik in allen Religionen. Er interpretierte das alte geometrische Geheimnis, wie man ein Quadrat aus der gleichen Fläche eines gegebenen Kreises konstruieren kann, als Hinweis auf die Aufgabe, auf Erden die Vollkommenheit des Himmels zu verwirklichen, eben das Geheimnis, das in den Mandalas dargestellt ist. Jung sah das Schicksal der Menschheit als die bewußte Realisation dieses Archetypus der Ganzheit, so daß Gott und die Menschen in demselben Bewußtsein vereint existieren konnten.

Angesichts dieser radikalen Anschauungsweise ist es bezeichnend, daß Jung, der einer der einflußreichsten Denker der modernen Zeit geworden ist, zu einer Theorie gelangen sollte — auf der Grundlage des Wissens, der Forschung auf dem Gebiete der Psychotherapie und der persönlichen Erfahrung — die eng mit dem Standpunkt einhergeht, den Cayce in seiner hellsichtigen Trance zum Ausdruck brachte. Das moderne Denken folgt ihren Spuren.

Holographie: Laser-Fotografie kreiert ein neues Image

So wie die Entwicklungen in der Quantenphysik dem Denken Werkzeuge an die Hand gegeben haben, Aspekte hellseherischen Bewußtseins in Begriffe zu fassen, so hat das Laser-Hologramm eine Menge Aufregung verursacht wegen der Denkwerkzeuge, die es geliefert hat. Das Hologramm bietet uns eine moderne Möglichkeit, uns das Zustandekommen eines Phänomens zu erklären, das Philosophen und Psychologen unserer Zeit bestätigen, die Beobachtung, daß sich in der Individualgeschichte einer Person die Etappen der Menschheitsgeschichte wiederholt. Darüberhinaus wird das Hologramm auch die Theoriebildung der Neurowissenschaftler über das Bewußtsein maßgeblich beeinflussen.

Ein Laserstrahl ist durch die Benutzung eines Rubins entdeckt worden – ein Verfahren, das – nebenbei bemerkt – Cayce vorausgesagt hat. Der Strahl ist ein konzentriertes Lichtbündel. Die Lichtwellen sind so beschaffen, daß sie die gleiche Frequenz haben, und alle Partikel des Lichtstrahls ihrerseits im Gleichklang schwingen – alle Lichtwellen bewegen sich zur gleichen Zeit auf und ab. Diese Qualität des Lichtstrahls wird definiert als ›Kohärenz‹. Von der Kohärenz des Laserstrahls hängt das Gelingen eines Hologramms ab.

Wenn ein Laserstrahl auf ein Objekt gerichtet wird, prallt das Licht von dem Objekt ab und reflektiert in alle Richtungen. Laser-Fotografie, oder Holographie, benutzt keine Linsen, um das Licht, das vom Gegenstand reflektiert wird, der auf der fotografischen Platte landet, zu bündeln. Statt dessen ist die Lichtquelle selbst, der Laserstrahl, schon gebündelt. Das reflektierte Licht kann somit von selbst auf die holographische Platte gestreut werden. Das Ergebnis auf dieser holographischen Platte sieht wie eine bedeutungslose Ansammlung von Spiralen aus. Doch wenn jetzt ein Laserstrahl mit der gleichen Frequenz wie der in der ursprünglichen Belichtung eingesetzte auf die holographische Platte geworfen wird, dann wird ein dreidimensionales Bild des ursprünglichen Gegenstandes in den Raum projiziert. Sie können dieses Bild von allen Seiten wie ein echtes dreidimensionales Bild betrachten.

Um zu verstehen, wie das Hologramm ein derartiges Wunderwerk vollbringt, denken Sie am besten an Klangaufnahmen. Sie können das ganze komplexe Schwingungsmuster eines symphonischen Orchesters aufzeichnen, indem Sie sie auf lauter feinen Rillenstrukturen auf einer Plastikplatte zerlegen. Wenn Sie eine Nadel über diese Rillen laufen lassen, wird der ganze komplexe symphonische Klang des Orchesters wiedergegeben. Wenn das Orchester von zwei Stellen aus simultan aufgenommen wird, und beide Teile der Schwingungsmuster reproduziert werden, dann wird der Stereoeffekt erzielt. Doch wenn Sie im Zimmer umherlaufen, bleibt diese Wirkung nur in einem bestimmten Ausmaß erhalten. Sie können nicht an einen Platz gehen, der wie hinter dem Orchester oder hinten im Orchester klingt, sondern nur ein wenig wie an den beiden Seiten. Dasselbe Prinzip gilt für die Schwingungsmuster der Lichtenergie. Typische 3-D-Bilder werden von zwei Kameras, die eine Szene aus zwei Perspektiven fotografieren, hervorgebracht. Wenn diese Bilder auf eine Leinwand projiziert werden und besondere Brillen getragen werden, können Sie die Illusion von Tiefe erhalten. In einem Laser-Hologramm werden die Lichtstrukturen von einer beinahe unendlichen Anzahl von Orten, nicht nur von zweien, aufgezeichnet. Das bewirkt, wenn sie reproduziert und projiziert werden, die Illusion von einem dreidimensionalen Gegenstand im Raum. Es sieht aus, als wäre er echt. Sie können um ihn herumspazieren und ihn von allen Seiten ansehen. Das holographische Bild scheint echt zu sein – es gleicht den Dingen, die wir in der Welt kennen.

Das scheinbare Wunder ist zu einem Denkwerkzeug für transpersonale Psychologie geworden, weil es uns mit einem konkreten grundlegenden Beispiel des paradoxen holistischen Merkmals der Seele konfrontiert. Das heißt, Sie können die holographische Platte in mehrere Stücke zerbrechen und jedes beliebige Stück nehmen, einen Laserstrahl darauf scheinen lassen, und das ganze dreidimensionale Bild wird wieder in den Raum projiziert und kann betrachtet werden. Der einzige Unterschied zwischen dem Bild, das wir gesehen haben, als es von einer vollständigen Platte projiziert wurde, und dem, das von einem Stück der Platte projiziert wurde, ist, daß das vorherige genauer im Detail ist. Somit ist in jedem winzigen Stück des Hologramms, obwohl unverwechselbar in seinem Aufzeichnungsmuster, nichtsdestotrotz eine Funktionsversion des ursprünglichen Bildes enthalten. Vor der Entdeckung des Hologramms gab es keine wesentlichen Gegenstücke in der Wirklichkeit, um die alte Vorstellung zu belegen, daß jede Person, ganz gleich wie einzigartig, ein Spiegel des Kosmos ist.

Das geistige Bewußtsein als Hologramm

Als Cayce das hellseherische Bewußtsein erklärte, machte er die seltsame Feststellung, daß das Gehirn fähig sei, »auf Schwingungen zu reagieren und mitzuschwingen«. Können Sie sich vorstellen, daß das Gehirn als Erwiderung auf Klänge ›zittert‹? Cayce erklärte, daß das Bewußtsein nicht ›im‹ Gehirn sitzt, sondern daß das Gehirn ein Empfänger des Bewußtseins ist, so wie ein Radio der Empfänger für Radiowellen ist. Seine Theorie über die Funktionsweise des Gehirns scheint allgemeinen Mutmaßungen zu entsprechen. Wir neigen dazu, uns das Gehirn vorzustellen als eine Masse von Leitungen, die Informationen hin und her leiten. Doch ändern sich die Theorien über die Art und Weise, wie das Gehirn funktioniert. Die Holographie hat die Neurowissenschaftler mit einer neuen Theorie beliefert. Carl Pribram von der Stanford Universität stellt die Theorie auf, daß das Gehirn das, was wir im Bewußtsein erleben, auf die gleiche Weise konstruiert, wie ein Hologramm ein Bild in den Raum projiziert.

Nach Pribram sei das Gehirn weniger der Schöpfer des Bewußtseins, vielmehr reagiere das Gehirn auf Schwingungen, die in einer Dimension außerhalb von Zeit und Raum sind, ähnlich dem Vierdimensionalen der Ideen bei Cayce oder den morphogenen Feldern bei Sheldrake. Da das Gehirn auf diese Schwingungen reagiert, werden die Nervenstränge, die durch das Gehirn gehen, dechiffriert, so wie die Muster von Schwingungsinterferenzen dechiffriert werden können. Das Ergebnis von diesen dechiffrierenden Kalkulationen ist die Strukturierung des Bewußtseins in Bilder und Erfahrungen, die die Inhalte des Bewußtseins bilden. Das Gehirn erschafft nicht das Bewußtsein, sondern es interpretiert es.

Pribram kam zu dieser Theorie nach fruchtlosen Versuchen, bestimmte Erinnerungen im Gehirn zu lokalisieren. Er entdeckte, daß es möglich war, große Teile des Gehirns zu zerstören, ohne das Gedächtnis zu zerstören, und er schloß daraus, daß alle persönlichen Erinnerungen in allen Teilen des Gehirns gleichzeitig gespeichert sein müssen. Als er mit der Theorie der Holographie bekannt gemacht wurde, fand er das Modell, nach dem er suchte. Er stellte die Theorie auf, daß das Gehirn wie eine formbare holographische Platte in der Lage ist, jeden Augenblick durch Resonanz der holographischen Muster im vierdimensionalen Schwingungsfeld geprägt zu werden. Woran sich das Gehirn selbst erinnert, um persönliche Erinnerungen von transpersonalen zu unterscheiden, sind die Muster, auf die es in der Vergangenheit reagiert hat. Doch ist es in der Lage, auf jedes Muster, das in der vierten Dimension existiert, zu reagieren. Damit ist es fähig, sowohl auf telepathische Erfahrungen wie auch auf Erfahrungen der Sinne zu reagieren. Unsere Sinneserfahrung von der Welt ist das holographische Bild, das von den laufenden holographischen Mustern des Gehirns projiziert wird. Damit gibt Pribram die alte Auffassung wieder, daß die konkrete Welt Illusion ist, daß die Wirklichkeit in unsichtbaren Schwingungen besteht, die überall zur gleichen Zeit existieren. Das Hologramm ist eine moderne technologische Metapher für diese alte Vorstellung.

Die Seele als Gedächtnis

Ein Hologramm ist dann also eine Aufzeichnung, eine Reihe von Erinnerungen. Eine Seele ist wie ein nicht greifbares, und doch reales spirituelles Hologramm. Sie ist nicht nur eine Nachbildung des Ganzen, dessen Teil sie ist, sie ist auch ein Gedächtnis, in der Lage, die Vergangenheit zu rekonstruieren. Cayce sprach von der Seele als Gedächtnis. Er bezog sich auf das ›Buch der Erinnerungen‹, auf die ›Akasha Chronik‹ und auf ›Hall of Records‹ als die Dämonen, in denen alle Erinnerungen gespeichert sind. Er schloß daraus, daß die Seele über eine Aufzeichnung all ihrer Erfahrungen verfügt, daß sich die Seele aus diesen Erinnerungen zusammensetzt. Und doch sind zur gleichen Zeit alle Erinnerungen wie ›Eine‹. Dieses universelle Bewußtsein ist das Bewußtsein all dieser Seelenerinnerungen.

Die Geschichte des Einzelnen, aufgrund der Erinnerung der Seele, ist die Geschichte des Universums. Seele als Erinnerung zu sehen, heißt, unser gemeinsames Erbe, unsere gemeinsame psychische Wirklichkeit zu schätzen zu wissen. Solchermaßen war Jungs Vorstellung von Respekt geprägt gegenüber der archetypischen Natur der Psyche. Er betrachtete diese Archetypen nicht als ererbte Vorstellungen oder Erinnerungen, sondern mehr als ererbte Muster des Bewußtseins, das auf tausenden und tausenden von Jahren menschlicher Erfahrungen beruht. Dieses Erbe, wie die musterbildende Kraft des Gedächtnisses, ist nicht auf das Gehirn beschränkt, noch in erster Linie im Gehirn angesiedelt; vielmehr ist seine Quelle dieser vierdimensionale Bereich der kreativen Kräfte, das Reich der Ideen. Jung fand wie Cayce, daß die beste Bezeichnung für diese Dimension das *Gedankenmuster* sei. Die menschliche Psyche würde durch ein gemeinsames Erbe, den vierdimensionalen ›Äthern‹, oder um die Terminologie des Hologramm-Modells zu benutzen, dem nichtmateriellen ›Frequenzbereich‹ gebildet. Jung sprach manchmal vom Alten Mann, tausende von Jahre alt, der in der Psyche existiert, der sich an alles erinnert, und der alles gesehen hat.

Ich glaube, ich habe den alten Mann der Psyche getroffen. In der Schweiz kam ich mit Leuten zusammen, die in einem Wagen voller Trommeln um die Welt reisten. Trommeln zu schlagen ist eine natürliche Form der Kommunikation. Eine Gruppe von uns fing zu trommeln an, und bald darauf fanden wir uns in einer spontanen Übereinstimmung wieder, einer Vielzahl von sich überschneidenden Rhythmen, die irgendwie harmonisch zueinander paßten. Die Zeit stand still, und wir wurden wie ein Geist. Es schien, als hätten wir schon seit ewigen Zeiten die Trommeln zusammen geschlagen. Vielleicht wurden archetypische Erinnerungen in uns wachgerufen, weil das Bewußtsein über diesen Alten Mann beim Trommeln erweckt wurde. Ich kann mir dieses Gefühl noch in Erinnerung rufen, daß tausende von Jahren in dem Moment enthalten waren, tausende von Geistern eins waren. Das übersinnliche Bewußtsein von der Nähe aller anderen Geister und der Erinnerung aller Zeit war in dem Moment präsent verbunden mit dem Seelenbewußtsein des Alten Mannes.

Daß die Seele sich erinnert, erfordert zweierlei: die Entwicklung des hellseherischen Bewußtseins und ein ›weitreichendes Gedächtnis‹. Während seiner hellseherischen Trance sah Cayce die Vielzahl der Leben eines einzelnen Menschen, die vergangenen Leben der Seele auf ihrer verschwenderischen Reise. Während seines Wachlebens war Cayce anfänglich in seiner Bibelauslegung ein orthodoxer Protestant; während seines hellseherischen Trancezustandes behauptete er jedoch, daß die Reinkarnation Wirklichkeit war. Schließlich integrierte Cayce seine Sicht über die Reinkarnation, das Karma und die Gnade in seine religiöse Doktrin. Doch derartige philosophische Fragen und seine Vorschläge dazu, wie man sich an frühere Leben erinnert, verlangen eine besondere Behandlung, die nicht im Kompetenzbereich dieses Buches liegt.

Erinnerungen in den morphogenetischen Feldern

Es gibt einen anderen Zusammenhang, in dem Erinnerungen, abgesehen von einzelnen Gehirnen, in denen sie gespeichert werden mit übersinnlichen oder transpersonalen Implikationen, zu existieren scheinen. Sheldrakes Theorie von den vierdimensionalen morphogenetischen Feldern, bezieht sich, um zu erklären, wie neue Ideen gleichzeitig in den Köpfen von verschiedenen Einzelpersonen zustandekommen, auch auf Jungs Vorstellung vom Archetypischen und Cayces Sicht über die Akasha-Chronik. Keine einzige Erfahrung wird jemals, laut Sheldrake, vergessen, da eine jede Erfahrung in den morphogenetischen Feldern gespeichert wird. Wenn genügend Leute die gleiche oder eine ähnliche Erfahrung machen, dann wird das Muster dieser Erfahrung in dem vierdimensionalen Feld stark genug, andere Leute so zu beeinflussen, daß sie diese Erfahrung haben.

Sheldrakes Hypothese transpersonaler Erinnerung ist einer experimentellen Überprüfung unterzogen worden. Bei einer Studie schickte Sheldrake Assistenten um die Welt, um Leute dabei testen zu lassen, ›versteckte‹ Gegenstände auf zwei verschiedenen Bildern wahrzunehmen. Dieses Wahrnehmungsrätsel ähnelte denen in den Sonntagscomics, in denen ein Gegenstand durch die Art und Weise, wie er in das gesamte Bild eingezeichnet ist, getarnt wird. Nach Feststellung des prozentualen Anteils der Leute, die den versteckten Gegenstand auf jedem Bild hatten entdecken können, arrangierte Sheldrake die Übertragung eines dieser Bilder über den BBC-Fernsehsender an Millionen von Zuschauern und ließ für alle deutlich darauf hinweisen, wo man den versteckten Gegenstand sehen konnte. Eine besondere Nahaufnahme hob den versteckten

Gegenstand hervor, so daß er sich sicher sein konnte, daß die Zuschauer ihn mühelos sehen würden. Sheldrake nahm an, daß dadurch, daß so viele Leute den versteckten Gegenstand in dem Bild sahen, die entsprechenden morphogenetischen Felder verstärkt würden, um diesen Gegenstand auszumachen und diese Tatsache – so war seine Hypothese – es anderen Leuten leichter machte, den Gegenstand später herauszufinden. Sheldrake sandte seine Assistenten dann wieder aus, um die gleichen Bilder an anderen Einzelpersonen auszutesten, Leute, die die BBC-Sendung nicht gesehen hatten. Er fand eine Erhöhung der Fähigkeit, den versteckten Gegenstand, der im Fernsehen gezeigt worden war, ausfindig zu machen, von 76% und im Vergleich dazu nur 9% Erhöhung bei einem im Bild versteckten Gegenstand, der nicht in Nahaufnahme gezeigt worden war.

So überraschend wie diese Ergebnisse sein mögen, Kritiker ergingen sich in den Vermutungen, daß andere Möglichkeiten als der transpersonale Erinnerungseffekt für diese Ergebnisse verantwortlich gemacht werden müßten. Ein wohlhabender amerikanischer Geschäftsmann sponserte einen internationalen Wettbewerb für die besten experimentellen Untersuchungen der Sheldrakschen Theorie vom transpersonalen Gedächtnis. Einer der Gewinner war ein Jungianer, ein Psychologe aus Madison, Wisconsin, der bewies, daß die Morseschrift leichter zu erlernen ist, als irgendein vergleichbar komplexes Schriftsystem. Der einzige Unterschied zwischen den beiden Schriftsystemen bestand darin, daß die Morseschrift schon von vielen anderen lange vorher erlernt worden war. Damit schienen die Ergebnisse die Idee von einem transpersonalen Gedächtnis zu unterstützen. Da das Experiment wieder und wieder wiederholt wurde, veränderte sich der Befund. Das andere Schriftsystem begann in die morphogenetischen Felder einzudringen, der Lernerfolg war ebenso groß wie bei der Morseschrift. Andere Versuche nach einem ähnlichen Schema haben ebenfalls Sheldrakes Hypothese unterstützt. Daß etwas so Kurzfristiges, gemessen an der Dauer der Menschheitsgeschichte, wie das einmalige Zeigen im nationalen Fernsehen, oder der Versuch, Leute darauf zu trainieren, sich ein Schriftsystem einzuprägen, Auswirkungen auf das transpersonale Gedächtnis haben kann, läßt an Cayces Überzeugung, daß nichts je verlorengeht oder vergessen wird, glauben. Jedes Erlebnis, jede Erfahrung wird gleichsam in einem ›Buch der Erinnerungen‹ gespeichert.

Das Hellseherische kommt aus der Seele

Sokrates' alter Rat ›Lerne dich selbst kennen‹, war Cayces zweiter Vorschlag zur Entwicklung hellseherischer Fähigkeiten. (Der erste Vorschlag hieß das Erlernen von Zusammenarbeit.) Dieser Vorschlag hat verschiedenartige Schichten von Bedeutung. Sich selbst zu kennen, fordert einen Preis, gibt aber auch eine Belohnung. Der Preis ist, daß wir die Last der Verantwortung dafür tragen müssen, wer wir sind. Wir können andere nicht beschuldigen. Die Belohnung findet sich in der Selbstannahme und der Freiheit, der zu sein, der wir sind. Es ist kein Zufall, daß die verschiedenen Techniken, die angewandt werden, um die Vergangenheit zurückzurufen, Reaktionen hervorrufen, die denen ähneln, die durch die Erinnerungen an die Kindheit in einer Psychotherapie hervorgerufen werden. Es besteht Widerwillen, es besteht Angst, Schmerz — dies sind die Blockaden. Sich durch diese Widerstände hindurchzuarbeiten, vergangene Erfahrungen noch einmal zu durchleben, unsere Rolle bei diesem Geschehen zu akzeptieren, sie in unsere ureigene Geschichte mit einzubeziehen, vergeben und annehmen zu können, selbst Vergebung zu erfahren und angenommen zu werden — diese Prozesse führen zu dem Gefühl der Befreiung und Freiheit. Dabei gibt es auch eine größere Möglichkeit der Selbstverwirklichung, da unsere bewußtgewordene Identität jetzt alles mit einschließt, was wir vergessen hatten, und unsere Lebensgeschichte plötzlich einem in sich schlüssigen Muster gleicht und damit einen Sinn erhält. Schöpferische Energie wird freigesetzt, die uns befähigt, unser Leben ganzheitlicher zu leben.

Es gibt eine Anzahl von Wegen zur Transformation der Persönlichkeit, die oft als ›nach Hause kommen‹ bezeichnet wurde: das Erkennen und die Rückkehr zu den Wurzeln seines wahren Wesens. Die Erfahrung, dem Tode nahe gewesen zu sein, kann diese Wirkung haben; eine tiefgehende Psychotherapie kann diese Wirkung hervorrufen. Ebenso kann das die Entwicklung des hellseherischen Bewußtseins, wenn es konstruktiv eingesetzt wird.

Die Erfahrung, dem Tode nahe gewesen zu sein, die die hellseherische Fähigkeit steigert, läßt auch die Erkenntnis von der Wirklichkeit der Seele erwachen. Ein Mensch, der das erlebt hat, hat weniger Angst vor dem Tod und vor der Selbsterhaltung und legt mehr Wert auf liebevolle Beziehungen. Es ist auch interessant, daß Leute, die beinahe gestorben sind, in dem Moment die Ereignisse ihres Lebens sich vor ihren Augen abspielen sahen. Darüber hinaus haben Untersuchungen solcher Leute durch Psychoanalytiker gezeigt, daß sie irgendwie von sich aus die Fähigkeit der ›freien Assoziation‹ erworben haben, die eine innere Spontaneität der Gedanken erfordert, die gewöhnlich erst nach Jahren Therapie kommt. Diese Leute verstecken sich nicht länger vor sich selbst und zeigen viele der Eigenschaften, die Früchte einer langdauernden tiefgehenden Psychotherapie sind.

Tiefenpsychologen finden, daß Leute, die sich einer langandauernden Behandlung unterziehen, mit mehr als einer bloßen Linderung ihrer Ängste oder ihrer anderen Probleme daraus hervorgehen. Sie entwickeln ein Gefühl von Vertrauen in sich selbst und in das Leben. Sie entdecken tief in sich selbst, daß da eine höhere Intelligenz am Wirken ist, die im natürlichen Fluß des Lebens enthalten ist. Da sie mit der Seelenebene des Lebens in Verbindung treten, fangen sie an, wichtige Träume voller universeller Themen zu haben. Übereinstimmungen und hellseherische Erfahrungen bestätigen dieses neue Seinsgefühl und verleihen ihm eine praktische Komponente. Es ist einer der anderen Wege zur Erinnerung der Seele.

Für diese Wege zur Seele empfahl Cayce die Entwicklung des hellseherischen Bewußtseins zusammen mit dem spirituellen Wachstum. Wie wir im zweiten Kapitel erfahren haben, riet er uns, dabei einen Schritt nach dem anderen und jeden zu seiner Zeit zu machen. Der erste Schritt ist, wie Sie sich erinnern, die Zusammenarbeit. Der zweite Schritt ist, wie wir gerade gesehen haben, ›Lerne dich selbst kennen‹. Er empfahl, daß dieser Lernprozeß innerhalb der liebenden Gemeinschaft der Familie oder der Freunde stattfinden sollte, um beides gewährleistet zu wissen, Unterstützung und aufrichtiges Feedback. Als dritten Schritt riet Cayce zu Meditation, um dem Geist und dem Körper zu erlauben, empfänglicher für die Seelenschwingungen zu werden. Er schätzte auch das Gebet, um die Aufmerksamkeit auf Gott zurückzulenken und anderen zu helfen. Schließlich betonte er, wie wichtig es ist, einen Weg zu finden, seine Energien und Begabungen darauf zu verwenden, anderen zu helfen, besonders, wenn diese Begabungen in Form übersinnlicher Fähigkeiten zum Tragen kommen.

Übersinnliche Fähigkeiten waren laut Cayce die Fähigkeiten der Seele, die sie aus vielen Leben gewonnen hatte. In einem Reading, das die Entwicklung seiner eigenen übersinnlichen Fähigkeiten betraf, schilderte er, wie er in einem Leben ein Soldat war, der während einer Schlacht tödlich verwundet wurde. Wie er im Sterben lag, hatte er gebetet, von seinem schmerzgepeinigten Körper erlöst zu werden, und so lange experimentiert, bis er eine außerkörperliche Erfahrung herbeiführte. Dieses Wissen hatte er mit in sein Leben als Hellseher hinübergetragen. Ein anderes Leben als Arzt hatte ihm die hellseherische Spezialisierung, medizinische Diagnostik, verliehen.

Cayce behauptete, daß die hellseherischen Fähigkeiten Fähigkeiten des Wissens und Fertigkeiten sind, die ausgebildet und in konstruktiver Weise angewendet werden. Was wir benutzen oder einsetzen, ist in uns, und wir können darüber verfügen. Er ermutigte uns deshalb dazu, eine anwendbare Methode zu wählen. Wir sollten darauf achten, daß hellseherische Fähigkeiten zunächst dort zum Vorschein kommen, in solchen Lebensbereichen, wo schon eine schöpferische Begabung eingesetzt wurde im Hinblick auf andere. Dort sollten wir ansetzen. Sein Rezept lautete deshalb, einesteils die Selbstentwicklung auf spiritueller, geistiger und körperlicher Ebene; und andernteils Gebete und praktische Hilfeleistungen im täglichen Austausch mit anderen. Auf diese Weise, mit einzelnen Schritten zum rechten Zeitpunkt, ist eine ausgeglichene Entwicklung gewährleistet. Hellseherisches Bewußtsein ist keine neue übermenschliche Kraft, sondern der natürliche Ausdruck der holographischen Seele.

9 Der unendliche Geist

Denn der Geist ist ein Teil der Seelenkraft eines jeden Körpers, und diesem zu erlauben durch die Unterordnung des körperlichen Bewußtseins mehr und mehr unter Kontrolle zu geraten, läßt diesen größeren Einfluß aktiver werden.

EDGAR CAYCE Reading Nr. 416 – 9

Sigmund Freud wird oft die Entdeckung des Unbewußten zugeschrieben. In Wirklichkeit war er nur einer in einer langen Kette von Leuten, die Licht in diese dunkle Region des Geistes brachten. Zu Aristoteles' Zeiten zum Beispiel dachte man, daß der unbewußte Geist auf dem Mond beheimatet sei. Er wurde für unsterblich und allen gemeinsam gehalten. Das Bewußtsein wurde lediglich als eine Funktion des Körpers angesehen, und man nahm an, daß es mit ihm starb. 1892 veröffentlichte Thomas Jay Hudson, ein Amerikaner, ›The Law of Psychic Phenomena‹, das seine Theorien vom Unterbewußtsein und seinen telepathischen und hellseherischen Fähigkeiten umriß. Freud war ein Nachzügler und in seiner Vorstellung vom Unbewußten auf unterdrückte Kindheitserinnerungen beschränkt. Viele der Cayceschen Beschreibungen vom Unterbewußtsein stehen in Übereinstimmung mit Hudsons Abhandlung, die Cayce uns zu lesen empfiehlt.

Es ist wichtig, den Wert des Unbewußten zu schätzen, weil unser Bewußtsein nur ein kleiner Teil eines ganzen Bereiches von intelligentem Bewußtsein ist – die Spitze des Eisberges. Indem wir unseren Eindruck von der Wirklichkeit auf diese sichtbare Spitze stellen, auf das, was dem Bewußtsein zur Verfügung steht, haben wir eine falsche Auffassung von der Wahrheit. Unter der Oberfläche existiert eine größere Wirklichkeit. Zum Beispiel scheinen die verschiedenen Inseln und Landmassen der Erde voneinander getrennt zu sein. Doch unter dem Meeresspiegel zeigt sich die Wahrheit: das ganze Land ist eine durchgehende Fläche, Täler vom Meer angefüllt, Berge, die sich in den Himmel erheben. Das gilt auch für das unendliche Bewußtsein über das Unbewußte: alles Leben ist ein einheitliches Wesen. Vieles, was dem rationalen Bewußtsein merkwürdig oder unmöglich erscheint, ist für das Unbewußte nur zu klar. Wenn wir das Bewußtsein einmal beiseite lassen, hören wir nicht auf, zu existieren; statt dessen steht uns die weitreichende Wahrnehmung des Unbewußten schneller zur Verfügung. Wenn wir mehr über das Unbewußte lernen, lernen wir vielleicht, das hellseherische Bewußtsein des unendlichen Geistes zu erschließen.

Der zweigeteilte Geist

Der Ausdruck ›zweigeteilter Geist‹ suggeriert einen Konflikt. Als Cayce einmal gebeten wurde, den Begriff Geist zu definieren, definierte er ihn als das, was dem Willen entgegengesetzt ist. Das scheint zunächst verwunderlich; doch diese Definition bezieht sich auf eine universelle Auffassung von der Natur dessen, was wir das Bewußtsein oder das Wissen nennen. In seinem Essay über Zen-Buddhismus schrieb der berühmte Zen-Sprecher D. T. Suzuki »Am Anfang... möchte der Wille sich selbst kennen, und damit erwacht das Bewußtsein, und mit dem Erwachen des Bewußtseins wird der Wille in zwei gespalten. Der eine Wille, ganz und vollständig in sich, ist nun gleichzeitig Handelnder und Beobachtender.« Sie haben dieses Wetteifern im Willen vielleicht unmittelbar in der Bewußtseinsübung, die Ihnen im zweiten Kapitel vorgeführt wurde, erlebt. Wenn Sie versuchten, eine ständige Konzentration aufrechtzuerhalten, dann durchkreuzten Ihre abschweifenden Gedanken diese Absicht. Cayce und Suzuki stimmen zu, daß die Etablierung des Bewußtseins eine solche Teilung in Beobachter und Beobachteten verlangt. Diese Teilung gibt das Schöpfungsmuster wieder, das wir im dritten Kapitel erörterten, als wir das Yin-Yang-Symbol als ein Beispiel für das Erscheinen der Dualität als Organon der Schöpfung diskutierten.

Wenn das Bewußtsein erschaffen ist, kommt das Unbewußte damit zwangsläufig in das Sein. Wie Jung es einmal in der Metaphorik eines Traumes ausdrückte: wenn er eine Fackel trug, schuf er einen Schatten. Wenn er sich nach ihm umdrehte, war der Schatten immer hinter ihm. Es ist schwer, das Unbewußte zu erkennen, weil es fast widersprüchlich ist. Es läßt uns auch daran denken, daß wir nicht völlig unter Kontrolle sind. Doch müssen wir dies akzeptieren lernen, wenn wir ganz werden wollen und unser Bewußtsein auf den hellseherischen Bereich hin erweitern wollen. Dann kann ›ein zweigeteilter Geist‹ zu sein bedeuten ›zwei Köpfe sind besser als einer‹.

Das Unbewußte beobachten

Eine einfache und unterhaltsame Methode, einen Eindruck vom Unbewußten zu erhalten, ist, sich ein ›hellseherisches Pendel‹ zu fertigen. Bohren Sie ein Loch von etwa 1½ – 2 cm Tiefe in eine Nuß und verschrauben und befestigen Sie einen etwa halben Meter langen Faden daran. Wickeln Sie das lose Ende des Fadens um Ihren Mittelfinger, so daß die Nuß an einem circa 15 cm langen Fadenstück frei schwingen kann. Halten Sie Ihre Handfläche nach unten mit der darunterhängenden Nuß. Wenn Sie mögen, stützen Sie Ihren Ellenbogen auf einer Tischplatte auf, und lassen Sie die Nuß etwa 3 cm über der Tischplatte pendeln. Stellen Sie fest, daß das hauptsächliche Bewegungsmuster, in dem die Nuß schwingt, ein beständiges vor und zurück ist (oder von rechts nach links, oder auf Sie zu und wieder von Ihnen weg) und ein Kreisen. Sehen sie jetzt, ob das Pendel in einem Bewegungsmuster als Erwiderung auf eine Frage, die Sie ihm stellen, schwingen wird. Fangen Sie mit der Frage an: »Schwingst Du bitte jetzt in der Richtung, mit der Du mir ein ›Ja‹ signalisieren willst?« Haben Sie Geduld. Bald werden Sie herausfinden, daß das Pendel anfängt, eines der Schwingungsmuster anzunehmen. Sie können dann mit Ihrer anderen Hand das Pendel wieder zur Ruhe bringen, und nun sehen, welche Muster es auf andere Antworten annimmt. Gute Alternativen schließen ›Ja‹, ›Nein‹, ›Vielleicht‹ und ›Diese Quelle wird diese Frage nicht beantworten‹ ein.

Wenn das Pendel Sie genötigt hat, durch all seine genau definierten Schwingungsmuster zu gehen, können Sie damit fortfahren, Fragen zu stellen. Beginnen Sie mit Fragen, für die Sie bereits die Antworten kennen – auf diese Weise wissen Sie, ob Ihr Pendel ebenso schlau wie Sie ist. Sie können dann Fragen, die Ihre Gefühle betreffen in bezug auf verschiedene Dinge, stellen. Prüfen Sie Ihre Reaktionen im Bauch, um festzustellen, ob Ihr Pendel Ihre Gefühle nicht vielleicht besser kennt als Sie. Dann können Sie sich weitere Fragen ausdenken, die Sie Ihrem neu entdeckten hellseherischen Berater stellen können.

Ein Pendel zu benutzen zur Beantwortung von Fragen, ist ein Beispiel von *Automatismus*, eine der Methoden, bei der wir die Handlungsweise des Unbewußten beobachten können. Auch wenn das Pendel automatisch zu operieren scheint, außerhalb bewußter Kontrolle, erwidert es in Wirklichkeit Ihre unbewußten Bewegungen. Diese Bewegungen sind losgelöst von Ihrem Bewußtsein und haben ihren Ursprung im Unbewußten. *Dissoziation* ist ein Begriff, der in

Verbindung mit bestimmten veränderten Bewußtseinszuständen gebraucht wird, wie zum Beispiel Hypnose, alternierende Persönlichkeiten und automatisches Schreiben, wo die Funktionsweise eines Bewußtseinsschalters vom normalen Bewußtsein getrennt worden ist. Die Dissoziation wurde im Falle des Pendels hervorgerufen, weil Sie sich mehr auf die Bewegungen des Pendels als auf die Bewegungen Ihres Armes konzentriert haben. Nachdem das Pendel erst einmal zu schwingen begonnen hatte, wurde Ihre Aufmerksamkeit noch mehr von der Nuß angezogen, statt von der Quelle der Bewegung. Durch Dissoziation oder die Ablenkung der bewußten Aufmerksamkeit, kann das Unbewußte offensichtlich gemacht werden.

Ebenen des Unbewußten

Cayce stellte zwei Ebenen des Unbewußten fest. Die erste Ebene nannte er das *Unterbewußtsein* und die zweite das *Überbewußtsein*. Auch wenn die Grenzen verwischt sind, ist diese Unterscheidung wichtig. Als Freud das Unbewußte ›entdeckte‹, behandelte er es wie ein Arsenal unterdrückter Gefühle. Alles im Unbewußten, so Freud, sei gleichzeitig eine bewußte Erfahrung, die aber unterdrückt würde. Er stellte sich das Unbewußte wie eine Tasche vor − alles, was sie enthielt, war von einer Person in sie hineingesteckt worden.

Jung stellte diese Vorstellung vom Unbewußten in Frage und behauptete, daß dem Unbewußten nie ›der Stoff ausgehe‹. Jenseits der persönlichen Erinnerungen spreche es in einer universellen Symbolsprache − in Träumen und Visionen − und liefere Informationen aus einer anderen Quelle als der dem Menschen eigener Erfahrung. Bildlich gesprochen, könnte man sagen, daß ein jeder von uns einen Keller hat, in dem er seine unerwünschten Erinnerungen speichert oder versteckt; doch wenn der Keller aufgeräumt wird und der

Boden freigelegt, finden wir unter den Dielen eine verborgene Treppe, die uns hinunter zu einer Quelle führt, die aus einem unendlichen, uralten Reservoir hervorspringt. Somit kann eine Person mit einer nur geringen Kenntnis von alten Mythen dennoch in der Sprache längst vergangener Kulturen träumen. Vielmehr sah Jung, daß diese Symbole zur rechten Zeit und in relevanter Weise im Laufe des Lebens eines Menschen auftauchen.

Jung nannte die tiefere, universelle ›Quelle‹ das ›kollektive Unbewußte‹. In Jungs Terminologie heißt es, um an die universelle Schicht zu gelangen, geht man ›tiefer‹. In Cayces Sprache geht man zu einer ›höheren‹ Ebene der Schwingung. Diese Einstellung paßt zu den mit dem Überbewußtsein verbundenen Assoziationen, und ist expressiv für die hellseherische Einbildungskraft. Lassen Sie uns dies weiter untersuchen. In einem Traum erfuhr Cayce sich als ein winziges Sandkorn. Sein Bewußtsein erweiterte sich dann wie eine Spirale, ein kegelförmiger Trichter, der hinaus und hinauf in den Himmel reicht, um wie eine unendlich große ›Trompete des Himmels‹ zu werden. Während seines hellseherischen Zustandes interpretierte er diesen Traum als etwas, das ein Bild von der Beziehung zwischen dem Bewußtsein und dem Überbewußtsein repräsentiere. Ein Diagramm (siehe Seite 202) wurde angefertigt, um die Bewußtseinsebenen zu veranschaulichen (vgl. auch das Diagramm, das Eileen Garrett in einer Vision entwickelte, um ihren Eindruck von den Bewußtseinsebenen zu verdeutlichen; die Ähnlichkeit zwischen beiden ist klar).

Das Unterbewußtsein

Das Unterbewußtsein ist ein unsichtbarer Diener. Es verrichtet alle Aufgaben, die sonst das Bewußtsein belasten würden. Eine Aufgabe des Unterbewußtseins ist, solche Aufgaben zu

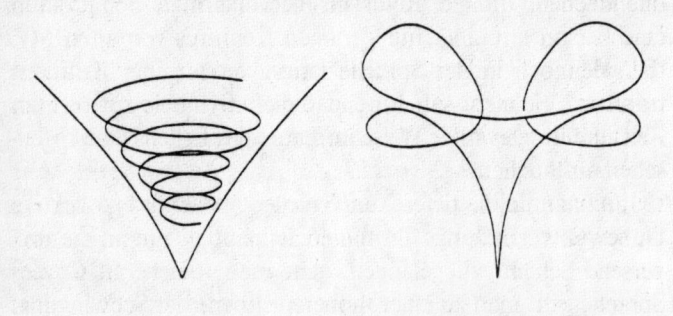

Zwei Hellseher stellen sich das Überbewußtsein vor.

Edgar Cayces Traum   *Eileen Garretts Vision*

erfüllen, die zur Gewohnheit geworden sind, wie zum Beispiel das Autofahren. Das Unterbewußtsein erledigt auch die vorbereitende Vorarbeit, um Wahrnehmungen zu liefern, die für das Verständnis wichtig sind und auf diesem Weg ins Bewußtsein dringen; es erfüllt auch viele Erinnerungsaufgaben, zum Beispiel Leute mit ihren richtigen Namen anzureden.

Mit dem Maßstab des Bewußtseins gemessen, ist das Unterbewußtsein ein Genie. Es ist in der Lage, subtile Details wahrzunehmen, die nie im Bewußtsein auftauchen; es hat ein beinahe perfektes Gedächtnis; und es ist in der Lage, alle Dinge so zurechtzumachen, daß sie passen, während es Berechnungen anstellt, organisiert und Informationen sucht und wiedererlangt.

Das Unterbewußtsein bemerkt alles; gemessen an seiner Leistung scheint das Bewußtsein blind und unaufmerksam. Unterschwellige Stimulation bildet den Ausgangspunkt. Eine Mitteilung kann so schnell auf eine Leinwand projiziert werden, daß wir nur das Aufblitzen, den Flash, sehen. Am nächsten Morgen jedoch kann dieser Stoff in unserem Traum erscheinen. Ein aufgezeichnetes Geräusch kann so beschleunigt werden, daß es wie ein schnelles Quietschen klingt, und auch hier erscheint das Geräusch vielleicht am folgenden Morgen im Traum.

Diese Hochempfindlichkeit ist nicht auf eine scharfe Wahrnehmung begrenzt; sie scheint auch die Fähigkeiten eines Meisterdetektivs mit einzuschließen, der ganz feine Spuren erkennen kann. Zum Beispiel hat der englische Psychiater Morton Schatzmann gezeigt, daß Träume Rätsel lösen können, die das Bewußtsein stellt. In einem Versuch wurden Versuchspersonen gefragt, was ungewöhnlich an diesem Satz sei: »Show this bold Prussians that praises slaughter, slaughter brings rout (Zeige diesen dreisten Preußen, die das Gemetzel so hoch loben, daß Gemetzel Niederlage bringt).« Eine Frau studierte diesen Satz eine geraume Zeit ohne Erfolg. Dann ging sie ins Bett. In ihrem Traum händigt sie einer Frau ein Stück Papier mit dem daraufgeschriebenen Satz aus. Die Frau fängt zu lachen an.

Die Träumerin kann sich nicht vorstellen, warum die Frau lacht und geht weiter. In der nächsten Szene ist sie mit einer Gruppe von Leuten an einem Tisch, und sie alle lachen. Und wieder kann sie sich nicht vorstellen, warum sie lachen, doch eine Frau schlägt vor, daß sie sich besser fühlen würde, wenn sie ihren Kopf abnehmen würde. Ein Mann kommt zu ihr herüber und sagt »Zu viele Selbstlaute, zu viele Buchstaben«. Als sie aus dem Traum erwachte, schaute sie sich den Satz noch einmal an und versuchte, ob der Vorschlag mit den Selbstlauten sie einer Lösung näherbringen würde. Aber er brachte sie nicht näher, deshalb legte sie sich wieder schlafen. Am nächsten Tag fragte sie sich, ob ›den Kopf abnehmen‹ bedeutete, die ersten Buchstaben eines jeden Wortes fortzunehmen. Dies ergab einen neuen Satz: »How his old Russian hat raises laughter, laughter rings out (Wie sein alter Russenhut Gelächter hervorrief, Gelächter ertönt laut).« Daß das

Lachen eine Rolle spielte in dem Traum, wird nun offensichtlich.

Außer seiner spektakulären Wahrnehmungsfähigkeit hat das Unterbewußtsein ein nahezu vollkommenes Gedächtnis. Es vergißt nichts — es erinnert sich sogar an Dinge, die niemals bewußt wahrgenommen wurden (Kryptästhesie ist der häufig gebrauchte Begriff, der diese Fähigkeit beschreibt). Thomas Jay Hudson berichtet von einem solchen Fall. Ein ungebildetes, bäuerliches Mädchen, das von einem Fieber befallen wurde, begann in fremden Sprachen zu reden. Priester, die als Zeugen herbeigerufen wurden, zeichneten es auf und identifizierten die gesprochenen Sprachen als Griechisch, Hebräisch und Latein. Ein Arzt verfolgte ihre Spuren. Es stellte sich heraus, daß sie von einem Onkel, der Geistlicher war, aufgezogen worden war, der gewöhnlich laut las. Unter seinen Besitztümern waren Bücher in alten Sprachen, und genau die Passagen, die das Mädchen gesprochen hatte, wurden in ihnen gefunden. Damit war als Quelle der erstaunlichen Verkündigungen des Mädchens ihr Unterbewußtsein erwiesen, das nichts vergessen hatte.

Die Kraft der Suggestion

Im Gegensatz zu diesen außerordentlichen Fähigkeiten, ist das Unterbewußtsein auch hoffnungslos naiv und leichtgläubig. Dieser Zug wird deutlich, wenn es sich um die Auswirkungen von Suggestion dreht. Das Unterbewußtsein nimmt die Suggestionen wörtlich und ohne sie in Frage zu stellen. Cayce betont diese Seite des Unterbewußtseins, weil er darauf hinweist, daß wir dazu neigen, zu einer self-fulfilling prophecy (sich selbst bewahrheitende Prophezeiung) zu werden. Oder mit seinen Worten: »Wir werden, was wir denken.« Das Unterbewußtsein registriert alle unsere Gedanken über uns selbst, hält sie für wahr und handelt entsprechend.

Wir können diese Eigenschaften des Unterbewußtseins übernehmen. Es existiert eine Vielzahl an Literatur darüber, wie wir die Kraft der Suggestion nutzen können. Doch ist dieser Satz irreführend, da die Kraft nicht in der Suggestion liegt, sondern in der Fähigkeit des Unterbewußtseins. Die Suggestion ist sozusagen bloß der Griff oder das Steuer der Kraft, das Mittel zur Kommunikation mit dem Unterbewußten.

Wir können mit dem Unterbewußtsein auch durch die Bildersprache kommunizieren, da es eher visuell als verbal ist. Zum Beispiel wenn Sie wollen, daß Ihnen das Wasser im Munde zusammenläuft, geben Sie sich den verbalen Befehl »Spucke soll im Mund zusammenlaufen! Spucke soll im Mund zusammenlaufen!« Danach versuchen Sie sich vorzustellen, sie beißen in eine Zitrone und saugen deren Saft aus. Merken Sie den Unterschied in der Wirkung? Mit dem Unterbewußtsein durch suggestive Bilder zu kommunizieren, ist oftmals wirkungsvoller als durch Worte.

Das Unterbewußtsein hat scheinbar eine unendliche Skala an Fertigkeiten. Es hat die Macht, körperliche Reaktionen zu kontrollieren, die normalerweise außerhalb unseres Zugriffes liegen. Tatsächlich besteht bei richtiger Anwendung von suggestiven Bildern die Möglichkeit, das Unterbewußtsein dazu zu bringen, die Tätigkeit einzelner Zellen im Körper zu kontrollieren. Doch ist das Unterbewußtsein auch in der Lage, andere erstaunliche Leistungen echter Kreativität hervorzubringen.

Hudson weist darauf hin, daß das Unterbewußtsein fähig ist, die Voraussetzung, die ihm suggeriert wird, zu erfüllen und alle Auswirkungen zum Tragen zu bringen. Um dies zu verdeutlichen, beschreibt er die folgende Demonstration, bei der ›Sokrates gechannelt‹ wurde. Ein junger Mann wird hypnotisiert, und es wird ihm suggeriert, daß Sokrates vor ihm steht. Als der Mann zustimmend nickt und zu verstehen gibt, daß er Sokrates ›sieht‹, wird ihm weiter suggeriert, daß er den

Wunsch verspürt, Sokrates einige Fragen zu stellen. Er tut dies und wird dann gebeten, Sokrates Antworten zu wiederholen. Daraufhin folgt ein improvisierter Diskurs mit großer Leichtigkeit und Klarheit, der eine erstaunliche Vorstellung philosophischer Eloquenz gibt. Obwohl die Zuhörerschaft weiß, daß die Rede aus dem Unterbewußtsein des jungen Mannes kommt, ist sie dermaßen angeregt, daß sie sich Notizen macht, um die aufschlußreichen Einsichten nicht zu vergessen. Dies ist ein Beispiel über das ›Genie‹ des Unterbewußtseins, das gewöhnlich der Macht der Suggestion zugeschrieben wird.

Das Unterbewußte ist hellseherisch

Das Genie des Unterbewußtseins scheint grenzenlos. Vielleicht deshalb, weil man mit allen anderen im Unterbewußtsein in Verbindung steht. Über diese Vorstellung lohnt es sich, nachzudenken. Unsere Sprache spiegelt es wider – ›Gefühle lagen in der Luft‹, trägt unausgesprochener telepathischer Kommunikation Rechnung; ›den richtigen Ton treffen‹ mit einer anderen Person, erinnert uns daran, wie wir übereinstimmen, und wie ein jeder von uns durch eine einzigartige Gefühlsschwingung mit zur Harmonie beiträgt.

Wir wünschen oft nicht, diesen Kontakt bewußt gemacht zu haben oder zumindest öffentlich. Vielleicht genügt es, daß wir auf einer unterschwelligen Ebene erkennen, daß unser Unterbewußtsein in verständnisvoller Übereinstimmung zueinander steht. Sooft es passiert, man spricht doch verhältnismäßig selten über solche Gefühle, außer vielleicht über die Freuden romantischer Liebe. Intimität zwischen Menschen hat oft eine hellseherische Komponente, die wir lieber ignorieren. Dies anzuerkennen würde uns vielleicht zugänglicher machen. Zwar ist es nicht immer nötig, passend oder hilfreich, hellseherisches Bewußtsein zum deutlichen Mittelpunkt des Interesses zu machen, andererseits, haben Sie nicht schon einmal das Gefühl gehabt, daß jemand in der Ferne an Sie denkt? Eine der bekanntesten Erfahrungen mit Telepathie ist, wenn jemand im selben Moment anruft, in dem wir an ihn denken. Derjenige, der die Initiative ergreift, den Anruf zu machen, scheint den telepathischen Prozeß zu eröffnen. Wenn Gedanken an uns gerichtet werden, oder selbst wenn ein Mensch nur Gedanken denkt, die für uns von Bedeutung sind, können wir beeinflußt werden. In einer Reihe von faszinierenden Versuchen demonstrierte E. Douglas Dean, daß, wenn ein ›Sender‹ sich auf den Namen einer Person, der für einen ›Empfänger‹ eine persönliche Bedeutung hatte, konzentrierte, eine Beschleunigung des Blutflusses beim Empfänger festgestellt werden konnte. Wenn der Sender sich auf die Namen von Fremden konzentrierte, zeigte sich keine Wirkung. Es ist, als ob dem Empfänger bei den Gedanken an Menschen, die ihm etwas bedeuteten, warm würde.

Durch die Verbindung des Unterbewußtseins mit anderen, können sich Stimmungen übertragen. Es scheint keine Grenzen zu geben, die Möglichkeiten sind unendlich. Maharishi Mahesh Yogi, der Begründer der Transzendentalen Meditation, war überzeugt, daß, wenn nur 1 Prozent der Bevölkerung meditieren würde, das Bewußtsein des gesamten Planeten sich erhöhen würde.

Kürzlich ist seine Vermutung durch ein Forschungsergebnis bestätigt worden. Eine der Untersuchungen lokalisierte Städte mit einer Bevölkerung von über fünfundzwanzigtausend, von der mindestens 1 Prozent als praktizierende TM-Ausübende registriert waren und verglich diese mit etwa gleich großen Städten, in denen nur wenige TM-Praktizierende waren. Forscher fanden heraus, daß die Städte, die das Kriterium von 1 Prozent erfüllten, eine sinkende Verbrechensrate aufwiesen, während andere Städte eine Verbrechensrate zeigten, die dem nationalen Trend nach oben entsprachen.

Diese Untersuchung stellte den Auftakt zu verschiedenen Experimenten dar.

Die Ergebnisse, die in dem Buch ›The Maharishi Effect‹ von Elaine und Arthur Aron zusammengefaßt wurden, waren beeindruckend. Diejenigen, die die Experimente durchführten, suchten sich als Zielbereich gelegentliche Veranstaltungen für TM-Meditierende aus.

Zum Beispiel wurde der Bundesstaat Rhode Island für einen ganzen Sommer für Intensivkurse ausgewählt, zu denen sich TM-Praktizierende von der gesamten Ostküste einfanden. Internationale Krisengebiete wurden auch als Zielbereiche ausgewählt – wie Nicaragua, Iran und Zimbabwe – und große Gruppen von Meditierenden wurden in diese Regionen entsandt, um TM intensiv zu praktizieren. Ein unterschiedlicher Konfliktkatalog (wie Todesfälle durch Unfall, Mord, Selbstmord, Scheidung) wurde für jede Region erstellt, der die Monate sowohl vor als auch nach der Meditationszusammenkunft erfaßte.

Die Ergebnisse zeigten, daß während der Zeit, in der der Kurs lief, die Konfliktraten bedeutend verringert waren im Vergleich zu der Zeit vor Meditationsbeginn. Als die Meditierenden ihr Experiment beendeten und die Region verließen, stellte sich die Konfliktrate wieder auf ihr vorheriges Niveau ein.

Der Dichter John Donne sagte »Niemand ist eine Insel«. Ich frage mich, ob er wirklich realisierte, wie wir alle zusammen in gleichen emotionalen Wassern schwimmen. Wir denken gewöhnlich an hellseherisches Bewußtsein als an etwas, das mit Gedankenlesen zu tun hat.

Doch das miteinander in Beziehung stehende Unterbewußtsein bedeutet, daß wir einander näher sind als bloß durch unsere Gedanken.

Es ist beinahe so, als ob wir die Gefühle der anderen einatmeten.

Wenn das Unterbewußtsein bewußt wird

Die Sterne sind immer am Himmel, doch wir sehen sie nur bei Nacht, wenn das helle Sonnenlicht nicht mehr länger in Gefunkel überstrahlt. Genauso verhält es sich mit dem Unterbewußtsein. Es ist immer aktiv, selbst wenn wir wach sind. Das Experiment mit dem Pendel zeigte uns die Wirkung des Unterbewußtseins. Doch wenn wir die Welt aus der Sicht des Unterbewußtseins erfahren wollen, dann müssen wir unser Bewußtsein beiseite lassen.

Cayce sagte, daß, wenn wir das Bewußtsein beiseite lassen, wie während des Traums, bei der Meditation, in Hypnose und im Tod, das Unterbewußtsein zum Bewußtsein wird. Das Bewußtsein ist wie ein Paar Augengläser, das unseren Blick auf die Welt in einer bestimmten Weise lenkt, so daß die Sichtweise des Unterbewußtseins, das nicht die Dinge in ihrer Differenz betrachtet, dabei verlorengeht. Doch nehmen Sie die Gläser ab, und obwohl das Bewußtsein in der Verschwommenheit nichts wahrnimmt, so ist das Bewußtsein des Unterbewußtseins nicht länger durch Einzelheiten abgelenkt.

Am nächsten sind wir der Art und Weise, wie das Unterbewußtsein die Realität wahrnimmt, wenn wir uns an Träume erinnern. Das Wort ›verträumt‹ oder ›träumerisch‹, um einen Bewußtseinszustand zu beschreiben, scheint die formbare Natur dieses Bewußtseins, in dem die Dinge von einem ins andere wechseln, vielfältige Wahrnehmungen übereinanderliegen usw. zu betonen. Cayce verweist darauf, daß unsere Träume ein Vorgeschmack darauf sind, was uns geschieht, wenn wir sterben. Während des Todes wird das Unterbewußtsein zum Bewußtsein, und wir werden mit den Schattenfiguren konfrontiert, die es enthält.

Wenn das Bewußtsein ausgelöscht ist, wie während des Schlafes, bei einer Anästhesie oder sogar beim Tod, ist es sich immer noch dessen bewußt, was in seiner physischen Umgebung passiert. Cayce verwies darauf, daß dies wichtige Umstände sind, die in bezug auf die Relevanz von Suggestion in Betracht gezogen werden sollten. Kürzlich ist bestätigt worden, daß Patienten in Narkose sich darüber ›bewußt‹ sind, was Leute, die um sie herum sind, sagen. Über diese Tatsache ist immer wieder berichtet worden, daß Patienten einen Arzt mit einer Bemerkung nach der Operation überraschten, die sich auf Vorfälle bezog, die während des chirurgischen Eingriffes passierten. Über lange Zeit neigten Mediziner dazu, derartige Geschehnisse als zufällige Übereinstimmungen abzutun; aber in den letzten Jahren haben die Chirurgen sie ernster genommen.

Dr. Frank Guerra, Arzt am Denver Presbyterian Hospital, hat das Rundschreiben ›Human Aspects of Anesthesia‹ verfaßt, um Kollegen über die jüngste Entwicklung auf diesem Gebiet zu informieren. Darin wird von Experimenten berichtet, die deutlich machten, daß mit bemerkenswerten Erfolgen Patienten unter Narkose Suggestionen gegeben werden können, die den Blutfluß kontrollieren und die Heilung beschleunigen können.

Selbst nach dem Tod bleibt das Unterbewußtsein sich seiner Umgebung bewußt. Damit ist es offensichtlich möglich, daß ein Mensch tot ist und es nicht weiß. Die Tibeter kannten Verfahrensweisen, die gerade Gestorbenen darin zu ermutigen, ›auf das Licht zuzugehen‹ und damit die Verstorbenen zu verabschieden.

Das neuere Interesse am Sterbeprozeß, teils angeregt durch Berichte über Erfahrungen von Personen, die dem Tode nahe waren, resultierte in der Übernahme ähnlicher Methoden in der westlichen Welt. Cayce empfahl für die Sterbenden zu beten, in der katholischen Kirche gab es die Tradition, für die Verstorbenen eine neuntägige Andacht zu halten. Wenn ein Mensch stirbt, verschwindet das Bewußtsein nicht sofort ins Nichts; das Unterbewußtsein bleibt noch für einige Zeit im

Kontakt. Man kann mit gerade Verstorbenen sprechen und sie beruhigen und ihnen in sanfter Weise raten, nach dem ›Licht‹ zu schauen und ins ›Licht‹ zu gehen.

Das Buchstabenbrett für spiritistische Sitzungen und das automatische Schreiben

Das Unterbewußtsein hat breitgefächerte Talente. Gibt man ihm die Gelegenheit, kann es sich der Talente bedienen und sie vorstellen, was verführerisch, faszinierend und aufdeckend, aber auch irreführend sein kann. Zwei solcher populär gewordener Gelegenheiten, geradezu magische Quellen anzuzapfen, sind das Buchstabenbrett bei spiritistischen Sitzungen und das automatische Schreiben. In beiden Fällen wären Beispiele zu nennen, die von inspirierendem hellseherischen Material zeugen, aber es gibt auch viele Beispiele von Geschädigten.

In meiner eigenen Familiengeschichte zum Beispiel steht das Buchstabenbrett am überzeugendsten ein für die Wirklichkeit und das Mysterium hellseherischen Bewußtseins. Vor vielen Jahren hatten meine Mutter und einige ihrer Freunde mit dem Buchstabenbrett* experimentiert. Mein Vater, zu der Zeit bei der Post beschäftigt, fragte sie, ob sie das Buchstabenbrett nicht für etwas Nützliches einsetzen könnten. Er hatte seine Armbanduhr an dem Tag verloren, vermutlich, als er die Post austrug. Als sich die Frauen an die Arbeit mit dem Buchstabenbrett machten, kreiste es die Kreuzung zweier Straßen ein. Diese Region, stellte mein Vater fest, war nicht seine

---

* Es gibt unterschiedliche Arten sogenannter Buchstabenbretter. Sie funktionieren im Prinzip aber alle gleich. Auf einem Brett liegen die Buchstaben des Alphabets, die Zahlen von 0–9 und die Worte Ja und Nein. Ein beweglicher Mechanismus, auf den die Teilnehmer dieser Art von spiritistischen Sitzungen ihre Hände oder Finger legen, zeigt durch Verschiebung auf einen Buchstaben, auf eine Zahl oder auf Ja oder Nein. Daraus ergeben sich dann Sinnzusammenhänge, die Fragen beantworten usw. (Anmerkung der Übersetzerin).

Postroute, sondern befand sich in einem anderen Teil der Stadt. Meine Mutter sagte, daß er, da er um Hilfe gebeten hatte, diesem Hinweis folgen sollte. Sie gingen alle an die Kreuzung in der Region und suchten überall, fanden die Uhr aber nicht. Einige Kinder spielten vor dem Eingang eines Hauses in dieser Ecke, und mein Vater fragte sie, ob sie eine Uhr gesehen hätten. »Was für eine Uhr?« fragte ein Junge. Mein Vater gab eine Beschreibung ab, und der Junge führte ihn zu seinem Haus und gab meinem Vater seine Uhr zurück. Der Junge hatte sie in der Nähe eines Briefkastens gefunden, den mein Vater an diesem Tag benutzt hatte. Es ist normal, anzunehmen, daß ein Buchstabenbrett Informationen aus dem Unterbewußtsein aufnimmt. Da der Junge bereit schien, die Uhr aufzugeben, war sein Unterbewußtsein vielleicht die Quelle für die Botschaft an das Buchstabenbrett.

Diese Leistung ist typisch für die Funktionsweise des Buchstabenbretts, wie sie bekannt und berühmt ist. In Stoker Hunts umfassendem Werk ›Das Buchstabenbrett: das gefährlichste Spiel (Ouija: The Most Dangerous Game)‹ führt er seinen Gebrauch auf die Zeit vor Pythagoras für die westliche Welt und vor Konfuzius für den Osten zurück. Beide Traditionen benutzten es, um die Geister zu befragen. In der modernen Zeit hat es erneut Interesse und Kontroversen ausgelöst.

Im Jahre 1912 zum Beispiel, als eine Frau namens Pearl Curran mit einem Buchstabenbrett experimentierte, erschien eine Person namens ›Patience Worth‹. Patience diktierte Pearl, die nur eine einfache Schulbildung hatte, einige Romane und eine Menge feinster Poesie. Ihre Romane ›The Sorry Tale‹ und ›Hope Trueblood‹ erhielten glänzende Kritiken. Stoker schrieb, Patience konnte herrliche Verse ganz gleich zu welcher Thematik aus dem Stegreif und auf Anfrage erschaffen. Einmal jedoch, als sie gebeten wurde, die normalen Gutenachtgebete für Kinder zu verschönern, die einen gewissen morbiden Unterton hatten (»Ich gehe jetzt zu Bett, um zu

schlafen...«), war Patience still. Zwei Wochen später unterbrach Patience eine Session und deklamierte – als ob sie ihr Ideal vortrüge: »Laßt meine Kehle ein Lied singen, das wie das Gurren der Tauben tönt. Oh, daß meine Kehle lieblich klinge und meine Worte wie die Berührung des Schlafes. Ach verleih meiner Zunge die Kraft der Einfachheit.« Nach einer Weile entstand dieses Gebet:
Ich, Dein Kind auf ewige Zeit, spiele
Auf Deinen Knien, bis der Tag sich neigt.
In Deinen Armen bin ich nun geborgen,
Kann lernen von Deiner Weisheit im Schlaf.

Die vielleicht berühmteste Persönlichkeit im Zusammenhang mit dem Buchstabenbrett ist Seth. Seth manifestierte sich zum ersten Mal, als Jane Roberts mit einem Buchstabenbrett experimentierte. Später diktierte Seth Jane eine Reihe metaphysischer Bücher, während diese in Trance war. Eines von ihnen, das zunächst unter dem Titel ›The Coming of Seth‹ und anschließend unter ›How to Develop Your ESP Powers‹ erschien, empfiehlt den Gebrauch des Buchstabenbretts zur Erlernung von Außersinnlicher Wahrnehmung (ASW).

Jane entwickelte sich vom Buchstabenbrett zum mündlichen Channeling von Seth. In diesem Sinne kann ein Buchstabenbrett ein wirkungsvolles Sprungbrett dazu sein, mit der Entwicklung hellseherischer Sensibilität anzufangen. Doch von allen Quellen, die Hunt durchgesehen hat, ist Seth die einzige, die immer wieder den Gebrauch des Buchstabenbretts als Tor zum Übersinnlichen empfahl. Andere, die es benutzt haben, auch wenn sie dabei erfolgreich waren, waren dazu übergegangen, anderen davon abzuraten. Zum Beispiel der Dichter James Merrill, der den Pulitzer-Preis mit dem dreibändigen Epos ›The Changing Light at Sandover‹, das durch den Gebrauch eines Buchstabenbretts entstanden war, erhielt, gab zu bedenken, daß er zu viele Freunde sehe, die sich darin verstrickten und Schaden davontrugen. Hunt berichtet von einem Mordfall, zahllosen geistigen Verwirrungen, Besessenheit des Geistes und Situationen, die an Besessenheit des Geistes denken ließen. Cayce warnte ebenfalls eindringlich vor dem Gebrauch.

Das automatische Schreiben ist ebenso umstritten. Wie beim Buchstabenbrett wird das Unterbewußtsein eingeladen, sich für die bewußte Überprüfung zu enthüllen. Zum Beispiel fand Dr. Anita M. Muhl, eine Psychiaterin, die mit dem automatischen Schreiben als therapeutischem Mittel gearbeitet hat, daß dieses ein mächtiges Werkzeug für ihre Patienten darstellte bei der Entdeckung des Unterbewußtseins. In ›Automatic Writing: An Approach to the Unconscious‹ schreibt sie, daß es nicht aus Neugierde eingesetzt wurde, sondern mit der Absicht, zu heilen. Das Material, das dabei produziert wurde, wurde überprüft, vom Arzt und Patienten sorgfältig betrachtet und reflektiert. Das Ziel war, dem Patienten ein größeres Bewußtsein zu verschaffen, und nicht, es zu schmälern zugunsten einer größeren Aktivität des Unterbewußtseins. Doch wenn sich jemand dem Unterbewußtsein ganz unbekümmert öffnet, ohne sich der Empfehlung eines Therapeuten anzuvertrauen, begibt er sich ins Ungewisse.

Der Streit darüber, ›was‹ genau beim Buchstabenbrett oder automatischen Schreiben hochkommt, bezog sich im allgemeinen auf die Polarität zwischen nichtbewußten Persönlichkeitsanteilen und nicht inkarnierte Wesenheiten. Was an Edgar Cayces Darlegung über das Buchstabenbrett einzigartig ist, sind nicht seine Vorbehalte, sondern die Auflösung der bestehenden dualistischen Perspektive über die Quelle der Botschaften. Laut Cayce ist die Quelle das Unterbewußtsein. Das bedeutet, daß sie sowohl nichtbewußte Persönlichkeitsanteile des Unterbewußtseins als auch das Unterbewußtsein anderer Leute und von nicht inkarnierten Wesenheiten integriert. Jedes Unterbewußtsein ist mit den anderen in Kontakt und bildet so einen gemeinsamen Pool. Wenn dem Unterbewußtsein erlaubt wird zu sprechen, ist nicht zu unterscheiden, ›wessen‹ Unterbewußtsein sprechen wird. Mit anderen Worten, wenn Cayce von der *Astralebene* spricht, spricht er von dem besonderen ›Schwingungsbereich‹ der vierten Dimension, in dem das Unterbewußtsein wohnt.

Carl Jung entwickelte eine ähnlich integrierte Sicht. Er leitete eine Untersuchung über ein Medium von dem Moment an, als es die ersten Anzeichen von Dissoziation zeigte bis zum Ende seiner Karriere als Medium, und publizierte seine Ergebnisse in ›Über die Psychologie und Pathologie sogenannte okkulter Phänomene‹. Für Jung würde sich die Frage »Ist es der nichtbewußte Persönlichkeitsanteil oder eine Wesenheit?« anhören, als fragte man, »Gehört die Idee zu den Menschen, die sie denken?« Menschen sind für ihre Ideen verantwortlich, denn sie drücken das Wesen des Menschen aus. Doch Ideen haben auch ihr eigenes Leben. Jung machte häufig die Beobachtung, wie fließend die Grenzen zwischen dem persönlichen Unterbewußtsein und transpersonalen Phänomenen sind. Er stellte fest, daß Kinder oft als unbewußter Kanal für die unterdrückten Gefühle ihrer Eltern dienen. In einem ähnlichen Ansatz wie Cayce sah Jung die ›Poltergeist‹-Aktivitäten als eine Mischung aus unterbewußten und transpersonalen Energien, die im Zusammenhang von familiären Beziehungen auftauchten. Die ganz persönliche Energie bei Sexualkonflikten zum Beispiel wird in den Raum ›hinausgeschleudert‹, wo sie in Gefahr läuft, von der Anwesenheit transpersonaler Energien (d. h. ›Wesenheiten‹) mit ähnlichen Schwingungen aufgebauscht zu werden.

So im Fall von Matthew Manning, der der Mittelpunkt von ›Poltergeist‹-Aktivitäten wurde. Er wurde dazu gebracht, es mit dem automatischen Schreiben zu probieren, und als er schrieb, hörten die ›Poltergeist‹-Aktivitäten auf. Die Energie wurde von den schrecklichen Vorkommnissen auf der physischen Ebene auf die Worte, die aus Mannings Feder flossen, umgelenkt. Schließlich schrieb er ein Buch über seine Erfahrungen mit dem Titel ›The Link‹. Die Therapie besteht wie bei der Psychotherapie darin, seine Geschichte zu erzählen, angehört zu werden und dadurch erleichtert.

Medium sein und Channel

Ein *Medium* ist laut der alten Definition jemand, der mit den Toten kommuniziert. Heute würden wir ein Medium als einen *Channel* (Kanal) bezeichnen, jemand, der Informationen aus einer Quelle, die in einer anderen Seinsdimension als in der Verkörperung eines Menschen existiert, übermittelt. Cayce spricht von sich selbst während seiner hellseherischen Trance oft als von einem Channel. Er trat aber auch dafür ein, daß wir alle füreinander Channel sind: begnadeter Channel. Beide Worte, Medium und Channel, sind vom Fachlichen her gesehen wertneutral gebraucht; ihnen ist gemeinsam, daß sie ein Weg zur Übermittlung von etwas dienen. Zur Beurteilung des Channelings dreht sich die Frage nicht so sehr darum, ob eine verstorbene Wesenheit oder ein Engel Quelle ist, sondern ob die Information auf einer unterbewußten oder überbewußten Quelle basiert.

Leute fragten Cayce zu ihren Erfahrungen während der Meditation, in Träumen und im täglichen Leben, die Kontakt mit verstorbenen Wesen, in der Regel Verwandte, aufwiesen. Oft wollten diese Leute den Sinn der Erfahrung erfahren, ob der Kontakt echt war, und ob ein solcher Kontakt für Rat und Hilfe und für das persönliche Wachstum benutzt werden könnte. Seine Antwort auf diese Fragen war stets gleich: der Kontakt war echt und basierte gewöhnlich auf gegenseitigem Bedürfnis und Wunsch, oft als Erweiterung der Beziehung, die zwischen beiden bestand, als beide noch lebten. Was ihren Wert anbetrifft, meinte Cayce, daß der Kontakt sein wichtigstes Anliegen bereits erfüllt hatte: als ein Ausdruck von Liebe, oder um die Lebenden zu beruhigen, daß die Toten weiterleben. Er empfahl jedoch keine weitere Kommunikation, nicht aber deswegen, weil der Kontakt ›falsch‹ sei.

Als erstes behauptete er, daß die Toten nicht größere Erkenntnisse übermitteln könnten als zu der Zeit, als sie noch lebten. Im Tod wird das Unterbewußtsein zum Bewußtsein und kann direkt mit dem Unterbewußtsein der Lebenden kommunizieren. Für die Lebenden können solche Übermittlungen wie eine Offenbarung erscheinen. Zum zweiten erklärte er, daß der Tod auch die Notwendigkeit bedeutete, irdische Belange loszulassen, den Weg zum Licht anzutreten und sich in den Bereich höherer Schwingungen zu begeben, als Teil des Durchgangs in die eigene Zukunft. Oft haben solche Wesenheiten die Verbindung mit irdischer Erfahrung beibehalten, und werden zu dieser Verbindung von lebenden Personen ermutigt, die mit ihnen kommunizieren wollen und von ihnen Rat und Hilfe wünschen. Er riet von einer solchen gegenseitigen Abhängigkeit ab, die sich aus derartigen Beziehungen entwickeln könnte. Statt dessen trat er dafür ein, daß die lebende Person für den Toten beten sollte und lieber andere Quellen um Rat und Hilfe aufsuchen sollte.

Cayce betonte diese Einstellung in seiner eigenen Arbeit, selbst in Zeiten, in denen Geister von Verstorbenen durch ihn sprachen. Tatsächlich schienen manchmal einige der Wesenheiten Engel oder höhergestellte Wesen zu sein, die nicht mit einzelnen Seelen in Verbindung standen. Bei einer Gelegenheit zum Beispiel identifizierte eine inspirierende Stimme sich selbst als ›Erzengel Michael‹. Sie übermittelte eine starke Botschaft, und die Anwesenden in dem Raum waren überwältigt von der Kraft und der Autorität dieser Präsenz. Doch Cayce suchte solche Kontakte nicht zu vertiefen.

Einer der interessantesten Fälle zu diesem Thema war ein gegenseitiges Reading, das Edgar Cayce und Eileen Garrett einander gaben. Als Cayce darum gebeten wurde, die geistige Führung, die durch sie sprach, zu kommentieren, zögerte er mit der Antwort: »Laßt sie lieber für sich selbst sprechen.« Als er sie erläuterte, war der wichtigste Aspekt über ihre Natur die Erfahrung, die Mrs. Garrett mit sich machte, daß nämlich die geistige Führung ihre eigene seelische Entwicklung widerspiegelte.

Ira Progoff, ein Psychiater, der Mrs. Garretts geistige Führung ausführlich interviewte, kam zu einem ähnlichen Ergebnis. Sein faszinierendes Buch ›The Image of an Oracle‹ enthält Protokolle seiner Unterhaltungen mit ›Ouvani‹, ›Abdul‹, ›Tahoteh‹ und ›Ramah‹, jeder zunehmend höherstehend in der Rangfolge führender Intelligenz. Er befragte jeden zur Natur seines Wesens. Die Unterhaltung mit Ramah, dem Ranghöchsten der Gruppe, war am aufschlußreichsten im Hinblick auf diese Führung und machte einen ziemlichen Eindruck auf Progoff selbst. Er kam zu dem Schluß, daß diese Führung Überlegungen von Mrs. Garrett waren, und dennoch gleichzeitig Personifizierungen archetypischer Intelligenz, die in anderen Dimensionen existiert, besonders im Fall von Tahoteh und Ramah. Seine Bezeichnung dafür war der ›seherische Dynatyp‹, der den Teil menschlicher Existenz betrifft, der ausdrücken will, was universell und transpersonal ist. Progoff kam zu dem Schluß, daß ein jeder von uns seine eigene Version des Orakels in sich trägt, aber daß die Erreichung dieser Bewußtseinsebene eine Sache der persönlichen Entwicklung war.

Als Mrs. Garrett für Cayce ein Reading gab, war es Ouvani, der sprach. Ouvani bestätigte den Unterschied in der Art des Channeling zwischen Cayce und Mrs. Garrett; das heißt, daß durch sie Wesenheiten sprachen, während Cayce in Verbindung mit dem Höchsten in sich selbst in Kontakt stand, um daraus eine neue Perspektive zu gewinnen. Er wies auch darauf hin, daß auch Cayce geistige Führer hatte, die sich sehr wünschten, sprechen zu können. Als er gebeten wurde, die Namen zu nennen, gab Ouvani eine ähnliche Antwort wie Cayce, nämlich, daß es Cayces eigene Sache sei, dies festzustellen. Ouvani fuhr fort, Cayce zu ermuntern, von diesen Führern Gebrauch zu machen. Er sagte, daß wenn Cayce müde war, sie schon bereit waren, spontan in seinem Interesse zu sprechen. Er sagte auch, daß es für Cayce weit weniger erschöpfend in körperlicher Hinsicht sein würde, wenn er von diesen Quellen Gebrauch machen würde. Hiermit erhielt Cayce einen Vorschlag, der einen seiner aktuellen Belange ansprach: wie er seine körperlichen Kräfte und seine hellseherische Arbeit in Einklang bringen sollte. Cayce befragte seine Quelle zu diesem Vorschlag, und die Quelle gab ihm zu verstehen, daß es an ihm war, dies zu entscheiden. Cayce diskutierte die Angelegenheit mit denen, die ihm nahe standen, und entschied wie vorher weiterzumachen, nicht die Führung aus dem Unterbewußtsein irgendeiner Wesenheit zu suchen, sondern nur die höchste Quelle in Cayce selbst, in seinem eigenen Unterbewußtsein. In einem darauffolgenden Reading bestätigte Cayces Quelle, daß dies eine gute Entscheidung gewesen sei.

Das Unterbewußtsein ist subjektiv

Wenn das Unterbewußtsein, das anscheinend eine unendliche Reichweite hat, in der Lage ist, auf das miteinander Verbundensein des Lebens zu reagieren und uns Persönlichkeiten von erstaunlichem Genie zu liefern, ist es dann nicht das, was mit dem *Über*bewußtsein gemeint ist? Aber gibt es einen wichtigen Grund, die Unterscheidung zu machen? Viele Leute benutzen die Begriffe Bewußtsein, Unterbewußtsein und Überbewußtsein oder universelles Bewußtsein, schreiben aber alle Eigenschaften wie Telepathie und Hellsichtigkeit dem Überbewußtsein zu. Das ist verständlich, da das Unterbewußtsein den Ruf hat, der Teil zu sein, in den das Schmutzige verdrängt wird, wobei seine telepathische Fähigkeit übersehen oder dem Überbewußtsein zugeordnet wird. Doch diese begriffliche Unterscheidung ist problematisch. Sie vernachlässigt nicht nur eine wichtige Eigenschaft des hellseherischen Bewußtseins, sondern führt auch zu der irrigen Annahme, daß hellsichtig aufgenommene Information zutreffend und objektiv sein muß. Diese Annahme kann einige negative Folgen haben, weil das Unterbewußtsein subjektiv ist.

Cayce beschrieb das Unterbewußtsein als den Vermittler zwischen dem Bewußtsein und dem Überbewußtsein. Das Unterbewußtsein erhält Informationen von beiden Enden der Skala. Informationen, die über das Unterbewußtsein abgegeben werden — auch hellseherische Informationen — sind nichtsdestotrotz zu Begriffen von Gedankenmustern, die im Unterbewußtsein gespeichert sind, verarbeitet worden. Mit anderen Worten, das Unterbewußtsein ist ein voreingenommen Wahrnehmender, seine Wahrnehmungen sind gefärbt und durch Anhäufung von Vermutungen und in ihm gespeicherter Erinnerungen vorgefaßt.

Die meisten der spontanen Fälle von ASW sind Beweis für die Selektivität, die auf den Bedürfnissen und Interessen der davon betroffenen Person basieren. Der Tod eines geliebten Menschen beispielsweise ist ein häufiger Auslöser für eine ASW-Erfahrung. Hier ist die Relevanz für den Einzelnen offensichtlich. Psychoanalytiker, die die ASW-Erfahrung ihrer Patienten untersucht haben, haben wiederholt bestätigt, daß das, *was* auf der hellseherischen Ebene wahrgenommen wird, ein Ausdruck der Bedürfnisse und der Interessen des Patienten ist. Zum Beispiel ist es üblich für Patienten, Träume zu haben, die für sie unbekannte telepathische Informationen über das Privatleben des Therapeuten beinhalten. Jules Eisenbud, einer der prominentesten Psychoanalytiker, die das Paranormale untersuchten, zitiert viele Beispiele von Psi und

Psychoanalyse. Bei einer Gelegenheit präsentierten verschiedene unterschiedliche Patienten Dr. Eisenbud einen Traum, der hellsichtige Informationen über ihn enthielt. Noch viel interessanter war die Tatsache, daß jeder Patient etwas anderes wahrgenommen hatte. Jeder hatte sich auf einen Aspekt von Dr. Eisenbuds Leben eingelassen, der von besonderer Bedeutung und Relevanz in den Auseinandersetzungen, Fragen, Bedürfnissen und Wünschen des Patienten war. Vielmehr, die Tatsachen, die als Information in den Träumen erschienen, waren im Gewande der eigenen geistigen Muster eines jeden Patienten. Damit war das, *was* durch ASW gesehen wurde und *wie* es geschildert wurde, der Ausdruck des Wahrnehmenden. Dieser Einfluß persönlicher Formung bei der ASW ist nicht anders als das, was bei der gewöhnlichen Wahrnehmung passiert.

Das Überbewußtsein

Jung nannte den geistigen Bereich, der die reinen Archetypen beinhaltet, *das kollektive Unbewußte* oder *das objektive Unbewußte,* um es vom subjektiven, persönlichen Unbewußten zu unterscheiden. Während das Unterbewußtsein subjektiv ist, ist das Überbewußtsein objektiv — manche sagen *un*persönlich. Cayce stellte das Überbewußtsein in den Bereich zwischen der Einheit, oder Gott, und der Individualität der Seelen. Es ist wie das reine Bewußtsein der Seele, so wie sie am Anfang war, bevor sie begann, zwischen sich und dem Schöpfer eine Distanz zu schaffen. Denken Sie an das Hintergrund-Bewußtsein — der Stumme Zeuge — dem wir in unserem Versuch im zweiten Kapitel begegneten. Das Überbewußtsein ist wie der Stumme Zeuge von der Seele erstem Bewußtsein, dem Unterbewußtsein. Wenn die Seele durch das Fenster des Unterbewußtseins hinausblickt, dann ist das Überbewußtsein im Hintergrund der Stumme Zeuge der Seele. Während das

Unterbewußtsein von den Erinnerungen an vergangene Leben berührt wird, hat das Überbewußtsein die unpersönliche Erinnerung an solche Erfahrungen. Es ist das Überbewußtsein, das die Akasha Chronik aller Seelen ›lesen‹ kann.

Das Überbewußtsein ist nur als Einfluß aktiv, so Cayce, wenn wir das Bewußtsein beiseite legen, um das Unterbewußtsein zum aktiven Bewußtsein werden zu lassen. Wenn das Unterbewußtsein zum Bewußtsein wird, dann nimmt das Überbewußtsein die Position des Unterbewußtseins ein. In solchen Zeiten kann das Überbewußtsein durchbrechen, genauso wie das Unterbewußtsein zum Bewußtsein durchbrechen kann, wenn es erweckt worden ist.

Die Spuren des Überbewußtseins finden sich gewöhnlich in den Träumen. Zum Beispiel wird das universelle Thema des Todes oft als Rückkehr zur Großen Mutter, von der wir alle kommen, dargestellt. Damit ist niemand zufriedengestellt, dieses universelle Thema auszudrücken. Vielmehr wird, wenn das universelle Thema im Leben eines Menschen aktiviert wird, ein bestimmtes Bild, das in das Muster paßt, aus dem Unterbewußtsein des Menschen auftauchen.

So kann das universelle Thema von der Wiederkehr aktiviert werden, in einer Phase der Depression als Teil eines Erneuerungszyklus, bei dem Altes sterben muß, um Platz zu schaffen für das Neue, das geboren werden soll. Sie träumen vielleicht, Sie fallen in ein Loch, ein Bild, das aus solchen persönlichen Erfahrungen, wie etwas in einem Loch zu verlieren oder einer Beerdigung, stammt. Das Muster ist universell; das bestimmte Bild, das das Muster zum Ausdruck bringt, ist persönlich und subjektiv. Hier ist der Einfluß des Überbewußtseins indirekt. ›Große‹ Träume jedoch enthalten universelle Symbole und weniger persönliche Bilder. Wenn Ihr Überbewußtsein spricht, könnten Sie vielleicht träumen, Sie fallen in ein Loch, das ganz tief in die Erde geht und in einer schwarzen Unterwelt mündet, in der Ihr Sein in Billionen von Tropfen dunkler Tränen aufgelöst wird und vom Leib der Großen Göttin aufgesogen wird. Ein solcher Traum spiegelt in objektiverer Weise die reine Symbolik des Überbewußtseins wider.

Wenn wir die Ebene des Überbewußtseins erfahren wollen, dann müssen wir laut Cayce etwas mehr tun, als das Bewußtsein beiseite legen. Zunächst einmal ist es wichtig, daß Sie sich der Ideale bewußt sind, von denen Sie möchten, daß sie Ihr Leben durchziehen, weil das Überbewußtsein die Domäne für Ideale in ihrer schöpferisch prägenden Funktion ist. Die Anstrengung, ein Ideal konkrete Realität werden zu lassen, aktiviert die Energie des Überbewußtseins. Als zweites ist es wichtig, einen Weg zu finden, Ihr Leben so zu leben, daß sowohl Ihre Persönlichkeit zum Ausdruck kommt, als auch den Bedürfnissen anderer Anteile Rechenschaft getragen wird, durch die ihre Persönlichkeit unterstützt wird. Das Überbewußtsein stellt eine Ebene des Seins dar, auf der Einheit und Persönlichkeit integriert sind und gleichbedeutend sind. Somit heißt auf diese Weise leben, in Übereinstimmung mit dem Überbewußtsein zu leben. Und schließlich müssen Sie Ihre eigene Subjektivität anerkennen, damit sie aufhört, nach Aufmerksamkeit zu rufen. Dies erlaubt der universellen Ebene, mehr Einfluß nehmen zu können. Es hat sich herausgestellt, daß regelmäßiges Meditieren und die regelmäßige Anwendung der Hypnose, um subjektive Bilder aufnehmen zu können, die Frequenz der universellen Bildsymbolik in Träumen erhöhen. Wenn Sie sich an die Bewältigung Ihrer subjektiven Probleme begeben, erleichtern Sie das Unterbewußtsein und erlauben ihm, empfänglicher für das Überbewußtsein zu sein.

Der unendliche Geist

William Blake ruft uns in Erinnerung: »Wenn die Tore der Wahrnehmung gereinigt wären, würde alles erscheinen, wie es wirklich ist: unendlich.« Die Grenzen des Geistes sind die Grenzen der Phantasie – es gibt keine, nur die, die man sich selbst gesetzt hat. Wir können unsere Phantasie auf das Unendliche richten und uns, wie Cayce sagt, wenn wir unsere höchsten Ideale erwägen, weit davon entfernt finden. Die Phantasie ist wie ein Angelhaken, der in die äußersten Bereiche des Geistes ausgeworfen ist. Sie ist auch wie ein tiefliegender Urquell, der mit lauter Proben aus der unendlichen Tiefe des Geistes hervorsprudelt.

Wer sich von dem Cartesianischen Weltbild befreit, nach dem Geist und Natur getrennt sind, findet zu einem größeren ›Ich bin‹. Das Bewußtsein des Stummen Zeugen umfaßt den ganzen Kreis des Geistes der Seele, von den endlosen darin enthaltenen Phantasiemustern bis zu den endlosen Reflexionen des göttlichen Geistes in allen Schöpfungen. Wenn wir in der ›Hier und jetzt‹-Einstellung des Geistes bei den täglichen Erfahrungen, der wie William Blake uns erinnert, potentiell unendlich ist, eine Weile innehalten, werden wir dies feststellen. Wenn wir noch stiller werden, auf unser Unterbewußtsein lauschen und zulassen, aufnahmebereit für seine subtilen Eingebungen zu werden, gelangen neue Dimensionen unendlichen Ausmaßes in unsere Reichweite. Schöpfen Sie Meditation und Hypnose aus: beides erhöht den Geist und lotet seine Tiefe aus. Oder lassen Sie das Bewußtsein einmal ganz und gar beiseite und halten Sie ein Schläfchen, denn in Träumen können wir noch die anderen Dimensionen unserer Existenz erfahren. Und dann gibt es den tiefen traumlosen Schlaf – den Zustand des Bewußtseins, der am natürlichsten in Harmonie mit dem ursprünglichen, unendlichen Geist steht.

10   Der Körper des hellseherischen Bewußtseins

In diesem Körper, sechs Fuß lang, mit seinen sinnlichen Eindrücken und seinen Gedanken und Ideen, sind die Welt, der Ursprung der Welt und ebenso der Weg, der zu deren Ende führt, enthalten.

BUDDHA

Wann immer dann die Öffnung der Leydig-Zentren und der Kundalini Kräfte von der Epiphyse beginnend stattfindet, finden wir, daß Visionen von Dingen kommen, von Dingen, die geschehen.

EDGAR CAYCE Reading Nr. 4087 – 1

Wir befinden uns mitten in einer Revolution. Sie passiert in einer der etabliertesten, konservativsten Unternehmen in der westlichen Welt: auf dem Gebiet der Medizin. Da sie einen intimen und verletzlichen Bereich unseres Lebens trifft, hat sie eine tiefe Wirkung darauf, wie wir die Welt sehen und wie wir in ihr leben. Die Revolution, die langsam Anhänger gewinnt, wurde ganz sanft von Edgar Cayce, dem Vater der holistischen Gesundheitspflege, die auf dem Wissen basiert, wie der Geist den Körper beeinflußt, initiiert.

Cayces führende Rolle wurde in dem ›Journal of the American Medical Association‹ vom 16. März 1979 gewürdigt, dessen Herausgeber Dr. John P. Callan, schrieb: »Die Wurzeln des gegenwärtigen Holismus liegen wahrscheinlich 100 Jahre zurück, bei der Geburt von Edgar Cayce in Hopkinsville.« Viele der aufregenden Entwicklungen in der heutigen Medizin waren von Cayce in seinen hellseherischen Readings angekündigt worden.

Nicht nur die verbreitete Überzeugung, daß der ganze Mensch betrachtet werden muß, wenn wir an die Gesundheit denken wollen, sondern auch sehr spezifische Fakten und Konzepte darüber, wie der Körper funktioniert, besonders der Einfluß geistiger Faktoren auf das körperliche Befinden. Dieser Bereich der hellseherischen Readings von Cayce wird allgemein als derjenige angesehen, der die größte Bestätigung gefunden hat, besonders in den letzten zweiunddreißig Jahren. Seine Ansichten über die Rolle des Körpers im hellseherischen Bewußtsein haben ebenfalls Bestand.

Wie wir gesehen haben, konzentriert sich Cayces Methode, das hellseherische Bewußtsein zu entwickeln, darauf, zu lernen, sich auf Schwingungen einzustellen, das Bewußtsein beiseite zu lassen und sich auf hohe Ideale zu konzentrieren; aber er betonte auch die Wichtigkeit des Körpers. Der Körper ist der ›Tempel‹, in dem wir den hellseherischen Energien begegnen.

Wir können uns den Körper als das ›Instrument‹ des hellseherischen Bewußtseins vorstellen. Obwohl die Musik selbst die Botschaft ist, muß die Musik durch Schwingungen zum Ausdruck gebracht werden. Das Musikinstrument übermittelt die Schwingungen.

Wenn das Instrument in keiner guten Form ist, ist seine Resonanz auf die Schwingungen in keiner Weise perfekt und verzerrt die Musik. Das hellseherische Bewußtsein kommt aus der Seele; die Seele findet sich durch das Vehikel eines Körpers auf der Erde ein.

In diesem Sinn müssen wir den Körper des hellseherischen Bewußtseins untersuchen.

Der Körper korrespondiert mit der Seele

Der Körper ist wie ein Artefakt, das denen, die sehen können, einen Hinweis auf die Natur des Urhebers gibt. Der Körper ist der physische Rückstand der Seelenäußerung, da die Schwingungsenergie der Seele von den Bildern, die im Geist entstanden, geprägt worden ist. Nach Cayces Vorstellung von der Schöpfung entwickelten die Seelen, da sie von der stofflichen Welt angezogen wurden, Körper, in denen sie ›gefangen‹ waren. Doch der Körper ist nicht einfach das Sinnbild dieser hypnotischen Verstrickung; er ist auch Symbol für das, was gefangen wurde. Der Körper korrespondiert damit mit der Seele und zeigt das auch. Laut dem Prinzip der Übereinstimmung (oder auch Entsprechung), das wir im dritten Kapitel diskutierten, (›wie oben, so unten‹), ist der Körper wie das zu Körper gewordene Bild der Seele, wie das, was in der Vorstellung des Schöpfers erschaffen wurde.

Die Übereinstimmung hat viele Dimensionen. Zum Beispiel drückt unsere Körperhaltung aus, wie wir uns fühlen. Eine traurige Person kann gebeugt gehen oder die Schultern hängen lassen, eine glückliche Person geht vielleicht aufrecht. Sie können anhand der Haltung, die der Körper einnimmt, ablesen, wie eine Person sich fühlt. Die Handschrift ist ein weiterer physischer Ausdruck für die innere Befindlichkeit einer Person, wie Graphologen uns sagen. Das physische Muster reflektiert die Muster spiritueller Energie, was Handlesekunst oder Fußreflexzonenmassage unter Beweis stellen.

Es ist wichtig, sich zu merken, daß Übereinstimmungen oder Entsprechungen in beiden Richtungen wirken können. Laut Cayce beeinflußt nicht nur das Geistige und Spirituelle die physische Erscheinung, sondern umgekehrt kann auch das Geistige und Spirituelle durch Veränderung des physischen Zustandes verändert werden. Die neuen ›Körpertherapien‹ setzen hier an, und es gibt einige Beweise für diese physisch-psychologische Wirkungsweise. Unlängst wurde eine Versuchsreihe durchgeführt, die die Wirkung verschiedener Gangarten auf die Stimmung beobachten sollte. Forscher bestimmten die Stimmungen der Versuchspersonen mit Hilfe eines Fragebogens, und instruierten sie dann, spazieren zu gehen. Einigen Leuten wurde gesagt, langsam zu gehen und mit schlurfendem Gang; anderen wurde gesagt, flott mit erhobenen Häuptern auszuschreiten. Nach dem Spaziergang wurden ihre Stimmungen erneut bestimmt. Die Leute, die in langsamer, schlurfender Gangart gelaufen waren, wurden depressiv, während die Leute, die schnell gelaufen waren, fröhlicher waren. Dies ist nur eine einfache Demonstration eines Prinzips, das in weitem Umfang in den Cayce-Readings verwendet wird. Er schlug vor, den Körper zu reinigen, um reiner im Geist zu werden. Auf diese Weise können wir durch unsere Beziehung mit dem Körper Zutritt zu unserer Seele gewinnen und zu hellseherischer Fähigkeit.

Die drei Körper

Cayce war ein Meister darin, Übereinstimmungen und wiedererkennbare Strukturen wahrzunehmen. Wenn es um die Ebenen des Wesens der Seele ging, verwies er auf eine ganze Anzahl von Übereinstimmungen. In dieser dreidimensionalen stofflichen Welt manifestiert sich die Seele im Muster der Dreiheit. Er betonte das grundlegende Prinzip des Gesetzes der Einheit, daß alle Attribute der Seele auch alle Aspekte der gleichen einheitlichen Realität sind, wie er umgekehrt den Zusammenhang der ›Erdenwürmer‹ der Dreifaltigkeit bzw. dem Muster der Dreiheit herausstellte. Demnach ist das erste Muster der Dreiheit, daß die Seele Geist ist, Verstand und Körper. Geist ist Energie, Verstand ist Struktur und Körper ist die physische Form. Die zweite Dreiergruppe betrifft den Verstand, das Denken: Überbewußtsein, Unterbewußtsein und Bewußtsein.

Die Seele drückt sich in allen drei Körpern aus, und ein jeder korrespondiert mit einem anderen Level des Bewußtseins. Das Überbewußtsein drückt sich in Form eines Seelenkörpers aus, der auch der Geistkörper, der Energiekörper und der Kausalkörper genannt wird. Das Unterbewußtsein drückt sich in Form eines Astralkörpers aus, auch Mentalkörper oder Emotionalkörper genannt. Das Bewußtsein drückt sich in Form des physischen Körpers aus. Die beiden nicht-physischen Körper werden im allgemeinen mit Ätherleibern bezeichnet, das eine gasförmige, nahezu unsichtbare Ebene der Realität suggeriert. Man denke daran, daß nach Cayces Sichtweise unser physischer Körper wie ein Niederschlag ist, der sich aus einer höheren Schwingungsebene heraus verdichtet hat, so wie sich Regentropfen aus dem Wasserdampf verdichten. Die Ätherleiber sind die nicht-kondensierten Formen des Körpers.

Der Seelenkörper. Die reinste, oder höchste oder fundamentalste Form des Seins ist laut Cayce Energie, dann die Struktur und schließlich die Form. Somit wird der fundamentale Körper – der Seelenkörper – Energiekörper oder Geistkörper genannt. Sein anderer Name, Kausalkörper, gibt die Erkenntnis wieder, daß die Energieebene die Voraussetzung für andere Körper ist. Der Seelenkörper ist der ›realste‹ Körper, denn was real ist, stirbt nicht. Wir können ein Buch verbrennen, aber wir können nicht die darin enthaltenen Ideen zerstören, denn die Ideen sind realer als das Buch. Auf gleiche Weise kann der physische Körper zerstört werden, aber der Ätherleib, der Seelenleib und der Astralleib können nicht zerstört werden.

Diese Wirkungsweise kann man bei der ›Kirlianphotographie‹ sehen, eine Technik, die das Energiefeld von etwas Organischen zu fotografieren sucht. Dies können Pflanzen sein, das Äquivalent zum Ätherleib des Menschen. Der Ätherleib kann nur in hellseherischer Weise wahrgenommen werden. Es ist das, was Cayce und andere hellsichtige und spirituelle Metaphysiker als die *Aura* bezeichnen.

Der Mentalkörper. Die zweite Ebene der Realität ist die der Strukturen, die die Verstandes- oder Bewußtseinsebene darstellt. Somit wird der zweite Körper als der Mentalkörper bezeichnet. Er wird auch der Astralleib genannt wegen der Verbindung mit der Astrologie, da der astrologische Einfluß der Planeten ein prägender ist. Er kann auch als *Traumkörper* bezeichnet werden, weil Träume oft die Mentalstrukturen widerspiegeln, die sich auf körperlicher Ebene manifestieren. Cayce nannte den Mentalkörper den *Emotionalkörper*, aus zwei Gründen. Erstens, weil Cayce ein Vorläufer dessen war, was heute als ›cognitiver‹ Theoretiker von Emotionen bezeichnet wird. Einfacher ausgedrückt, er glaubte, daß Emotionen sekundäre Reaktionen sind, primäre seien die Wahrnehmung oder die Idee. Wir reagieren emotional auf Situationen aufgrund unserer Wahrnehmung. Wenn wir eine Situation dahingehend interpretieren, daß wir sie als Muster Bedrohung einordnen, dann geraten wir in Panik. Die traditionelle Psychologie wendete eine instinktive und dann eine körperbezogene Konditionierungsmethode an, um Emotionen zu verstehen; die heutige Psychologie jedoch hat eine kognitive Methode angenommen. Die Rolle der Instinkte wird als eine prägende angesehen. Die körperbezogene Basis von Emotionen, ihre Konditionierung eingeschlossen, wird heute als etwas verstanden, das auf der Grundlage von Wahrnehmung basiert. Mit anderen Worten, entscheidend ist wie wir die Dinge sehen.

Der zweite Grund, weshalb Cayce den Mentalkörper den Emotionalkörper nannte, ist, weil er eine Übereinstimmung zwischen den drei Geistkörpern und den drei Körpern im physischen Körper selbst sah. In der *hellseherischen Anatomie* und in dem Bereich der hellseherischen Phantasie stellen Übereinstimmungen sozusagen die Landeswährung dar. Alles bezieht sich auf Schwingungsmuster, Oktaven und Harmonien. Wie im Juwelennetz der Indra reflektiert jeder Punkt im System auch den anderen Punkt. Wenn es drei Körper gibt, finden wir auch in einem jeden die Spiegelung aller drei.

Der physische Körper. Cayce fand die Wirkungs- und Funktionsweise des Überbewußtseins und des Seelenkörpers im endokrinen System reflektiert und angewandt. Das Unterbewußtsein und der mentale/emotionale/astrale Körper funktionieren und sind im physischen Körper reflektiert durch das autonome Nervensystem. Und schließlich und endlich sind das Bewußtsein und der physische Körper im zerebral-spinalen System reflektiert und wirken durch dieses.

Das zerebral-spinale System schließt das sensorische System und das willkürliche Nervensystem, das die Muskeln kontrolliert, ein. Für das durchschnittliche Bewußtsein bestimmt das zerebral-spinale System in vieler Hinsicht die reale Welt, bzw. die sensorisch-materielle Welt, mit der wir bewußt in eine Wechselwirkung treten können.

Das autonome Nervensystem setzt sich aus dem sympathischen und parasympathischen Nervensystem zusammen, die die Funktionsweisen unserer Körperorgane kontrollieren. Dieses System ist auch für die Auswirkungen von Emotionen auf den Körper verantwortlich: das sympathische Nervensystem beschleunigt den Herzschlag bei Angst, während das parasympathische System den Herzschlag bei Entspannung verlangsamt. Dieses System kommt nicht nur außerhalb unserer bewußten Steuerung zum Tragen, es wirkt auch durch das Bewußtsein des Unterbewußtseins. Unterbewußte Stimulation zum Beispiel kann das sympathische Nervensystem mit Hilfe des Unterbewußtseins aufregen, ohne daß das Bewußtsein die Auswirkungen davon bemerkt. Darum ist Cayces Bezeichnung für diesen Körper, der mit dem Unterbewußtsein als Emotionalkörper des automatischen Nervensystems korrespondiert, ganz geeignet. Von unserer traditionellen Betrachtungsweise der Anatomie aus, stellte Cayce eine seltsame Wechselbeziehung her, wenn er das Unterbewußtsein mit dem endokrinen System in Verbindung bringt. Diese Art der Verbindung bedeutet jedoch einen kritischen Ansatzpunkt für unser Verständnis von der Natur hellseherischer Energien und dafür, wie unser Bewußtsein und Unterbewußtsein die Wirkungsweise dieser Energien beeinflussen kann.

Das kristalline endokrine System:
Umwandler in hellseherische Energie

In welcher Wechselwirkung stehen die Schwingungsmuster der vierten Dimension − Gedanken, Ideen und Bilder − mit dem Gehirn und dem Körper der dreidimensionalen Welt? In welcher Wechselbeziehung stehen das Unendliche und das Endliche miteinander? Denken Sie an unsere frühere Diskussion der Frage, wie Ideen ›in unseren Kopf gelangen‹. Geistige Schwingungen können von einer Person zur anderen ›reichen‹, weil sie Zeit und Raum transzendieren. Das Gehirn erwidert die Schwingungen. Es kann die Schwingungen aus der vierten Dimension in Aktivitätsvorgänge im Körper umwandeln, und es kann auch den umgekehrten Vorgang vornehmen. Zum Beispiel, wenn eine Person die emotionale Verfassung einer anderen Person aufnimmt, spürt sie diese Emotionen als Reaktionen in den Eingeweiden, im Bauch; sie werden von einem Unterbewußtsein zum anderen auf dem Weg über die Schwingungen der vierten Dimension weitergegeben. Wie wird das erreicht?

Können Sie sich an die alten Kristalldetektorempfänger erinnern? Durch das, was wie die reinste Zauberei schien, und was die Wissenschaftler den ›piezoelektrischen Effekt‹ nannten, können die Kristalle die elektromagnetischen Schwingungen von Radiowellen in physikalische Klangschwingungen transformieren. Einen solchen Transformator in unserem Körper, ein miteinander verbundenes System von Kristallen, stellt das Endokrinum dar.

Das Wort *Kristall* ist mehr als eine bloß zutreffende Metapher. Das endokrine System arbeitet wie ein System von ›Kristall-Umwandlern‹ – ein Begriff aus der Elektrotechnik für ein Teil, das Energie von einer Form in die andere transformiert. Physikalische Evolution und Wirkungsweise des endokrinen Systems sind mit der Genese der Kristalle verwandt. In Cayces Darstellung von der Schöpfung entspricht die Reise der Seele in die Bildung von Körpern der Formation der Erde, von einem gasförmigen Zustand in einen festen Planeten. Kristalle wurden in der Tiefe der Erde durch einen Prozeß der Erstarrung und des Niederschlags gebildet. Als die Seelen in diesem kosmischen Gebräu herumschwammen und ihre sensorischen Systeme und ihre Körper entwickelten, schleuderten sie ihre hellseherischen Energien in die sich entwickelnden Kristalle. Von hier nahm die Evolution des endokrinen Systems im Körper parallel zur Entwicklung der kristallinen Ablagerungen in der Erde ihren Ausgang. Auf diese Weise korrespondiert das endokrine System mit den Kristallen der Erde. Der Seelenkörper und die Erde stehen sowohl historisch gesehen als auch in ihrer Funktionsweise in einem inneren Zusammenhang.

Heutzutage besteht ein großes Interesse am Gebrauch von Kristallen für Heilzwecke und zur hellseherischen Entwicklung. Das Interesse ist angemessen, da es die Erinnerung an die ursprüngliche Assoziation von Kristallen mit dem ›Kreuzungspunkt‹, der Schnittstelle zwischen der dreidimensionalen sensorischen Welt und der darunterliegenden Welt der hellseherischen Wirklichkeit der Seele hervorruft. Was an diesem Kreuzpunkt laut Cayce passiert, passiert auf der Ebene von dem, was er die ›rotierenden Kräfte‹ des Atoms im Körper nennt. Die Quantenphysik hat entdeckt, daß sich ein telepathischer Effekt unter den atomaren Teilchen durch ihre rotierenden Aktivitäten äußert. An diesem Punkt werden die Muster hellseherischer Energie und die Muster physikalischer Prozesse eins werden.

Das System der Chakren und die Kundalinienergie

Cayces Beschreibung über die Bedeutung des endokrinen Systems zur Verarbeitung hellseherischer Energien erinnerte an die alte Yoga-Vorstellung von der Kundalinienergie und den Chakren, oder spirituellen Zentren des Körpers. *Chakra* ist ein Wort aus dem Sanskrit und bedeutet ›Rad‹ oder ›Rad der Kraft‹. In jedem Rad ist eine bestimmte Art von vitaler Energie gespeichert. Cayce bestätigte diese Ähnlichkeit. Somit besteht auf der physischen Ebene das endokrine System und auf der hellseherischen oder spirituellen Ebene das Chakrensystem: zwei Seiten derselben Realität.

In ›Foundations of Tibetan Mysticism‹ beschreibt Lama Govinda die Chakren auch als Kristalle und schildert sie als den Treffpunkt zwischen der spirituellen und der physischen Energie. So wie der Körper drei Realitätsebenen hat – den Seelenkörper, den Astralleib und den physischen Körper – so hat die Energie ihre drei Ebenen. Und wieder erinnert uns Cayce als erstes daran, daß alle Energien wie eine sind, doch auf der Erde wie drei unterschiedliche Arten erfahren werden können. Die spirituelle Metaphysik des Ostens hat ihre Begriffe für diese Energien genauso wie Cayce. Auf der grundlegendsten Ebene, die der Ebene des reinen Geistes entspricht, ist es die *Prana*energie. Am anderen Ende befindet sich die *Kundalini*energie, die auch als die ›eingerollte Schlange‹ bezeichnet wird, oder ursprüngliche Erdenergie. Es gibt auch die Energie, die mit den Akupunkturkanälen im Körper zusammenhängt.

Jedes Chakra hat seinen eigenen Ton. Seine Aufmerksamkeit auf ein bestimmtes Chakra zu konzentrieren, es zu visualisieren und seinen Ton, oder auch Mantra, zu singen, öffnet dieses Chakra und gibt seine Energie frei. Hellseherische Fähigkeiten und Phänomene sind mit der Öffnung der Chakren verbunden. Lama Govinda erwähnt verschiedene tibetische und tantrische Übungen, die die Chakren auf eine konstruktive Weise öffnen, da sie wie die Büchse der Pandora von grober Energie sind, die sich zum Wohl oder Wehe öffnen können. Er erwähnt auch, daß große Verschwiegenheit über die Methoden, mit den Chakren zu arbeiten, herrscht, aufgrund ihrer impulsiven Kräfte, die er mit der Nuklearenergie vergleicht.

Kundalini-Krisen und spirituelle Notfälle

Eine Reihe von Leuten suchte Cayce auf, weil sie seltsame Erfahrungen machten: Kopfschmerzen mit Visionen, Energiesensationen im Körper, Erinnerungsblitze an frühere Leben in merkwürdigen Momenten, Zitteranfälle, bizarre und unkontrollierbare hellseherische Erfahrungen. Er schilderte diese Vorkommnisse oft als das Ergebnis von Unausgeglichenheit des Körpers in Übereinstimmung mit Störungen im Chakrensystem. Unfälle, starke emotionale Reaktionen, unsaubere Meditationspraktiken, eigensinnige und einseitige Versuche, hellseherische Fähigkeiten zu entwickeln, waren unter einigen der Fälle, für die er Unausgeglichenheit im Fluß der Kundalinienergie als Ursache angab. Er schrieb auch, daß in Fällen von ›Besessenheit‹ oder unfreiwilligem Kontakt mit Wesenheiten, wenn die Chakren aufgestoßen werden, sie Energien aus einem anderen Unterbewußtsein erlauben, in das eigene Energiesystem einer Person in einer Weise einzudringen, die sonst nicht passieren würde. Als Umwandler hellseherischer Energien wirken gut funktionierende Chakren nicht nur als hellseherische Kommunzierende, sondern auch als Schutzschild gegen unerwünschte Kommunikation. Cayce und auch andere seither haben geschrieben, daß der Genuß von Drogen und Alkohol ›Löcher in der Aura‹ produzieren können, das der Verletzbarkeit des Ätherleibes aufgrund unsauber funktionierender Chakren entspricht.

Hier folgt eine Anzahl von Beispielen, die illustrieren, was Lama Govinda mit Öffnen der Büchse der Pandora meinte! Aus Beschreibungen wie Gopi Krishnas ›The Awakening of Kundalini‹ wissen wir, daß selbst unter erfahrener Anleitung die Erweckung dieser Energien gleichsam zu einer Achterbahnfahrt werden kann. Stellen Sie sich bloß einmal vor, wenn die Energien auf eine völlig willkürliche Weise erweckt werden.

Solche Krisen bei der Erweckung der Kundalini gibt es bis zum heutigen Tag und in immer größerer Zahl. Die Ordner bei der A.R.E. (Association for Research and Enlightment) sind voll von Briefen, in denen sich Leute über Phänomene beklagen wie diejenigen, die Cayce diagnostizierte, als er noch lebte. Solche Krisen sind so alltäglich geworden, daß es eine Unterabteilung in der klinischen spirituellen Psychologie gibt, eingerichtet speziell für sogenannte ›spirituelle Notfälle‹. Prominent geworden sind auf diesem Gebiet Stanislov und Christina Grof, die dabei halfen, das Netzwerk für Spirituelle Notfälle aufzubauen. Bei ihrer Arbeit haben sie herausgefunden, daß eine Kundalini-Krise wie eine Nachahmung bekannter psychischer Störungen in Erscheinung treten kann. Die traditionelle Psychiatrie neigt zur Verordnung von Medikamenten, um diese Krisen zu behandeln. Aber die Ärzte innerhalb dieses neu bestehenden Netzwerkes haben eine alternative Behandlungsmethode entwickelt, die darauf zielt, der Person zu helfen, die Energien, die freigesetzt worden sind, zu integrieren, wobei gleichzeitig versucht wird, das Chakrensystem zu stabilisieren. Wie Cayce vorschlug, können diese Notfälle dann als Gelegenheiten für das eigene Wachstum genommen werden, um, nach der Terminologie des Netzwerkes, die Entstehung von Spiritualität zu erfahren.

Jeder, der Zeuge wurde, wenn eine Person einen derartigen Notfall durchmachen mußte, kann bestätigen, daß die Öffnung der Chakren wahrhaft eine machtvolle Angelegenheit ist. Klar, mit diesen hellseherischen Energien umzugehen, sollte nicht auf die leichte Schulter genommen werden. Es sollte eine Angelegenheit von Respekt sein, wie uns die Meister raten. Cayce begriff die verborgenen Gefahren und versuchte uns auf diesem Gebiet zu helfen, indem er auf Quellen des Wissens verwies, durch die wir uns in einer konstruktiven Weise den Chakren nähern können.

Das Buch der Offenbarung: die biblische Theorie von den Chakren

In den alten spirituellen Traditionen des Ostens war die Wirkungsweise der Kundalinienergie bei der Öffnung der Chakren ein hochgehaltenes und gehütetes Geheimnis. Diese Energie wird als Schlüssel zum ›Quell der Jugend‹, als Kraft der Verjüngung betrachtet, als Grundlage der schöpferischen Energien des Lebens, wie sie in einem menschlichen Körper manifestiert sind. Hier findet die Begegnung von Schöpfer und Mensch statt in all ihrer Herrlichkeit. Wenn dieses Wissen seit so langer Zeit im Osten existiert, warum hat die westliche Welt nicht auch dieses Wissen gehabt? Wir haben es gehabt, sagt Cayce, doch aufgrund unserer extravertierten Geisteshaltung im Westen, versäumten wir es, dieses insgeheime Wissen wahrzunehmen. Er verweist darauf, daß es eine systematische Übereinstimmung zwischen den Chakren und dem endokrinen System gibt. Seine Vision vom Chakrensystem bezieht er aus einer überraschenden Quelle: der Bibel.

Während einer hellseherischen Trance gab Cayce an, daß

er eine Menge wertvoller Informationen geben könnte, wenn man ihm nur Fragen über das Buch der Offenbarung, das letzte Buch im Neuen Testament, stellen würde. Diese Äußerung zog die Aufmerksamkeit seiner Kollegen auf sich, die damit fortfuhren, mit Cayce an einer ausführlichen Studie über dieses rätselhafte Kapitel in der Bibel zu arbeiten. Diese Gruppe von Leuten wurde die ›Glad Helpers‹ genannt, da ihr Hauptaugenmerk auf der Heilung durch Meditation und Gebet lag. Die Arbeit dieser Gruppe, die es noch heute gibt, basiert weitgehend auf ihrer persönlichen Erfahrung, die sie mit dem Begriff ›Offenbarung‹ gemacht hatten. Das wahre ›Buch der Offenbarung‹ und seine Bedeutung, betonte Cayce, ist in jedem unserer eigenen Körper, wo es darauf wartet, geöffnet und angewendet zu werden. Die Ideen, die ich hier in erster Linie präsentieren möchte, unterstreichen Cayces Ausrichtung auf die Erweckung der hellseherischen Zentren.

Cayce sagte, daß das Buch der Offenbarung, von dem angenommen wird, es sei vom Apostel Johannes geschrieben worden, eine Erinnerung des Johannes an eine Erfahrung mit dem kosmischen Bewußtsein darstellt – die Erweckung der Kundalini, die Johannes in seinem eigenen Körper erlebte. Während dieses Erlebnisses instruierte sein Über-Ich – das Überbewußtsein, oder das Christusbewußtsein – Johannes über die Bedeutung dieser Erfahrung und bat ihn, die Verantwortung für das enthüllte Wissen zu übernehmen. Die Metaphorik in diesem Buch ist im Grunde ein detaillierter Bericht darüber, was passiert, wenn die hellseherischen Zentren geöffnet werden, und was getan werden muß, um die Meisterschaft über den spirituellen Körper zu bewahren. In diesem Zusammenhang kennzeichnet Cayce das endokrine System als den ›Körper‹ des Überbewußtseins.

Die Zahl sieben erscheint mehrere Male. Diese Zahl entspricht den sieben Drüsen im endokrinen Drüsensystem und den sieben hellseherischen Zentren oder Chakras. Die sieben

›Gemeinden‹ stellen die Drüsen dar, während die sieben ›Siegel‹ die Chakren sind, die geöffnet werden können. Das Schaubild oben gibt ein Diagramm der Entsprechungen zwischen den einzelnen Drüsen, den hellseherischen Zentren und der Symbolik in der Offenbarung.

Die Symbolik der hellseherischen Zentren

Chakra	Endokrine Drüse	Gemeinde in der Offenbarung	Sätze aus dem Vaterunser
1. Wurzel	Gonade (Keimdrüse)	Ephesus	»Gib uns unser täglich Brot…«
2. Wasser	Leydigsche Zwischenzellen	Smyrna	»Führe uns nicht in Versuchung…«
3. Solar Plexus	Nebennieren	Pergamus	»Vergib uns unsere Schuld…«
4. Herz	Thymusdrüse	Thyatira	»Wie im Himmel, also auch auf Erden…« »Erlöse uns von dem Übel…«
5. Kehle	Schilddrüse	Sardes	»Dein Reich komme, Dein Wille geschehe…«
6. Drittes Auge	Epiphyse (Zirbeldrüse)	Philadelphia	»Geheiligt werde Dein Name…« »Und die Kraft…«
7. Scheitel	Hirnanhangdrüse	Laodizea	»Vaterunser, der Du bist im Himmel…« »Und die Herrlichkeit, in Ewigkeit…«

Das Buch der Offenbarung ist laut Cayce mehr als eine bloße Schilderung der Anatomie des endokrinen Systems als des Seelenkörpers des Überbewußtseins. Die Instruktionen, die Johannes während seinen Erfahrungen erhielt, erklären auch, wie man die Meisterschaft über dieses System erlangt, und somit die Meisterschaft über den Körper und die Erbschaft über das Erbe der Seele als ein Gefährte Gottes. Wenn die Emotionen ruhig sind, »geglättet wie die Wogen des Meeres«, kommen die vier ›Bestien‹ unser niedrigen Natur in Harmonie mit dem Höheren Bewußtsein. Wenn das zerebral-spinale Nervensystem, die ›vier und zwanzig Älteren‹, oder Schädelnerven, ›sich neigen‹, oder ruhig sind, stellen die fünf Sinne ihre Herrschaft über das Bewußtsein ein, so daß das Überbewußtsein regieren kann. In diesem Moment können die ›Siegel‹ oder hellseherischen Zentren geöffnet werden. Doch von wem? ›Kein Mensch im Himmel‹ kann ›das Buch öffnen‹, nur das Christusbewußtsein, die ›Wurzel Davids‹, ist fähig, die Siegel zu öffnen, unter Opferung des Ego d. h. des Bewußtseins, des Getrenntseins. Es folgt eine Beschreibung über die Öffnung der sieben Siegel, und bei jeder wird eine Energie freigesetzt, die für etwas Gutes genutzt werden kann, aber auch zum Schaden.

Die Dramen und Vorkommnisse bei der Öffnung der Siegel werden uns noch einmal in Erinnerung gerufen durch die Ansicht Lama Govindas, daß die Öffnung der Chakren der Öffnung der Büchse der Pandora gleichkomme, etwas, das äußerst sorgfältig vorgenommen werden sollte und unter der Anleitung eines erfahrenen Meisters, der dabei soliden spirituellen Mustern folgt. Das Buch der Offenbarung liefert ein Muster von Intelligenz für die Öffnung der Siegel. Cayce schloß daraus, daß das höchste Muster zur Erweckung der hellseherischen Zentren das des Christusbewußtseins sei.

Laut Matthäusevangelium gab Jesus den Menschen ein Gebet, das ›Vaterunser‹. Im Zustand hellseherischer Trance wies Cayce darauf hin, daß dieses Gebet eine Struktur darstelle für die Öffnung der sieben hellseherischen Zentren und ihrer Energieflüsse durch den Körper. Wie in den östlichen Traditionen beinhaltet es ein Muster, das die höheren Zentren zur Öffnung des ganzen Systems beauftragt. Die Entsprechungen, die Cayce zwischen den Zeilen des Vaterunsers und der Erweckung der Kundalinienergie sah, ist auf dem Schaubild auf Seite 239 dargestellt.

Die Energie beginnt im Scheitel-Chakra (»Vaterunser, der Du bist im Himmel«), weil die Hirnanhangdrüse die Hauptdrüse ist, die alle anderen beeinflußt. Mit dem Beginn des Gebets übernimmt das Überbewußtsein die Führung in der Aktivierung des Chakrensystems. Das Gebet geht weiter die Epiphyse hinunter (»Geheiligt werde Dein Name«) und die Schilddrüse oder das Zentrum des Willens (»Dein Reich komme; Dein Wille geschehe«) und schließt die Opferung oder den ›Tod‹ des Individuums, den separatistischen Willen des Bewußtseins, ein. Der Satz »Wie im Himmel, also auch auf Erden« bezieht sich auf die in Aktion befindliche Harmonie zwischen den oberen und unteren Zentren und dem Überbewußtsein und dem Bewußtsein. Er entspricht dem Herzzentrum, der Thymusdrüse, die oft als das Zwischenzentrum zwischen den oberen und unteren Zentren angesehen wird. Von diesem Punkt bewegt sich das Gebet zum Wurzelchakra (»Gib uns unser täglich Brot«) und konzentriert sich dann darauf, die Nebennieren zur Ruhe zu bringen (»Vergib uns unsere Schuld«). Angst und Furcht werden erst einmal ausgeräumt, bevor es in den Leydigschen Zwischenzellen, dem Kreativitätszentrum (»Und führe uns nicht in Versuchung«) weitergeht, um der Versuchung, die kreativen Energien zu verschwenden und falsch zu verwenden, zu widerstehen. Die Energie tritt dann ihren Weg hinauf zu den höheren Zentren an. Beginnend mit dem Herzzentrum (»Erlöse uns von dem Übel«) und in Richtung nach oben fortfahrend, erreicht sie schließlich das Scheitelchakra. Der Zyklus kann wiederholt werden, immer und immer wieder, so wie die Energie zirkuliert und mehr und mehr Zellen im Körper transformiert werden.

Hier folgen die wichtigsten Eigenschaften der Verfahrensweise, wie sie Cayce zur vollständigen Öffnung der hellseherischen Zentren empfahl:

1) Kein einziges Chakra wird isoliert geöffnet, sondern das gesamte System wird ganzheitlich aktiviert. 2) Die Aktivierung der Chakren beginnt und steht unter Kontrolle der höheren Zentren. 3) Es wird ein Kreislauf der Aktivierung geschaffen, der mit der Zirkulation des Lichtes korrespondiert, wie es in ›Secret of the Golden Flower‹* beschrieben ist. 4) Die unteren Chakren werden nicht unbedingt aufeinanderfolgend geöffnet, da es wichtig ist, daß erst die Nebennieren ruhig sind, bevor die Leydigschen Zwischenzellen aktiviert werden. Cayce gab an, daß ein Energiedreieck besteht, in dem die Epiphyse und die Leydigschen Zwischenzellen als Pole agieren und der Solar-Plexus diese Polarenergie durch den Körper hindurch verteilt. Die Chakren im Zusammenhang mit Angst oder Zorn zu öffnen, wurde als noch gefährlicher angesehen als ihre Öffnung im Zusammenhang mit sexueller Erregung.

Und schließlich 5) Leitmotiv des Gebetes insgesamt ist, die Energien in den Dienst des Überbewußtseins zu stellen, anstatt sie für persönliche Zwecke einzusetzen. Hellseherische Entwicklung, die aus Machtmotiven heraus betrieben wurde, läßt bezeichnenderweise als Kehrseite Angst entstehen. Das Gebet setzt voraus einen heiteren Geist, der auf freiwilliger Hingabe an eine höhere Macht basiert.

Cayce betonte, daß dieses Gebet ganz sicherlich *nicht* die einzige Möglichkeit ist, mit der Kundalinienergie zu arbeiten.

---

* (›Das Geheimnis der goldenen Blüte‹)

Es sollte nicht auf eine mechanische Weise angewendet wer- empfunden und als sinnvoll erkannt wird. Dies ist ein Beispiel einer idealen Vorgehensweise, die auf dem Christusbewußtsein basiert.

Ich bin mir der Dialektik dieser Idee voll bewußt. Für den traditionellen Christen ist das Buch der Offenbarung die Prophezeiung künftiger Ereignisse. Cayce glaubte, daß es prophetisch ist, nicht im Sinne von äußeren Ereignissen, sondern auf innere Erkenntnisse bezogen, die jeden erwarten, wenn er zum Christusbewußtsein findet. Jedoch aufgrund des Gesetzes von Übereinstimmungen kann die Möglichkeit nicht abgestritten werden, daß, je mehr Leute das Christusbewußtsein erfahren, es sich in einer äußeren Umwälzung geschichtlicher Ereignisse manifestieren wird, die den Ereignissen im Buch der Offenbarung entsprechen. Andererseits betrachten viele moderne Denker alles Biblische als antiquiertes Material und scheuen vor einer Anerkennung des Ganzen zurück. Ihre Antwort ist bedingt durch das, was ihnen von den mehr fundamentalistischen Christen als eigentliche Tatsache präsentiert worden ist.

Carl Jung kam jedoch zu einem ähnlichen Schluß wie Cayce. In ›Answer to Job‹ verweist er auf eine ansehnliche Reihe von Symbolen in der Offenbarung, die nicht aus der christlichen Tradition stammen, sondern aus ganz anderen, auch heidnischen Traditionen. Jung schloß daraus, daß die Offenbarung ein symbolisches Portrait einer universellen, archetypischen Erfahrung des Ichs ist, welches, wie Jung glaubte, dem Christusbewußtsein gleichkommt. Cayce äußerte oft, daß vergleichende Religionswissenschaft Zusammenhänge für neuere Interpretationen erschließen würde. Jungs Arbeit, von der Perspektive einer solchen vergleichenden Studie der Symbolik der Welt gesehen, ist ein hervorragender Beitrag in diese Richtung.

Auch hat sich Cayces Darstellung der Funktionsweisen des

endokrinen Systems als ausgesprochen prophetisch erwiesen, wenn man sie mit den jüngsten Entdeckungen in der medizinischen Wissenschaft vergleicht, besonders der Rolle, die dabei die endokrinen Drüsen und das Immunsystem spielen, so daß sie unsere besondere Aufmerksamkeit verdient.

Cayce in moderner Sprache ausgedrückt: Psychoneuroimmunologie

Cayces Vision vom endokrinen System ging dem neueren Verständnis von den Drüsen, wie es in der Wissenschaft erst seit kurzem besteht, lange voraus. Cayce betonte, wie wichtig es ist, die Drüsen als ein System zu behandeln. Er nannte das endokrine System ein Nervensystem, das zu dem letzteren und bekannteren parallel läuft. Wann immer er sich auf das Drüsensystem bezog, erwähnte er stets die damit verbundenen Nervenbündel.

Nach neuesten Erkenntnissen der Neurophysiologie über die enge Verbindung zwischen dem endokrinen System und dem Nervenssystem, scheint es, daß das endokrine System und das Nervensystem sich parallel zueinander verhalten. Die Verbindungen sind komplex. Die endokrinen Drüsen sondern Hormone in das Blutsystem ab. Durch das Blutsystem werden alle Organe des Körpers beeinflußt ebenso wie die chemische Zusammensetzung im Gehirn. Verschiedene Teile des Gehirns sondern Hormone ab. Das Hirn schickt auch Nervensignale an die Drüsen. Zum Beispiel beschrieb Cayce die Wechselwirkung der Leydigschen Zwischenzellen mit der Epiphyse als das Hauptaktivierungssystem. Die moderne Forschung hat herausgefunden, daß, wenn die Epiphyse mit Licht angeregt wird, das Melatonin, das sie absondert, die Produktion der Leydigschen Sexualhormone verhindert. Damit entsteht eine Rückkoppelungsspirale und macht das endokrine System und das Nervensystem extrem wechselseitig voneinander abhängig.

Im Zusammenhang mit der Erforschung des Immunsystems fand man sich immer wieder auf die komplexe Funktionsweise des endokrinen Systems verwiesen. Man fand heraus, daß die Thymusdrüse für die Produktion der Lymphozyten, der Gesundheitspolizei im Blut, verantwortlich ist (man denke an den Teil des Gebets »Erlöse uns von dem Übel« der der Thymusdrüse entspricht). Viele psychologische Faktoren, die mit ›sich ein Herz fassen‹ oder ›das Herz wird mir schwer‹ zusammenhängen, sind in ihrer Beeinflussung der Fähigkeit von der Thymusdrüse, das Immunsystem aktiv zu halten, entdeckt worden. Solche Entdeckungen haben zu dem Gebiet der ›Psychoneuroimmunologie‹ geführt, das sich mit dem Ineinanderwirken von psychologischen Faktoren, dem Nervensystem und dem Immunsystem befaßt. Aus diesem Forschungsgebiet erhält Cayces komplexe Sicht über die Beziehung zwischen Körper und Geist ihre umfassendste wissenschaftliche Unterstützung.

Geisteshaltung und Emotionen: die natürlichen Drogen für den Körper

Wie sah Cayce den Einfluß des Körpers auf das hellseherische Bewußtsein? Er betonte die Auswirkungen unserer emotionalen Verfassungen auf unsere Körperfunktion und die Gesundheit. Geistige Einstellungen sind wie schlechte oder stabile, emotionale Stimmungen. Zusammen sind unsere Emotionen und unsere Geisteshaltung wie Drogen für unseren Körper.

Unsere Geisteshaltung und unsere Emotionen können uns vergiften oder uns ›high‹ machen. Durch die Entdeckung, daß das Gehirn Endorphine, ein natürliches Euphorikum, produziert und eine Reihe zusätzlicher Entdeckungen, ist der Zusammenhang zwischen emotionaler Bewegtheit, z. B. Verliebtheit und der Produktion von Endorphinen, was wir als ›Highzustand‹ erleben, nachweisbar. Endorphine und andere chemische Stoffe haben eine Wirkung auf das endokrine System und damit auf das hellseherische Bewußtsein.

Unsere Sprache hat lange dieses geheime Verstehen der Beziehung zwischen Emotionen und Körperprozessen widergespiegelt. Wir sagen, wenn uns das Verhalten eines anderen ärgert, daß wir ›grün‹ vor Zorn werden oder ›Gift und Galle spritzen‹ möchten, mit vollem Recht, denn der Effekt unserer emotionalen Reaktion ist tatsächlich eine erhöhte Bildung von Gallensekretion in der Gallenblase. Wenn wir sagen, »Ich kann das nicht verdauen«, drücken wir unser Wissen darüber aus, daß unsere emotionale Reaktion unser Verdauungssystem durcheinander bringt. Unser Wortschatz über Emotionen ist voll von solchen Ausdrücken, die den Körper einbeziehen. Wenn ein Mensch in einer chronischen Verfassung von emotionaler Erregung ist – einsam, depressiv oder verärgert – beginnen die biochemischen Effekte den körperlichen Zustand zu verschlechtern. Magengeschwüre, Kopfschmerzen, Schuppenflechte, Darmprobleme, sogar Allergien und Krebs – dies alles sind nur einige der Syndrome, die in den Kompetenzbereich der ›psychosomatischen‹ Medizin, die Cayce vorausgesehen hatte, gehören.

Die Verantwortung für den Emotionalkörper seiner geistigen Einstellung übernehmen

Cayce, ein Aktivist, der der Überzeugung war, daß niemand es hinnehmen müsse, wenn sein Körper erkrankte, riet, die Leute sollten die Verantwortung für ihre Selbstheilung übernehmen.

Insbesondere vertrat er die Meinung, daß ein Mensch die biologischen Vorgänge im Körper durch Meditation, durch die alle drei Körper zur Ruhe kommen würden, verbessern könnte, indem er daran arbeitete, eine positivere geistige Einstellung zu gewinnen. Er erweiterte diese Ansicht noch insofern, daß er die Einstimmung des Körpers auf das hellseherische Bewußtsein mit einschloß.

Die klinische Wissenschaft hat Cayces holistische Ansicht auch mit der Entdeckung des Biofeedback bestätigt, aus dem man lernen kann, inwieweit das Unterbewußtsein auf Ereignisse reagiert, und wie das Unterbewußtsein das autonome Nervensystem, das es kontrolliert, beeinflußt. In dieser Zeit dieser aufregenden Entdeckungen wurde Meditation in den Vereinigten Staaten populär, und die klinische Forschung fand heraus, daß sie eine beträchtliche Auswirkung auf den Körper nahm und ihn positiv beeinflußte. Biofeedback und Meditation wurden in die medizinische Fachsprache aufgenommen als Techniken, die Leute benutzen konnten, um zu ihrer eigenen Gesundheit beizutragen. Kontrollen über das sogenannte unwillkürliche Nervensystem zeigten, daß es möglich ist, mit dem Unterbewußtsein zu kommunizieren. Wir müssen nicht länger Opfer unseres Emotionalkörpers bleiben.

Die direkte Behandlung des Emotionalkörpers, wie sie Cayce empfahl, wurde zu einer Schlagzeile in den Nachrichten, als Norman Cousins enthüllte, daß er sich selbst von einer von den Ärzten als unheilbar angesehenen Krankheit geheilt hatte, und zwar einfach dadurch, daß er sich viele alte Comedy-Filme angeschaut hatte und daran seine Freude gehabt hatte. Er schrieb, daß ein gutes Lachen aus dem Bauch heraus das wirksamste Anästhetikum sei und eine positive Wirkung auf das endokrine System hätte. Cousins Selbstheilung bestätigte nicht nur Cayces Ansicht, daß ›Lachen die beste Medizin‹ sei, sie machte auch die Chance deutlich, die in der Arbeit an der inneren Einstellung und den Gefühlen im Hinblick der Heilung liegt.

Bald begann die Forschung in Untersuchungen die Wirkung von Geisteshaltung und Emotionen auf die Möglichkeiten einer Person, krank zu werden, auf die Genesungsrate und auf die Aktivität des Immunsystems zu dokumentieren. Ian Wickram, von der östlichen Virginia Medical School, entwickelte eine Darstellung der Anfälligkeit für psychosomatische Krankheiten. Laut dieser Darstellung entwickeln Leute, die dazu neigen, sich Sorgen zu machen und an negativen Erinnerungen haften zu bleiben, eher den Typus des überaktiven autonomen Nervensystems (des ›Emotional‹ Körpers), das zu psychosomatischem Distress führt. Bernard S. Siegel, Autor von ›Love, Medicine & Miracles‹ ist einer der prominentesten Wortführer innerhalb des ungeheuren Aufgebots an Untersuchungen, die zeigen, wie sehr die Entwicklung der geistigen Einstellung, wie Optimismus und Liebe, entscheidend für die Heilung und Genesung sind. Solch allgemeine demographische Dokumentationen sind durch die Forschungsarbeiten über den zugrundeliegenden kausativen Mechanismus innerhalb des Immunsystems selbst belegt worden. Danach schwächen Depressionen und Einsamkeit das Immunsystem, während Lachen, Hoffnung und das Gefühl von Liebe positiv wirken. Cayces allgemeines Prinzip von der Auswirkung der geistigen Einstellung auf die Gesundheit findet u. a. in den Worten des ganzheitlichen Arztes Norman Shealy ein Echo, der sagt, daß das beste Gegenmittel gegen Stress und Krankheit »eine positive und großzügige Haltung« ist.

Der psychokinetische Effekt körperlicher Bildersprache

Cayce gestand dem Geist die Fähigkeit, eine spezifische Kontrolle über die Vorgänge im Körper auszuüben, zu und sah damit insbesondere die Entwicklungen in der modernen Medizin voraus. Eine gute Einstellung und positive Gefühle können in spezifische Verhaltensmaßregeln für den Körper übersetzt werden. Wie wir gesehen haben, ist eine Möglichkeit, mit dem Unterbewußtsein und dem Emotionalkörper zu kommunizieren, die Bildersprache. Aufregende Auswirkungen, die den Bildern zugeschrieben wurden, sind im Immunsystem gemessen worden. Durch Bilder bringt der Geist eine recht wirksame Kontrolle über die Funktionsweise der Zellen im Immunsystem zustande.

In ›Imagery in Healing‹ zeigt Jeanne Achterberg, wie speziell diese Kontrolle sein kann, so daß sie eine direkte Verbindung von Geist-zu-Körper hervorruft. Zum Beispiel zeigten Wissenschaftler an der Michigan State Universität ihren Versuchspersonen Dias von einem bestimmten Zelltypus und beschrieben seine Aktivitäten und Eigenschaften. Die Klienten wurden anschließend gebeten, diese Zellen zu visualisieren, wie sie in das Blutsystem eintraten oder es verließen. Die Wissenschaftler fanden heraus, daß ihre Versuchspersonen fähig waren, die Zahl dieser Zellen zu reduzieren oder zu erhöhen, ohne die anderen Zelltypen in Mitleidenschaft zu ziehen. Bei einem anderen Versuch baten sie die Versuchspersonen, zu versuchen, das Ausmaß, in dem diese Zellen an den Wänden der Blutgefäße hafteten, zu verändern. Und wieder waren die Versuchspersonen erfolgreich und in der Lage, diesen Faktor des Festhaftens dieser Zellen durch Willen zu steigern oder zu verringern. Auch wenn es ein schwieriges Unterfangen ist, die Psychokinese heranzuziehen, wenn Geist und Körper zur gleichen Person gehören, so scheint der Grad der spezifischen Kontrolle von Bildsymbolen über die Produktion und Funktionsweise von Zellen bestimmt wie ein Wunder.

Echte psychokinetische Effekte sind jedoch zustande gekommen. William Braud von der Mind Science Foundation in San Antonio, Texas, testete die Fähigkeit von Leuten, ›mental‹ auf das Blut von anderen Leuten ›einzuwirken‹. In einem Versuch fand er heraus, daß die einwirkende Person das Tempo, in dem sich die roten Zellen im Blut auflösten, beeinflussen konnte. Nach dieser Niederschrift versuchte er

249

festzustellen, ob Leute Prozesse in ihrem eigenen Blut beeinflussen können. Wenn sie dies können, dann kann es eine Basis für die allgemeine hellseherische Vorstellung geben, daß unser Geist unseren Körper durch Psychokinese beeinflussen kann.

Cayces Glaube an die schöpferische Kraft der Phantasie bei der Strukturierung der physischen Manifestation, ist durch die Art der Kontrolle über den Körper, die durch die Vorstellung von Bildern erreicht werden kann, bestätigt. Deshalb ist es im Hinblick auf die hellseherischen Zentren verständlich, daß Cayce betonte, das Visualisieren mit extremer Vorsicht zu benutzen, wenn die Zentren in harmonischer Folge geöffnet werden sollen.

Pflege der hellseherischen Zentren

Es ist nicht notwendig, die hellseherischen Zentren zu öffnen, um hellseherisches Bewußtsein zu erlangen. Sie funktionieren ganz natürlich als hellseherische Rezeptoren. Aus Cayces Perspektive ist das Funktionieren hellseherischer Kräfte eine Eigenschaft gesunder, schöpferischer Funktionsweisen, die, wenn man es möchte, kultiviert werden können unter Hinzunahme von Meditation für eine maximale Entwicklung. Es ist immer wichtig, einen gesunden Körper zu pflegen, ganz besonders aber, wenn man geneigt ist, über die hellseherischen Zentren zu meditieren. Gute Pflegegewohnheiten für die hellseherischen Zentren beinhalten nicht nur die Körperpflege, sondern auch die geistige, emotionale und spirituelle Pflege.

Cayces Vorschläge im Hinblick auf gute Körperpflegegewohnheiten sind dem heutigen Gesundheitsbewußtsein allgemein entsprechend. Zum Beispiel sollte die Ernährung reich an Gemüse sein und wenig rotes Fleisch enthalten. Cayce wollte, daß wir mit unserer Nahrung dem Körper möglichst vitale Kost einverleiben, die uns zum Wohl gereicht. Er empfahl auch, ab und zu zu einem Chiropraktiker zu gehen, um sicherzustellen, daß das Rückenmark nicht den Fluß der Vitalenergien blockiert.

Ein gesunder Körper braucht einen emotional gesunden Geist. Ängstlichkeit, ständiger Ärger, Depressionen und permanenter Streß haben auf allen Ebenen eine negative Auswirkung. Cayces Auffassung, wie man diese Probleme angehen sollte, liegt auf einer Linie mit dem Entwicklungstrend in der holistischen Auffassung. Ernährungsfaktoren, wie zum Beispiel der Genuß von Kaffee, Zucker und Alkohol, können die Resistenz gegen Streß beeinträchtigen. Auch psychologische Beratung folgt der Untersuchung von Gedankenmustern wie Cayce empfahl. Die Denkmuster, die er zu untersuchen vorschlug, sind ähnlich denen, die von der gegenwärtig spirituell orientierten Psychologie immer wieder beschrieben werden, z. B. in ›A Course in Miracles‹, etwa die Tendenz, sich eine eigene psychische Realität zu schaffen, die Vorstellung, allein zu sein, und daraus resultierende Angst, Zorn, Sucht nach Macht, Leid, Beziehungen und materiellen Gütern. Hier kann die Meditation ein wertvolles Heilmittel sein. Nicht nur wirkt sie beruhigend, sondern sie erleichtert auch, sich selbst anzunehmen, empfänglicher für das Gefühl zu werden, daß wir in Einheit mit dem Leben sind.

Es ist erwähnenswert, daß einige der alternativen therapeutischen Modalitäten, von denen Cayce sprach, heute ausgeschöpft werden und einige Unterstützung durch Forschungsergebnisse erhalten haben. So hat man herausgefunden, daß die Anwendung von Farben, Musik und Düften Auswirkungen auf den Körper und die Psyche haben. Von diesen dreien, sagt Cayce, haben die Düfte den stärksten Einfluß, und diese Theorie gewinnt Anhänger.

Gary Schwartz zum Beispiel, ein bekannter Biofeedback-Forscher an der Yale Universität, hat mit Untersuchungen zur ›Aromatherapie‹ angefangen. In einer seiner ersten Untersuchungen hat er herausgefunden, daß das Duftaroma von Äpfeln den Blutdruck einer Person senkt, die emotional aufgebracht ist. Er hat herausgefunden, daß die meisten Düfte, von denen, die er untersucht hat, eine besondere Wirkung haben, die Schmerzverringerung (Pfirsich) und die Reduzierung des Hungergefühls (Schokolade) eingeschlossen. Der Psychiater Robert Turfboer aus Joplin, Missouri, hat herausgefunden, daß Räucherstäbchen Schlaflosigkeit beheben. Es sollte auch vermerkt werden, daß die Wahrnehmung unerklärbarer Gerüche manchmal die Begleiterscheinung hellseherischer Erfahrung ist. Untersuchungen haben gezeigt, daß annähernd 8 Prozent aller Erfahrungen, in denen Erscheinungen vorkommen, von einem ungewöhnlichen Geruch begleitet werden, aber Gerüche können auch in anderer Form bei hellseherischen Erfahrungen passieren. Wenn Hellseher gefragt wurden: »Riechen Sie je etwas, wenn da nichts ist, was riechen kann?« – so Vernon Michael Neppe von der Universität Witwatersrand in Johannesburg, Südafrika – gaben sie alle positive Erwiderungen. Eine Gruppe von Leuten, die keine Hellseher waren dagegen, antworteten negativ. Unter den Hellsehern waren die Gerüche meistens im Zusammenhang mit der ›Anwesenheit von Wesenheiten‹ angetroffen worden, aber auch während mystischer Zustände oder bei Heilsessions.

Derartige Ergebnisse rücken einen Aspekt von Cayces allgemeiner Lebensphilosophie ins Licht, die auf ein gesundes und glückliches Leben im Zusammenhang mit einem spirituellen Verständnis gerichtet ist, die eine klare Auswirkung auf die daraus resultierende Entwicklung der hellseherischen Fähigkeiten hat. Mit den Worten von Kevin Ryerson, einem heute lebenden hellseherischen Kanal, der zu ›Psychoimmunity and the Healing Process‹ beitrug (ein Buch, das viele Ratschläge enthält, die mit den Vorschlägen aus den Cayce Readings parallel gehen), »es ist viel schwieriger die Kundalini zu erwecken, als Gott zu kennen; und Gott ist nur Liebe. Denn Liebe ist, was alle Chakren einigt«.

Ein Mensch muß keine spirituellen Verrenkungen machen, um hellseherische Fähigkeiten zu entwickeln. Viele der ganz normalen Dinge, die wir tun und denken, haben Auswirkungen auf die hellseherischen Zentren. Wir können ein gesundes, glückliches Leben entfalten und wenn wir dies wissen, kümmern wir uns automatisch um unseren physischen, Emotional- und Seelenkörper.

Worüber denken Sie während des Tages nach? Was lesen Sie? Was schauen Sie sich im Fernsehen an? Was wir mit solchen Aktivitäten unserem Unterbewußtsein geben, hat Auswirkungen auf die hellseherischen Zentren.

Es wäre oft besser, in Zeiten der Überlastung, sich eine Pause zu gönnen und lieber die höheren Zentren zu aktivieren, z. B. indem man sich einen entspannenden Film ansieht, eine beruhigende Musik hört, Düfte im Raum wahrnimmt, Früchte oder andere Köstlichkeiten mit jemandem teilt, den man liebt. Auf diese Weise entspannt man sich nicht nur von Alltagssorgen, gleichzeitig kann man auch die hellseherischen Zentren für einen optimalen Einsatz pflegen. In einer solchen Atmosphäre kann der Seelenkörper wieder neue Kräfte sammeln und sich öffnen für das hellseherische Bewußtsein.

Vierter Teil

Die Entwicklung des hellseherischen Bewußtseins

11 Vorstoß ins hellseherische Bewußtsein

Zuerst fang bei dir an, mit deinem Selbst. Setz dir eine bestimmte Zeit, und jeweils zu dem Zeitpunkt unterdrücke, was die andere tut. Mach dies zwanzig Tage lang. Und du wirst sehen, du hast den Schlüssel zur Telepathie.

Edgar Cayce Reading Nr. 2533 – 7

»Verlassen Sie sich nicht auf das Wort eines anderen dafür. Versuchen Sie es für sich selbst und warten Sie ab. Sie erfahren mehr Geheimnisse durch Ihre eigenen Erfahrungen und Praxis als nur durch das Nachdenken in der Theorie. Nebenbei sind nur die Ideen, die wirklich gut für Sie sind, die Sie anwenden und die *einen Unterschied in Ihrem Leben machen*, überhaupt etwas wert.« So lautet Edgar Cayces Rat, um hellseherisch zu werden. Die Erleuchtung kommt nicht durch bloßes Stillsitzen, sondern durch entsprechende Handlungen, die Früchte des Wissens tragen.

Welcher Art sind solche entsprechenden Handlungen? Zu den bestimmten Vorschlägen, die in den vorausgegangenen Kapiteln gemacht wurden, können Sie vielleicht noch einige zusätzliche Experimente während Ihres Vorstoßes in das hellseherische Bewußtsein versuchen.

Bis jetzt haben Sie gelernt, daß Sie eins mit der Welt sind. Bis hierher können Sie an die Möglichkeit der ASW glauben, die Ihnen dabei hilft, die hellseherischen Fähigkeiten zu entwickeln. Erlauben Sie Ihrer Phantasie, Vorstellungen anzunehmen, die Raum und Zeit und die Kette von Ursache-Wirkung des atomistischen Denkens überschreiten. Stellen Sie sich vor, wie Ihre Ideen die vierte Dimension durchdringen und gestatten Sie Ihrem Geist in diesen Mustern mitzuschwingen. Stellen Sie sich vor, daß hinter dem Schleier Ihres Bewußtseins ein intelligentes Überbewußtsein existiert. Entwickeln Sie Ihre eigene Vorstellung von dieser wirkenden Intelligenz, diesem uralten Einen in Ihnen, das Sie *in diesem Moment* zu Ihrem nächsten Schritt führt.

Bereiten Sie eine Gebrauchsanwendung vor

Was wollen Sie mit Ihrer hellseherischen Fähigkeit tun? Wenn Sie keinen Plan haben, wie Sie es anwenden wollen, dann fühlen Sie sich vielleicht überfordert und haben Angst. Bereiten Sie sich vor, indem Sie darüber nachdenken, wie Sie die hellseherischen Fähigkeiten nutzen könnten, und fangen Sie dann an. ASW aus reiner Neugierde zu entwickeln, reicht allein auf lange Sicht gesehen nicht aus, Ihre hellseherischen Fähigkeiten hervorzubringen. Sie müssen sich Experimente schaffen, die einen praktischen Bezug zu Ihren persönlichen Bedürfnissen haben.

Machen Sie sich bereit dafür, Ihre hellseherische Fähigkeiten einzusetzen, um Hindernisse zu überwinden und sich weiterzuentwickeln und Ihre Begabungen zu entfalten. Sie können Sie auch nutzen, anderen Leuten zu helfen und Gutes in die Welt zu bringen. Machen Sie sich ein Tagesprogramm, das Ihre Bedürfnisse berücksichtigt und setzen Sie sich bestimmte Ziele, um das hellseherische Bewußtsein in Aktion zu bringen. Es wird Ihnen helfen, sich auf Ihre Energien zu konzentrieren, wenn Sie mit den verschiedenen Techniken, ASW zu entwickeln, arbeiten.

Wenn Sie mit Ihrer Arbeit nicht zufrieden sind und sich

wünschen, Sie könnten noch einmal mit einer neuen Karriere von vorne beginnen, können Ihnen die hellseherischen Fähigkeiten dabei helfen, diese Veränderung anzugehen. Sie werden sich vielleicht versteckter Talente bewußt oder machen Ausbildungs- oder Beschäftigungsmöglichkeiten ausfindig. Hellseherische Fähigkeiten geben Ihnen vielleicht die zusätzlichen Quellen, die Sie brauchen, um sich etwas aufzubauen und Ihre Talente mit der Nachfrage auf dem Markt in Übereinstimmung zu bringen.

Setzen Sie sich bestimmte Ziele, auf die Sie hinarbeiten wollen und führen Sie Ihr Vorhaben bis zum Ende durch, damit Sie auf die Durchführung vorbereitet sind. Geben Sie Ihrer Absicht, ASW zu entwickeln eine praktisch anwendbare Motivation. Wenn Sie bereit sind und wissen, woher der Wind weht, dann setzen Sie die Segel und legen Ihre Hände ans Ruder. Es kann losgehen!

Traumerinnerungen nach synchronistischen Mustern

Am ehesten wird Ihnen Ihre erste hellseherische Erfahrung in einem Traum begegnen. Lassen Sie sie nicht los. Am Tage fragen Sie sich, ob Sie bereit sind, sich an einen hellseherischen Traum zu erinnern. Wenn Sie zu Bett gehen am Abend, stellen Sie sich vor, wie Sie am Morgen erwachen mit einem hilfreichen Traum. Stellen Sie sich von Ihrer Psyche her auf Träume ein. Legen Sie ein Traumtagebuch an und fangen Sie an, jeden Morgen Ihre Erinnerungen hineinzuschreiben, selbst wenn es nur Eindrücke und Gedanken sind, die Sie festhalten. In sich zu gehen, um die fast vergessenen Traumerinnerungen hervorzuholen, ist eine gute Übung, mit dem Unterbewußtsein in Kontakt zu bleiben. Das Übergangsstadium beim Aufwachen ist der wesentlichste Moment, um hellseherische Eindrücke zu bewahren.

Während des Tages halten Sie Ausschau, wann Ihre Träume oder Eindrücke beim Erwachen und die Erlebnisse des Tages übereinstimmen. Seien Sie nicht zu rational bei der Einschätzung irgendwelcher wahrgenommener Übereinstimmungen. Wenn Sie denken, da besteht eine Verbindung, gehen Sie davon aus, daß da eine ist. Der Beweis stellt sich nicht durch eine Analyse, sondern durch das, was als nächstes kommt, wenn Sie sich näher damit beschäftigen.

Sehen Sie Übereinstimmungen als mögliche Gelegenheiten an, Ihr hellseherisches Bewußtsein zur Anwendung zu bringen. Stellen Sie sich zum Beispiel einmal vor, Sie wären bereit, die hellseherischen Fähigkeiten so zu nutzen, daß sie Ihnen dabei helfen, eine neue Karriere anzufangen. Sie haben einen Traum über spielende Kinder, und sehen am nächsten Tag einen Beitrag im Fernsehen über die Bedürfnisse von unterprivilegierten Kindern, in dem ein Erwachsener gezeigt wird, der ein Kind zum Spielplatz begleitet. Darin liegt eine Übereinstimmung. Kann es sein, daß hier auf eine Möglichkeit hingewiesen wird, eine Karriere anzugehen, die mit Kindern zu tun hat? Kann es sein, daß auf eine Gelegenheit angespielt wird, die Sie erwartet, wenn Sie wieder kindgemäßer werden, mehr Spaß am Leben haben? Wie können Sie diese Ideen prüfen? Auf einen Spielplatz zu gehen, um sich dort zu entspannen und um dort ein bißchen ›herumzugammeln‹ kann Sie auf eine neue Idee bringen, oder die Gelegenheit geben, jemand Fremden zu begegnen, der den nächsten Schritt anregt. Die Möglichkeit in Betracht zu ziehen, kann Ihnen Gelegenheiten eröffnen, mit Kindern zu arbeiten.

Machen Sie sich selbst frei

Sie sind vielleicht noch nicht bereit, ein Meditationsprogramm zu beginnen, selbst wenn Sie sich ihres hohen Wertes für die Entwicklung hellseherischen Bewußtseins bewußt sind. Das ist vollkommen in Ordnung. Erst einmal müssen Sie Ihre angeborenen intuitiven Fähigkeiten einsetzen, bevor Sie irgendein besonderes Programm zur Weiterentwicklung anfangen. Die Meditation ist eine besondere Sache, die erlernt werden kann, das Bewußtsein zugunsten des Überbewußtseins loszulassen, aber es gibt auch andere Wege, die Kunst des Loslassens zu praktizieren. Cayce schlug eine Übung vor, die der ähnelt, die in der östlichen Tradition ›Achtsamkeitsmeditation‹ genannt wird. Sie können sie als eine Hilfe benutzen, mit spontaner Intuition zu arbeiten.

Versuchen Sie zunächst für eine kurze Zeitperiode und dann für eine längere Periode, mit Ihrem Hintergrundbewußtsein in Kontakt zu bleiben. Dann »treten Sie einfach beiseite und beobachten sich selbst im Vorbeigehen«. Das heißt, ohne einzugreifen oder auch nur irgendeinen Gedanken oder irgendeine Aktion zu verändern, übernehmen Sie nur die Rolle des Beobachters. Am Anfang verspüren Sie vielleicht den Wunsch, sich immer wieder sagen zu wollen, »Jetzt bin ich mir bewußt, daß ich das denke oder jenes tue usw.«. Die Idee dabei ist, das Bewußtsein mit Spontaneität zu kombinieren. Wir sind daran gewöhnt, entweder das eine oder das andere zu haben, aber nicht beides zur gleichen Zeit. Diese Form von laufender Meditation zu praktizieren wird gute Ergebnisse hervorbringen.

Es ist nicht möglich, sich selbst frei zu fühlen, ohne sich zunächst selbst zu akzeptieren. Mit dieser Übung lernen Sie sich selbst zu akzeptieren. Sie sollten sich ihrer Einstellung bewußt werden wie z. B. »Jetzt lasse ich die Gefühle über... nicht zu« oder »Jetzt kritisiere ich mich selbst wegen...«. Selbstkritik hemmt die Neugier und wirkt sich so aus, daß Sie sich der Spontaneität eher verschließen als öffnen.

Wenn Sie diese Form des Bewußtseins praktizieren, können Sie eine Bestandsaufnahme von Ihren gewohnten Denkmustern machen, die die Entwicklung des höheren Bewußtseins stören. Stehen Sie der Entwicklung Ihres hellseherischen Bewußtseins skeptisch gegenüber? Zeigen Sie Muster von Besorgnis, Angst oder Zorn? Schreiben Sie es auf. Später können Sie diese Muster untersuchen, um festzustellen, wie Sie mit ihnen arbeiten können. Versuchen Sie es mit dem Schreiben aus der Inspiration heraus, um in einen Dialog zwischen Ihrem unsicheren Selbst und Ihrem Höheren Selbst zu kommen.

Indem Sie ein aufmerksames liebevolles Interesse für die Seiten an Ihnen einnehmen, die Sie ändern wollen, durchbrechen Sie die Gewohnheit gedankenloser automatischer Selbstkritik, und lernen die verschiedensten zugrundeliegenden Bedürfnisse erkennen, auf die diese Seiten in Ihnen Sie aufmerksam machen wollen. Selbstkritik, die alles übers Knie bricht, bringt zweierlei zum Ausdruck: einmal das Festhalten, die Sucht nach der eigenen Vollkommenheit, dann aber auch die tieferliegenden Ängste vor der Aufrechterhaltung dieses getrennten Ichs. Zu lernen, mit diesen Mustern auf eine akzeptierende statt kontrollierende Weise umzugehen, baut das Selbstvertrauen auf und löst die Ängste, die sonst später die spontane Entwicklung des hellseherischen Bewußtseins blockieren.

Daran zu arbeiten, sich selbst zu akzeptieren, wird befördern, daß spontane Gedanken und Bedürfnisse, die Sie sonst vielleicht verdrängt hätten, an die Oberfläche kommen können. Auf Ihre Intuitionen zu reagieren, verlangt, daß Sie ein Gefühl für Ihre irrationalen Eingebungen, die in Form von Bildern und Gefühlen sich einstellen, entwickeln. Wenn Sie Ihre Intuition ausdrücken möchten, müssen Sie lernen, daß Sie dem Lauf Ihrer Erfahrungen trauen können.

Lernen Sie Ihrer Intuition vertrauen

Sie müssen lernen, Ihrer Intuition zu vertrauen, und das bedeutet, auf sie zu *horchen*. Cayces Ja/nein-Übung zur Intuition, die etwas früher angegeben wurde, ist ein gutes Mittel, Ihre Intuition um Rat zu fragen. Aber Sie müssen nicht darauf warten, bis Sie eine wichtige Entscheidung zu treffen haben. Ihre Intuition arbeitet die ganze Zeit. Versuchen Sie, auf sie zu hören.

Hier folgt ein simpler Vorschlag, um anfangen zu können. Versuchen Sie es sich zur Gewohnheit zu machen, vorher anzukündigen, wer der Anrufer ist, wenn das Telefon klingelt. Wenn Sie das Telefon klingeln hören, sprechen Sie einfach laut und erklären, »Das ist.., der anruft«, und sagen Sie einfach den Namen, der Ihnen in den Sinn kommt. Intuition ist zu wissen, ohne zu wissen, warum Sie etwas wissen. Deshalb setzen Sie ein ›unschuldiges Wissen‹ voraus als geistigen Rahmen und sprechen die Ankündigung laut aus, so, als ob Sie wirklich wüßten, wer es ist. Wenn Sie sich unsicher fühlen, vielleicht bringen Sie die Ergebnisse von Untersuchungen weiter, die besagen, daß intuitive Menschen bereit sind, Risiken zu tragen und keine Angst davor haben, sich selbst Kritik zu stellen. Haben Sie also Mut, sich darauf einzulassen.

Nehmen Sie Ihre Mutmaßung zur Kenntnis. Wenn Sie recht haben, beachten Sie, wie Ihre berechtigten Intuitionen sich anfühlen, wenn sie kommen. Wenn Sie nicht recht haben, überprüfen Sie, was in Ihrem Kopf vorging, als Sie Ihre Ankündigung machten. Vielleicht stellen Sie fest, daß da einige Gedanken oder Vorstellungen waren, die mit der Person, die angerufen hat, in Verbindung standen, etwas, das Sie unterdrückt oder unberücksichtigt gelassen haben. Diese Art der Überprüfung kann Sie auch darüber lehren, welcher Art die Zutaten für die Intuition sind.

Zögern Sie, selbst die alltäglichsten Entscheidungen zu treffen? Versuchen Sie, schnell und spontan zu handeln, ohne große Gedanken darüber. Treffen Sie schnelle Entscheidungen darüber, welchen Film Sie sehen wollen, oder welches Menü Sie bestellen wollen, als Übungen, die intuitive Erwiderung zu entwickeln. Ich habe Spaß daran, vorherzusagen, welche Wende ein Film nimmt oder wer der Schuldige in einer Kriminalstory ist, eine unterhaltsame Methode, alltägliche Situationen in Intuitionsspiele zu verwandeln.

Gewohnheiten können die Intuition ersticken, ob das nun die Gewohnheiten täglicher Routine sind oder die rationalen Denkens. Es kann hilfreich sein, mit Ihrer täglichen Routine ein wenig herumzujonglieren, um eine Flexibilität zu entwickeln, die leichter die Eingebungen der Intuition zuläßt. Fahren Sie immer denselben Weg von der Arbeit nach Hause? Versuchen Sie, die Route einmal zu variieren. Versuchen Sie aufs Geratewohl zu fahren und treffen Sie an jeder Kreuzung die Entscheidung, in welcher Richtung Sie weiterfahren wollen.

Kombinieren Sie solche Experimente mit dem, was Sie unternehmen, um Ihre erwachenden hellseherischen Fähigkeiten einzusetzen. Wenn Sie eine Fahrt ins Blaue machen, hören Sie auf alle inneren Eingebungen, an die Seite zu fahren und einige Geschäfte zu untersuchen – vielleicht nur, sie zu besuchen – die mit Ihrer Suche nach einer neuen Richtung in der geplanten Veränderung Ihrer Karriere zu tun haben könnten.

Sie können diese Methode auch auf Ihre Träume anwenden. Versuchen Sie sich vorzustellen, daß Ihre Träume intuitive Visionen sind und hören Sie auf sie. Suchen Sie oder schaffen Sie sich Erfahrungen, die Ihren Traumbildern entsprechen. Wenn Sie von einem Freund oder einer Freundin träumen, rufen Sie die Person auf ein Schwätzchen an. Wenn Sie träumen, Sie fahren mit Ihrem Fahrrad, nehmen Sie Ihr Fahrrad für einen kleinen Ausflug. Lassen Sie andere intuitive Einfälle, die hochkommen mögen, während Sie solche Dinge tun, spontane Handlungen, Fragen, Suchen herbeiführen. Sie kommen dabei vielleicht einen Schritt weiter in Richtung auf eine neue Karriere. Mit Ihren Träumen zu arbeiten auf diese intuitive Art und Weise, kann noch verbessert werden, wenn Sie versuchen, Träume ›auszubrüten‹, die mit einem speziellen Thema Ihres Interesses zu tun haben, wie es im fünften Kapitel beschrieben wurde.

Experiment mit einem Pendel

Sie können die hellseherischen Fähigkeiten Ihres Unterbewußtseins feststellen, wenn Sie mit einem Pendel arbeiten. Nachdem das Pendel Ihnen dann dabei behilflich war, Ihr Bewußtsein zu umgehen und Zugang zur ASW Ihres Unterbewußtseins zu gewinnen, sollten Sie das Pendel allmählich abgeben und Botschaften direkt aus Ihrem Unterbewußtsein aufnehmen. Sie können mit einem Experiment beginnen, das aus reiner ›Neugierde‹ gemacht wird, dann aber damit fortfahren, an Ihren Plänen, hellseherische Fähigkeiten einzusetzen, weiterzuarbeiten.

Der Einsatz eines Pendels bei einem ASW-Test hat, wie man herausgefunden hat, genauere Ergebnisse erzielt als Raten. Versuchen Sie, ob Sie dieses Ergebnis selber aufrecht erhalten können. Lassen Sie einen Freund außerhalb Ihres Blickfeldes Platz nehmen, eine Karte aus einem Kartenspiel ziehen und auf die Farbe rot oder schwarz konzentrieren. Versuchen Sie die Farbe der Karte zu erraten. Nach jedem Raten lassen Sie sich von Ihrem Freund die Karte zeigen, so daß Sie es selbst sehen können. Spielen Sie dieses Spiel mit einer Reihe von zehn Karten und behalten Sie Ihr Spielergebnis im Auge. Dann wechsln Sie über zur Benutzung eines Pendels. Bestimmen Sie, welche Antwort des Pendels schwarz, und welche rot repräsentieren soll. Spielen Sie wieder eine Reihe von zehn Karten durch und lassen Sie das Pendel bestimmen. Wechseln Sie hin und her zwischen dem Spiel mit zehn Karten, bei dem geraten wird und zehn Karten, bei denen das Pendel entscheidet. Zum Schluß schauen Sie, wer genauer war. Wenn das Pendel genauer war, haben Sie den Beweis, daß das Pendel einen besseren Zugang zur hellseherischen Fähigkeit Ihres Unterbewußtseins hat, als Ihr Bewußtsein.

Nebenbei bemerkt, acht oder mehr Richtige von zehn zu haben, kann zweifelsohne als Erfolg gewertet werden. Zwei oder weniger Richtige zu erhalten, kann als ›negative‹ ASW betrachtet werden und bedeutet, Sie haben Ansätze von ASW, aber Sie nutzen es falsch für sich selbst. Wenn dies der Fall ist, haben Sie vielleicht Angst vor ASW.

Wenn Sie zufriedengestellt sind, daß das Pendel beim Kartenraten erfolgreich ist, dann versuchen Sie, sich davon wieder zu entwöhnen. Schauen Sie jetzt, ob Sie im voraus erraten können, was das Pendel erwidern wird. Wenn Sie das tun können, ohne die ASW-Akkuratesse des Pendels zu reduzieren, dann sind Sie wahrscheinlich so weit, auf das Pendel beim Kartenraten zu verzichten.

Nun sollten Sie etwas versuchen, was mit Ihrem Plan zu tun hat, die hellseherischen Fähigkeiten für etwas einzusetzen. Hier folgt eine Idee, die die Karrierepläne betrifft. Schneiden Sie aus der Rubrik Angebote Kleinanzeigen aus Ihrer Zeitung heraus. Picken Sie sich einige heraus, in denen Jobs angeboten sind, von denen Sie wissen, daß Sie sie wirklich hassen würden, müßten Sie sie tun, und einige, die Sie mögen würden. Zusätzlich suchen Sie sich doppelt so viele Jobangebote heraus, über die Sie sich nicht so sicher sind. Kleben Sie jede Anzeige auf eine separate Karteikarte. Nehmen Sie dann Ihr Pendel und erarbeiten einen Antworten-Kodex. Vielleicht bedeutet von links nach rechts »Ich würde diesen Job *gut* machen«, während vor und zurück »Ich würde diesen Job *nicht gut* machen« heißt. Und im Uhrzeigersinn im Kreis schwingen bedeutet vielleicht »Ich würde diesen Job *gerne* machen«, während gegen den Uhrzeigersinn kreisen vielleicht heißt, »Ich würde diesen Job *nicht gerne* machen«.

Keine Bewegung könnte anzeigen, »Keine Meinung«. Die Wahl der Antworten sollte sich auf die Art der Fragen stützen, die Sie beschäftigen — in erster Linie den Beruf betreffend, angeborene Fähigkeiten, die Ahnung, daß es zu etwas Gutem führen würde, Aussichten eingestellt zu werden usw. Wenn der Antworten-›Kodex‹ des Pendels erst einmal aufgebaut ist, lesen Sie jede der erwünschten Anzeigen der Reihe nach und notieren Sie die Antwort Ihres Pendels. Schauen Sie, ob sie mit Ihrer bewußten Meinung übereinstimmt. Wenn nicht, versuchen Sie es noch einmal. Wenn das Pendel darin fortfährt, Ihnen immer die gleiche Antwort zu geben, aber eine, die anders als Ihre bewußte Meinung ist, dann sollten Sie über die Bedeutung dieses Hinweises nachdenken.

Um die ASW-Reaktionen zu überprüfen, lassen Sie Ihren Freund eine dieser Karten zufällig herauspicken und sie leise lesen, wobei über Sie die Verbindung zu den Erwägungen über den Job hergestellt wird. Kontrollieren Sie jetzt die Antwort Ihres Pendels auf diese Jobkarte, die nur Ihr Freund kennt. Wenn Ihr Pendel dazu neigt, die gleiche Antwort auf die Jobkarte zu geben, ganz gleich, ob Sie auf die Karte gukken oder ob Ihr Freund sie anschaut, und Sie kennen den Inhalt nicht, dann erhalten Sie eine höchst interessante ASW-Wirkung. Lassen Sie Ihren Freund eine Weile alle Karten durchgehen und Karten herausfinden, auf die Ihr Pendel immer gleich antwortet. Hier liegt ein sehr interessanter ASW-Effekt vor, einer, der eine mögliche Bedeutung für Sie in bezug auf Karrierefragen darstellen kann. Diese Jobkarten müssen sich auf Karrierefragen beziehen, auf die Ihr Unterbewußtsein aus irgendwelchen Gründen sehr sensibel reagiert. Sprechen Sie mit Ihrem Freund über Ihre Gefühle bezüglich dieser Jobs und berücksichtigen Sie dabei die Eindrücke, die Ihr Freund von Ihren Fähigkeiten, Vorlieben usw. hat, die Ihr Pendel vielleicht aufgenommen haben kann. Verfolgen Sie das Für und Wider und nehmen Sie die Traum-Inkubation, das inspirative Schreiben oder das Meditationsexperiment mit dem Ja/nein, das im vorigen Kapitel beschrieben wurde, zu Hilfe.

Der hauptsächliche Wert des Pendels liegt in seiner Fähigkeit, Ihrem Unterbewußtsein die ASW vorzuführen, noch bevor Sie in der Lage sind, Bildsymbole zu haben. Das Pendel sollte aber als der Automatismus, der er ist, gesehen werden. Es wäre kein von Cayce bevorzugtes Werkzeug, weil seine Anwendung vermuten läßt, daß man sich äußeren Einflüssen öffnet. Im Vergleich zum automatischen Schreiben oder zum Buchstabenbrett, erlaubt das Pendel jedoch nur einen begrenzten Grad an bewußter Dissoziation; es ist nicht sonderlich gefährlich, wenn Sie sich darauf nicht als Ersatz für die Entwicklung Ihres eigenen hellseherischen Bewußtseins verlassen. Das Pendel dient dazu, die Reaktionen Ihres Unterbewußtseins zu verstärken, um es für das Auge sichtbar werden zu lassen. Wenn Sie dadurch gesehen haben, daß Ihr Unterbewußtsein auf hellseherische Weise reagiert, sollten Sie in der Lage sein, ein dem Pendel geistiges Äquivalent zu entwickeln, indem Sie sich auf Ihre Gefühle und Bildvorstellungen konzentrieren.

Geistige Telepathie: Versuche mit dem Remote Viewing

Cayce schlug einmal ein Experiment vor, das, wie er sagte, den Schlüssel zur Telepathie zeigen würde: Machen Sie mit einem Freund aus, jeden Tag etwas Zeit einzuplanen, in der Sie beide, ein jeder an seinem eigenen besonderen Ort, ruhig sitzen kann und versucht, sich auf die andere Person einzustellen. Gestatten Sie Ihrem Geist, mit dem, was die andere Person erlebt, mitzuschwingen mit den Gedanken, den momentanen Aktivitäten, den Gefühlen, der Umgebung, den Plänen usw., die den anderen gerade betreffen und machen

Sie sich Notizen darüber oder fertigen Sie ein Diagramm über das, was Sie aufnehmen. Überprüfen Sie alles miteinander regelmäßig und vergleichen Sie die Notizen. Cayce empfahl, dieses Experiment zwanzig Tage hintereinander zu machen. Sie sollten dann schon einige Ergebnisse sehen.

Die Leistungen dieser Methode, Telepathie zu erforschen, sind wiederholt gewürdigt worden. Sie sind durch Upton Sinclair berühmt geworden, der über eine lange Zeit mit seiner Frau arbeitete und von ihren Erfahrungen in seinem Buch ›Mental Radio‹ schrieb. Harold Sherman — der Hellseher aus Arkansas, der zusammen mit Ingo Swann die hellseherische Reise auf den Jupiter und Merkur machte, die im ersten Kapitel beschrieben wurde — benutzte diese Methode, um in telepathischen Kontakt mit Sir Hubert Wilkins während seiner Forschungsreise in der Antarktis zu bleiben. Zusammen schrieben sie einen Bericht über ihre Erfahrungen, ›Thoughts Through Space‹. René Warcollier berichtete in ›Mind to Mind‹ von den Ergebnissen hunderter solcher Experimente und unterstrich die Zutaten zu dem Erfolg.

Die Methode hat größere Popularität in der heutigen hellseherischen Forschung unter dem Namen *Remote Viewing* gewonnen. Die Experimente im Remote Viewing, die zuerst an dem Stanford Research Institute (heute SRI International) von Russell Targ und Harold Putoff durchgeführt wurden, sind bekannt geworden, weil sie offensichtlich einfach sind, und weil nahezu jeder sie schnell erlernen kann. Bei diesen Experimenten geht ein Beauftragter an einen unbekannten Ort und schaut sich die Szenerie dort an. Inzwischen beschreibt im Laboratorium ein Teilnehmer (der Viewer) einem Interviewer alles, was im Kopf des Viewers vor sich geht und macht dann ein Diagramm von den visualisierten Bildern. Der Bericht und die Diagramme des Viewers werden dann mit der Szenerie des Ortes, den der Beauftragte aufgesucht hat, verglichen. Targ und Putoff schreiben von vielen erfolgreichen Experimenten in ›Mind Reach‹ und ›The Mind Race‹.

Solche Experimente haben gezeigt, daß die spontane Vorstellung von Bildern entscheidend für ihren Erfolg ist. Mißlingen wird oft durch Rationalisierungen verursacht und verändert die Eindrücke, die auf Erwartungen basieren. Deshalb sind die Experimente, die ich vorher empfahl, die sich mit der ›Selbstbefreiung‹ befaßten und der Entwicklung spontaner Intuition, gute Übungen, um mit dem Remote Viewing Erfolg zu haben.

Experimente mit der Hellsichtigkeit

Ausgehend von Beobachtungen der Fähigkeit, die Erfahrungen eines weit entfernten Beauftragten aufzunehmen, entdeckten Forscher bei der SRI International, daß diese auch dazu eingesetzt werden kann, Informationen aufzunehmen, wenn kein ausgesandter Beauftragter beteiligt ist. Zum Beispiel wurden bei einer Versuchsreihe, die in ›The Mind Race‹ beschrieben ist, Versuchspersonen ein beliebiges latitudinales und longitudinales Koordinatenkreuz vorgelegt, und sie ›sahen‹ mit Erfolg die Szenerie an diesen Orten. Bei einer anderen Versuchsreihe ›sahen‹ Versuchspersonen mit Erfolg den Inhalt von Dokumenten auf Mikrobildern – in der Größe wie das Tüpfelchen auf dem ›i‹ – die in Containern versiegelt unter Verschluß lagen.

Innerhalb der modernen Terminologie des Remote Viewings erweiterte dieses Arbeitsteam erfolgreich den Rahmen der typischen Hellsichtigkeit. Die Aufgaben waren nicht anders als die, die Edgar Cayce in seiner hellseherischen Trance verrichtete, wenn er beschrieb, was die Person, der er das Reading gab, gerade machte und wie die Umgebung aussah, oder wenn er mikroskopisch genau die Körperfunktionen der Person erkennen konnte. Cayces hellseherische Quelle wies ihn einmal darauf hin, daß er im Wachzustand ein noch viel besserer Hellseher als im Zustand der Trance sein könnte, wenn er den Wunsch hätte, sich gründlich auszubilden. Die Remote Viewing-Experimente lassen zumindest die Vermutung zu, daß eine Trance nicht immer die Voraussetzung für hellseherisches Bewußtsein ist. Eine weitere Folgerung, die von Forschern gezogen wurde, ist, daß die Stärke des Glaubens, was alles möglich und machbar ist, den Rahmen des tatsächlich Möglichen erweitert.

Im Wachzustand konnte Edgar Cayce den Inhalt von Briefen schon erkennen, wenn er bloß den verschlossenen Umschlag in den Händen hielt. Er nahm oft zusätzliche Informationen über den Absender auf, beinahe als ob er eine Vorschau auf das Reading, das sich aus dem Wunsch der Person ergeben würde, geben würde. Cayces Fähigkeiten im Wachzustand können auf einige Experimente, die Sie versuchen können, angewendet werden.

Lassen Sie einen Freund eine Anzahl Kunstpostkarten kaufen und diese in einem undurchsichtigen Umschlag verschließen. Nehmen Sie einen der Umschläge in die Hand und lassen Sie Ihren Geist eins mit der Postkarte werden und die Schwingungen des Bildes aufnehmen. Lassen Sie Ihre ersten Eindrücke zu, ohne sie zu zensieren und schreiben Sie sie nieder. Öffnen Sie dann den Umschlag und vergleichen Sie Ihre Eindrücke mit dem, was auf dem Bild dargestellt ist. Wenn Sie vergleichen, schauen Sie sich Aspekte des Bildes an, die vielleicht Eindrücken entsprechen, die Sie unterdrückt haben. Nehmen Sie nicht zu viele Bilder bei einem Versuch. Dehnen Sie Ihr Experiment über mehrere Tage oder Wochen aus. Es kann sich auch lohnen, mit einem anderen Bewußtseinszustand zu experimentieren. Versuchen Sie auf einem Umschlag zu schlafen, und schauen Sie, ob Ihr Traum Elemente aus dem Bild enthält, das auf der Postkarte ist. Versuchen Sie einen Vorteil aus dem Übergangsmoment beim Aufwachen am

Morgen zu ziehen, um den Inhalt des Umschlages zu ›sehen‹. Versuchen Sie den Inhalt eines Umschlages während einer Entspannungsphase oder bei der Selbsthypnose zu sehen. Es ist auch sinnvoll, Ihre Fähigkeiten vor und nach einer Meditation zu vergleichen.

Denken Sie über eine Möglichkeit nach, wie Sie diese Art von Experiment in einen Anwendungsbereich übernehmen können, für den Sie Ihre hellseherischen Fähigkeiten entwickeln wollen. Die Jobkarten, zu denen ich vorher geschrieben habe, könnten leicht anstelle der Kunstpostkarten genommen werden. Halten Sie einen Umschlag mit einem unbekannten Stellenangebot darin in der Hand und lassen Sie spontan Bilder in Ihren Kopf kommen. Als zusätzlicher Test Ihrer ASW ist es auf diesem Wege auch möglich, daß ein Vergleich Ihrer geistigen Bilder mit dem Stellenangebot zu einem intuitiven Einfall über einen vorher unerwarteten Aspekt dieser Art von Job führen kann.

Die Zukunft sehen

Typische ASW-Experimente, die von einer Versuchsperson verlangen, wiederholt zwischen einer begrenzten Anzahl von Entscheidungsmöglichkeiten (wie: Ist die Karte rot oder schwarz) zu wählen, werden langweilig. Cayce betonte, wie wichtig es ist, ASW-Experimente zu entwickeln, die eine Person auffordern, eine Aufgabe mit praktischem Nutzen zu erfüllen. Kürzlich haben Forscher diese beiden Gesichtspunkte in einer experimentellen Methode zusammengefaßt, die ein riesengroßes Potential hat. Sie wird das ›Assoziatives Remote Viewing zukünftiger Geschehnisse‹ genannt. Einer der ersten Forscher, die diesen Untersuchungstyp ausprobierten, war Elizabeth Targ, deren Experiment den Ausgang von Wahlen betraf.

Im Herbst 1980 stand die Frage »Wer wird als Präsident gewählt: Ronald Reagan, Jimmy Carter, John Anderson, oder keiner dieser Männer?« im Zentrum öffentlichen Interesses. In diesem Falle mußte, um eine hellseherische Voraussage zu erhalten, eine Person unter diesen vier Möglichkeiten wählen. Anstelle dieser Art des Ratens bediente Frau Targ sich einer anderen Methode. Sie bat einen Freund ganz im stillen vier völlig verschiedene Gegenstände irgendwelcher Art auszusuchen und jeden in eine Schachtel zu legen. Die Schachteln wurden dann ganz willkürlich mit ›Reagan‹, ›Carter‹, ›Anderson‹ und ›Keiner von diesen‹ beschriftet. Frau Targ erzählte dann der Versuchsperson – dem ›Viewer‹ – daß ihr am Abend vor der Wahl ein Gegenstand gezeigt würde. Was wäre das? Die Aufgabe der Versuchsperson war nicht, zu raten, welcher Gegenstand, da die Wahl nicht feststand, sondern nur, spontane Bilder in ihren Kopf kommen zu lassen. Frau Targ gab die Bilder an ihren Freund weiter, der gefragt wurde, ob sie in irgendeiner Weise zu den Gegenständen paßten. Wenn ja, dann ging die Wette auf. Wenn nicht, dann würde angenommen, daß die Versuchsperson nicht in der Lage war, in die Zukunft zu sehen. Es kam dann so heraus, daß die Beschreibung der Versuchsperson, »ein weißes, hohles, konisches Objekt aus einem Material wie eine Muschel mit einer Schnur, die an ihrer Spitze festgebunden ist« ganz klar mit einem der Gegenstände, die der Freund zusammengesammelt hatte, zusammenpaßte, einer Pfeife in Form eines Füllhorns, aus dem Horn eines Tieres gemacht, mit einem am spitzen Ende befestigten Band. Dieser Gegenstand lag in der mit ›Reagan‹ beschrifteten Schachtel. Wie die Wahlen später bestätigten, hatte der Viewer auf diese Weise den Ausgang präzise vorhergesehen.

Es gab noch einen anderen entscheidenden Teil bei diesem Experiment. Als die Ergebnisse der Wahl bekannt waren, ging Frau Targ zu ihrem Freund, holte die Pfeife und zeigte sie der Versuchsperson. Da das Experiment von der Annahme ausging, daß der Versuchsperson ein Gegenstand gezeigt würde, erschien diese abschließende Handlung, die darauf folgte, wichtig. Es ist faszinierend, die Auswirkungen unserer typischen Denkweise von Zeit und Kausalität zu betrachten: Hätte das Experiment auch geklappt, wenn Frau Targ den letzten Akt des Feedbacks vergessen hätte? War das dem Viewer rückwirkende Zeigen des Gegenstandes die *Ursache*, daß der Viewer den Gegenstand acht Wochen früher ›gesehen‹ hatte?

Trotz dieses Rätsels ist davon auszugehen – und dies macht diese Methodik so attraktiv, daß ein präzises hellseherisches Wirken dabei beteiligt ist, da der Viewer sich einer Situation mit offenem Ende gegenübersieht, vorausgesetzt, er nimmt die damit verknüpften Ziele auch richtig wahr. Assoziatives Remote Viewing über künftige Ereignisse ist auf profitable Weise für die Voraussage in Finanzdingen eingesetzt worden. Eine Organisation für angewandte hellseherische Voraussagen, die Delphi Associates, wurde von einigen dieser Forscher gebildet, um diese Methode auf finanzielle Beratungen auszudehnen. Sie ist recht erfolgreich gewesen. Die Organisation war in der Lage, zehntausende von Dollar auf dem kommenden Silbermarkt mit dieser Methode zu machen. Ob Sie nun eine finanzielle Spekulation machen wollen oder ein anderes Ziel verfolgen, wenn Sie eine Entscheidung über den Ausgang des künftigen Ereignisses treffen wollen, können Sie in Erwägung ziehen, ein solches Experiment auf diese Weise zu machen.

Von diesen Experimenten im assoziativen Remote Viewing ausgehend kam ich zu dem Schluß, daß zukünftige Ereignisse meine gegenwärtigen Tätigkeiten beeinflussen könnten. Ich beschäftigte mich mit dieser Idee, während ich dieses Buch schrieb. Zuerst ging ich in einen Buchladen und sah mir in den Regalen die Bücher über hellseherische Phänomene an. Dann versprach ich mir selber, daß ich, nachdem dieses Buch veröffentlicht worden ist, ich in den Laden gehen würde und nach meinem Buch sehen würde. Ich würde mir das Cover ansehen, das Inhaltsverzeichnis und das Layout der Seiten. Ich würde auch ausgesuchte Passagen lesen, besonders eine, bei der ich Schwierigkeiten beim Schreiben hatte. Ich ließ diese Überzeugung wachsen, bis ich sie als Realität empfinden konnte. Dann, wenn ich beim Schreiben nicht weiterkam, legte ich mich hin und bediente mich der Selbsthypnose, der Induktionsmethode, um in einen träumerischen Zustand zu verfallen. Ich ›reiste‹ dann in den Buchladen und sah mir mein Buch an. Ich fand heraus, daß ich auf die Seiten blättern konnte, die meinem Problem entsprachen und lesen, wie ich es gelöst hätte. Ich würde dann aufstehen und entscheiden, ob mir diese Lösung gefiel – was ich gewöhnlich tat – und ob ich sie ausführte. Ich weiß nicht, ob ich die Zukunft sah, oder ob ich sie mir erschuf, oder ob es lediglich eine Methode der Herbeiführung von kreativen problemlösenden Bildern war, aber es brachte mich durch viele Engpässe beim Schreiben des Buches. Doch um sicher zu gehen, habe ich geplant, in dieses Buchgeschäft zu gehen, um meine vorausschauenden ›Visionen‹ zu überprüfen – nur um mich des wichtigen ›Grundes‹ für meine Fähigkeit, die ›Zukunft‹ zu prophezeien, zu versichern.

Ich stelle mir auch vor, wie Sie ungläubig den Kopf schütteln und denken: »Er hat die Herausgabe seines Buches nicht prophezeit, sondern er hat es so geschrieben!« Hellseherisches Bewußtsein hat seine eigene Logik; aber Sie werden sich selbst beim Lesen dieses Buches Ihr Urteil bilden.

Offenes Channeling in Trance

Einen anderen Zustand des Bewußtseins zu nutzen, um Bilder zur kreativen Problemlösung zu entlocken, ist eine gute Methode, um das offene Channeling in Trance zu erlernen. Robert Davé von der Michigan State Universität zum Beispiel, untersuchte Leute, die sich in einem Engpaß in ihrer kreativen Arbeit befanden. Er riet entweder mehr darüber nachzudenken, oder er hypnotisierte sie und nahm an, daß sie eine Lösung für das Problem träumten. Eine Woche später hatten 75 Prozent der Leute, die einen hypnotischen Traum gehabt hatten, ihr kreatives Problem gelöst, während von denen, die nachgedacht hatten, nur 12 Prozent das ihrige gelöst hatten. Es lohnt sich, die Selbsthypnose zu lernen, oder autogenes Training, um in der Lage zu sein, eine solche Methode zur Erweckung neuer Inspiration zu probieren.

Wenn Sie den Zustand der Trance erst einmal beherrschen, steigen Sie am besten mit einer Frage ein, die Sie an Ihr höheres Selbst richten. Wenn Sie die Frage gestellt haben, lassen Sie Ihren Gedanken freien Lauf. Achten Sie auf Gedanken, die Ihnen nur ganz leise zuwispern. Akzeptieren Sie alle wissenden Gefühle, die existieren mögen. Öffnen Sie sich allen Bildern die hochkommen mögen. Eine Lösung kommt sehr oft in Form eines einziges Bildes anstatt in einem ausgearbeiteten Traum. Dieses einzige Bild kann die Intuition Ihres Höheren Selbst sein, das in einer sehr knappen Weise zu Ihnen spricht.

Dieselbe Methode kann für die Interpretation von Träumen benutzt werden. Lassen Sie während dieses Trance-Zustandes einen Ihrer Träume von einem Freund laut vorlesen. Dann rufen Sie das Höchste in Ihnen an und sprechen Sie über Ihren Traum. Ich habe herausgefunden, daß sogar Anfänger auf diese Weise ganz bedeutsame Aussagen über ihre eigenen Träume machen können. Tief in uns allen kennen wir die Wahrheit über uns selbst. Wenn wir bereit sind für das bewußte Wissen um diese Wahrheit die Verantwortung zu übernehmen, können wir diese Methode einsetzen, dieses Wissen in unser Bewußtsein zu bringen. Zu diesem Ziel kann sich herausstellen, daß der Zustand der Trance weniger wichtig ist, als die Einstellung, diese Tatsache zu akzeptieren.

Telepathische Suggestionen senden

Haben Sie je den Wunsch verspürt, jemandem eine telepathische Botschaft zu schicken, mit der Bitte um Hilfe? Die frühen Untersuchungen, wie wir Sie bei der Hypnose aus der Ferne gesehen haben, läßt uns diese Möglichkeit annehmen. Hellseher haben diese Fähigkeit eingestanden, zögerten aber, sie zu benutzen.

In einer seltenen Geste von Verschmitztheit, schloß Cayce einmal mit einem Freund eine Wette ab, daß er einen gemeinsamen Bekannten, jemand, der extrem skeptisch über Cayces Arbeit war, derart geistig beeinflussen könnte, daß er zu Cayce kommen und um ein hellseherisches Reading bitten würde. Der Vorschlag schien unwahrscheinlich. Die Wette galt. Am nächsten Tag erschien die fragliche Person mit dem Hut in der Hand vor Cayces Tür und fragte um Hilfe. Danach schwor Cayce, daß er so etwas nie wieder tun würde.

Al Miner, ein professioneller Hellseher, erzählte mir von einer Gelegenheit, bei der er telepathische Suggestion einsetzte, als er als Vertreter für Autos arbeitete. Das erste Mal klappte es gut. Doch beim zweiten Mal rief der in Frage kommende Kunde Al an und sagte, er hätte plötzlich einen solchen Drang verspürt, ein Auto zu kaufen, daß er eines am nächst erreichbaren Ort – bei einem anderen Händler – gekauft habe. Verärgert hörte Al mit seinen Versuchen auf.

In ›Parapsychologie and the Unconscious‹ vertritt Jules Eisenbud den Standpunkt, daß der unbewußte Gebrauch von telepathischer Suggestion, um mit anderen Menschen in Verbindung zu kommen, wahrscheinlich allgemein so ist. Er schreibt aber, daß der Versuch, sie bewußt einzusetzen, eine Reaktion von Angst bei den meisten Praktizierenden hervorrufe. Eine Möglichkeit, mit den unbewußten Veranlagungen umzugehen, ist, zu versuchen, sie zu einem Channel für einen positiven Gebrauch werden zu lassen. Cayce erinnerte oft daran, daß unsere Gedanken, dadurch daß wir über unser Unterbewußtsein mit allen Menschen verbunden sind, andere Menschen beeinflussen. Er riet deshalb, daß wir nur das Beste über andere denken sollten und für Leute, die uns ärgern, beten sollten.

Meine Frau zeigte mir eine konstruktive Form der Anwendung von telepathischer Suggestion, die sich für einen Versuch eignet, den Sie selbst einmal ausprobieren können.

Wenn ich mit dem Einschlafen Probleme hätte, wollte sie für mich beten und sich vorstellen, wie ich schlafe. Sie sagte, sie sei überzeugt, daß es, wenn sie nicht vorher selbst ihrer eigenen Suggestion erläge, mir helfen würde. Es gibt Gründe, ihr zu glauben. Cayce verwies darauf, daß während des Stadiums vor dem Einschlafen wir sehr empfänglich für Suggestionen sind, wie auch Cynthia Pikes ›The Miracle of Suggestion: The Story of Jennifer‹ beweist. Thomas Jay Hudson schrieb von seinen erfolgreichen Versuchen, die er damit machte, telepathische Suggestionen zur Heilung gestreßter Leute zu senden, während diese schliefen. Eisenbud beschrieb Experimente, die in Rußland gemacht wurden, die die Herbeiführung von hypnotischem Schlaf durch telepathische Suggestion bestätigen.

Viele Eltern haben Kinder mit Einschlafschwierigkeiten. Nach neuesten Erkenntnissen ist die Schlafstörung ein Verhaltensproblem, die durch die elterliche Aufmerksamkeit noch verstärkt wird. In einem Nachrichtenmagazin im Fernsehen kam kürzlich ein Psychologe zu Wort, der Eltern vom schlafgestörten Kindern darüber aufklärte, wie sie das Problem beseitigen könnten. Die Technik bestand darin, ins Schlafzimmer zu gehen und das Kind zu beruhigen und dies über eine zunehmend längere Zeit zu tun. Noch vor dem Ende einer Woche zeigte die Verhaltensumstellung das gewünschte Ergebnis. Wenn Sie ein solches Kind haben, versuchen Sie zunächst einmal diese Methode. Wenn es nichts hilft, überlegen Sie sich eine Alternative. Versuchen Sie, zu meditieren und ganz leise ihr Kind einzuladen, an der Stille teilzuhaben. Ob durch Meditation, ein Gebet oder die Aussendung telepathischer Suggestion, wobei Sie selbst entspannt sind, Sie finden vielleicht heraus, daß Ihr Kind Ihrem Beispiel folgt.

Kristalle und Edelsteine

Ein Artikel im Time Magazine vom 19. Januar 1987 verballhornt die wachsende Popularität des Gebrauchs von Kristallen in Kreisen der New Age-Bewegung. Cayce, der gezeigt hatte, wie die Kristalle der Erde mit dem endokrinen System des Seelenkörpers zusammenhängen, hatte empfohlen, sie zu benutzen als Hilfe, sich selbst zu harmonisieren. Er gab auch an, daß vor langer Zeit Kristalle und Edelsteine zur Heilung benutzt worden waren, und daß dieses Wissen eines Tages wieder erscheinen würde. Entwicklungen in der letzten Zeit lassen darauf schließen, daß zumindest der einstige Enthusiasmus, wenn nicht auch einiges von dem Wissen, wieder aufgetaucht ist.

In seinen Empfehlungen zur Nutzung von Edelsteinen und Kristallen gab Cayce an, daß einige Minerale wirksamer für bestimmte Zwecke sind, als andere. Andererseits erinnert er uns stets daran, daß alle Energie aus derselben Quelle kommt, und diese in uns ist. Deshalb auch kann die Nutzung dieser Minerale nur eine Hilfe und Unterstützung für unsere eigenen Bemühungen, uns in Einklang zu bringen, darstellen. Hier folgt die Methode, mit Kristallen und Edelsteinen zu arbeiten, wie ich sie aus seiner Philosophie heraus entwickelt habe. Nach seinen Grundsätzen mußten einige dieser Methoden aus meiner eigenen Intuition entstehen.

Ich kam zu dem Schluß, daß jedes Mineral am geeignetsten — vergleichbar einer Batterie, einem Verstärker oder Resonanzkasten — zur Aufrechterhaltung einer gewissen Energiestruktur war. Für die Meditation und das hellseherische Bewußtsein empfahl Cayce gewöhnlich die auf Kupfer basierenden Minerale, wie etwa den Azurit/Malachit. Ich ging davon aus, daß die Kraft, sich in Einklang und Harmonie zu bringen, nicht im Stein lag, sondern daß es etwas in mir war, das ich entwickeln konnte. Der Wert des Steines liegt in seiner Fähigkeit, die Energie, die ich durch das Meditieren gewann, zu speichern und mir dann zu einem späteren Zeitpunkt verfügbar zu machen. Damit meditierte ich nicht *mit* dem Stein; vielmehr gab ich ihm, während ich den Stein hielt, die Möglichkeit, meine meditativen Energien aufzunehmen. Auf diese Weise ›sog sich‹ der Stein ›wie ein Schwamm voll‹ und speicherte die Energien und die Strukturen meiner Harmonisierungserfahrungen.

Ich lernte, wie man dem Stein ›zuhören‹ muß, um seinen ›Ton‹ zu hören, den ich wie das Hörbild seiner Schwingungsmuster aufnahm. Andere stellen sich vielleicht auf Minerale durch visuelle Bildsymbole ein. Ich fand die Bestätigung über den Gebrauch von Hörbildern bei den Eingeborenen Amerikas, in deren Traditionen. Nachdem ich gelernt hatte, den Ton des Steines zu ›hören‹, vermutete ich, daß der Schlüssel zur Wirkung des Steines war, mit ihm mitzuschwingen, indem ich seinen Ton ›mitsang‹, ob leise oder laut, daß ich damit für meinen Gebrauch alle Energien frei ließ, die ich in dem Stein angesammelt hatte.

Cayce regte an, Steine und Kristalle an verschiedenen Stellen des Körpers entsprechend zu den Chakrapunkten zu tragen. Es lohnt sich, mit verschiedenen ASW-Aufgaben, wie es auch viele tun, zu experimentieren und die Ergebnisse einmal unter Verwendung richtig präparierter Steine und einmal ohne zu vergleichen. Eines der Experimente, die ich leitete, war, zu testen, wie sich die Anwendung meiner Klangtechnik auf das innere Erleben einer Person, die meinen Stein hielt, auswirkte. Die Person befand sich an einem entfernteren Ort oder schlief, während ich leise den Ton des Steines ertönen ließ oder einen anderen Ton oder auch gar keinen Ton. Der Vergleich der Berichte von den Leuten unter diesen Umständen, überzeugte mich von dem potentiellen Wert, der darin liegt, mit Edelsteinen und Kristallen arbeiten zu lernen.

Die Verwendung von Kristallen in der Laser-Holographie hat zu der Entwicklung von einer neuen Begriffsvorstellung für das Verständnis von Bewußtsein und hellseherischem Bewußtsein geführt. Die jüngste Explosion des Interesses am hellseherischen Gebrauch von Kristallen und Edelsteinen kennzeichnet recht gut die Entstehung der modernen Psychophysik − die intuitive Wiederaufnahme des Wissens aus Atlantis, wie Cayce voraussagte − wobei Leute, die in Harmonie mit anderen und mit den natürlichen Elementen arbeiten, in der Lage sind, ihre materiellen Bedürfnisse durch den Gebrauch transzendenten hellseherischen Bewußtseins zu erhalten.

12 Transzendentes Psi in Gemeinschaft

Denn daß ein Mensch den anderen liebe, das ist die endgültig letzte Prüfung und der Beweis, die Arbeit, vor der alle andere Arbeit nichts als eine Vorbereitung ist.

RAINER MARIA RILKE

Eine Überschrift in dem seriösen Finanzblatt ›The Wall Street Journal‹ vom 22. Oktober 1984 war überraschend: »Leisteten hellseherische Kräfte einem Spekulationserfolg auf dem Silbermarkt Vorschub? Und machte Habgier alles wieder zunichte?« Der Artikel betraf das Experiment in Remote Viewing, welches wir im vorigen Kapitel erörterten. Russell Targ und sein Kollege von der Delphi Associates hatte 120 000 Dollar durch die Voraussage von Schwankungen der Preise für Silber gewonnen. Dann jedoch erwies sich das Experiment als Fehlschlag. Targ spekulierte, daß die Aussichten auf einen persönlichen großen Gewinn die Fähigkeit, ruhig auf der hellseherischen Wellenlänge zu bleiben, beeinträchtigte. Als er dies begriff, wandte Targ sich einer neuen Richtung in seiner Forschungsarbeit zu. Er prüft jetzt die Auswirkung der Motivation − Erwartung einer persönlichen Belohnung oder spirituelles Ziel − auf das hellseherische Funktionieren. Damit wird aufs neue die jahrhundertealte Frage aufgeworfen: arbeitet das hellseherische Bewußtsein unabhängig von persönlichen Beweggründen oder ist es als ein Aspekt der Spiritualität zu betrachten?

Spiritualität und hellseherisches Bewußtsein

In der alten Yoga-Tradition war es erwiesene Tatsache, daß sich hellseherische Kräfte als ein Ergebnis intensiver Meditation entwickelten. Dasselbe galt in der westlichen Mystik. 1982 überprüfte die Parapsychologin Rhea White die Biographien von Heiligen und fand heraus, daß 29 Prozent ASW zeigten. Unvermittelt Menschen zu Hilfe zu kommen, Bilokation (gleichzeitige körperliche Erscheinung an zwei verschiedenen Orten), erworbenes hellseherisches Wissen waren Beispiele, die sie zitierte. Die meisten dieser Heiligen waren nicht hellseherisch geboren, schrieb sie, aber ihre Fähigkeiten stiegen mit ihrer spirituellen Arbeit und ihren Fortschritten.

Der Philosoph Michael Grosso vertritt den Standpunkt, daß die außerordentlichen Psi-Phänomene, die von spirituellen Anhängern an den Tag gelegt werden, etwas Wichtiges über das Wesen der ASW annehmen lassen. Er schreibt, daß Untersuchungen in der Psi-Forschung zeigen, daß sich die Fähigkeit der ASW verringert, wenn die Versuchsperson mit ›das Ego betreffenden Anstrengungen‹ beschäftigt ist, sich aber verbessert, wenn die Belange, die sich auf die sinnliche Welt und auf die persönliche Vervollkommnung beziehen, aufgegeben werden können. Er stellte eine ›transzendente Art‹ des Seins fest, die an die Stelle von der Beschäftigung mit dem persönlichen Überleben tritt und die förderlich für die Psi-Phänomene ist. Diese transzendente Art ist vergleichbar mit der Empathie. Zum Beispiel müssen wir, um ein guter Zuhörer zu sein, unseren eigenen Bezugsrahmen und unsere eigenen Belange einmal beiseite stellen, um für einen Augenblick die Perspektive des anderen Menschen einnehmen zu können. Er behauptet, daß die *Liebe* das wesentlichste Attribut für die transzendente Art des Seins ist. Ausgelassenheit und Freude am Prozeß selbst, Dinge zu tun, scheinen in einer Wechselbeziehung mit diesem transzendenten Zustand des Geistes zu stehen.

Grosso setzt Spiritualität nicht damit gleich, ›gut‹ zu sein als Gegensatz zu ›schlecht‹ oder ›böse‹. Nicht moralische Untertöne prägen seine Aussage hinsichtlich dessen, was er das *transzendente Psi* nennt. Vielmehr scheint Spiritualität mit Klugheit zu tun zu haben. Es zeugt von aufgeklärtem Selbstinteresse, Klugheit heißt, aus einer weiteren Perspektive die Dinge zu sehen und danach zu handeln und nicht so sehr aus dem engen, selbstgezimmerten Gesichtskreis. Ökologie, Holographie, Quantenphysik – all diese Entwicklungen im angewandten holistischen Denken – geben den atomistischen Standpunkt auf zugunsten der ›Perennial Philosophy‹, die besagt, daß alles Leben miteinander verbunden ist, d. h. die Einheit. Das Wesen der Liebe, des Altruismus, des Dienstes am anderen – in Wirklichkeit das Wesen der Transzendenz – bedeutet, auf der Grundlage der Wahrnehmung von Einheit, dem in sich zusammenhängenden Ganzen, zu handeln. Das scheint die Bedeutung der Spiritualität zu sein, die sich herausstellt.

Cayces Sichtweise von der Beziehung des hellseherischen Bewußtseins und der Spiritualität ist ähnlich orientiert wie diese Vorstellung vom Transzendenten. Hellseherisches Bewußtsein existiert, weil wir in Wirklichkeit Seelen sind: Miteinander verbundene Miniaturnachbildungen der ganzen Schöpfung, holographische Atome im Körper Gottes. Um bewußt hellseherisch zu werden, wird von uns verlangt, uns in die Einheit des Lebens einzufühlen, statt uns auf unser einzelnes, davon getrenntes Ich zu konzentrieren. Der Versuch, hellseherisches Bewußtsein für den persönlichen Vorteil auszunutzen, ist eine ›Sünde‹ schon allein dadurch, daß bei der Konzentration auf das eigene Ich einem die Fehler und die Einengungen entgehen. Es ist so konzipiert, daß es zur Verbesserung des Ganzen eingesetzt werden soll, indem es der Verfeinerung unserer Erkenntnisse dient und so die Verwendungsmöglichkeiten der Persönlichkeit innerhalb des Ganzen befördert.

Cayce zitierte das Wort Jesus' aus Lukas 9, 24: »Denn wer sein Leben erhalten will, der wird es verlieren; wer aber sein Leben verliert um meinetwillen, der wird es erhalten.« Für Cayce und Jung liegt die Bedeutung von Jesus darin, daß er das Muster des Menschen vorlebte in bewußter, schöpferischer und verantwortungsvoller Beziehung zum Ganzen. Dieses Muster der Selbstverwirklichung, das die Annahme und die Transzendierung des persönlichen Egos beinhaltet, existiert als Möglichkeit für jeden von uns. Hellseherisches Bewußtsein kann sowohl als Folge als auch als Mittel angesehen werden, diese Seinsstruktur anzunehmen.

Das Paradoxon in der Forschung über transzendentes Psi

Grosso empfiehlt, daß die Forschung über hellseherische Phänomene sich am transzendenten Psi orientieren solle. Er realisiert damit, daß ein unterschiedlicher Typus von Untersuchungsverfahren statt des gewöhnlich angewandten eingesetzt werden könnte. Ein Paradoxon, das sich den meisten Experimenten in der ASW, die aus dem traditionellen atomistischen Standpunkt erreicht wurden, ist folgendes: Der Untersuchende entwirft eine Situation, um zu sehen, ob die Versuchsperson hellseherische Fähigkeit zeigt. Die Situation ist aber schon von vorneherein auf das Selbst bezogen, und diese Selbstbezogenheit hemmt das hellseherische Bewußtsein.

Cayce weigerte sich, Versuchsperson bei dem ASW-Experiment zu sein, wenn es sich darauf konzentrierte, seine Fähigkeiten zu testen oder seine ASW nachzuweisen. Er war bereit, mit der Parapsychologie zusammenzuarbeiten, da er dachte, es wäre wichtig, die Wirklichkeit der Einheit unter Beweis zu stellen. Aber er war überzeugt, daß es unmöglich war, zu versuchen, sie in einem philosophischen Umfeld des Skeptizismus nachweisen zu wollen, da der Schwerpunkt eines solchen

Experimentes es schwierig machte, hellseherisches Bewußtsein zu bekunden. Er hielt daran fest, daß die treibende Kraft hellseherischen Bewußtseins im Wesen des Wunsches lag, der die Motivation für ASW ausmachte. Wenn der Wunsch darauf basiert, das eigene Ich beiseite zu lassen, um jemanden in Not zu helfen, dann ist der notwendige Kreis der Einheit präsent, und hellseherisches Bewußtsein kann realisiert werden. Wenn der wahre Wunsch aber ist, die Existenz von ASW zu beweisen, oder nachzuweisen, daß ein bestimmter Mensch hellseherische Fähigkeiten besitzt, dann ist die Ganzheit des Lebens nicht mehr im Mittelpunkt. Skeptizismus beschränkt sich darauf, die Existenz der ASW zu erweisen. Cayce dagegen war daran gelegen, die Nützlichkeit von bestimmten ASW-Erfahrungen zur Förderung der Harmonie im Leben herauszufinden. In einem Reading während einer Trance riet Cayce einem Parapsychologen von der Columbia Universität, daß Experimente sich nicht auf ›Knüller‹ und ›erfolgreiche Geschichten‹ konzentrieren sollten, sondern auf die Brauchbarkeit der Ergebnisse. Cayce prophezeite, daß in der Befolgung eines solchen Untersuchungsstiles wir alles, was wir über das Wesen hellseherischen Bewußtseins wissen müssen, lernen würden.

Die ›Traumhelferzeremonie‹: ein Experiment in transzendentem Psi

Vor einigen Jahren nahm ich die Herausforderung an, ein Experiment zu entwerfen, das sich mit Cayces Angaben für ein Experiment in transzendentem Psi treffen würde. Beim Meditieren über das ideale Muster für eine derartige Untersuchungsmethode, formte sich dieser Traum:

»Wir haben uns zwecks Forschung und Aufklärung zusammengefunden. Wir stehen im Dunkeln und wissen nicht, wie wir vorgehen sollen. Plötzlich fangen wir an, in einem Kreis zusammen zu tanzen, wobei ein jeder ein individuelles Symbol von sich zeigt. Nachdem wir uns der Reihe nach grüßen und gegenseitig feiern, realisieren wir, daß wir unsere Methode gefunden haben, weil der Tanz selbst eine zentrale Lichtquelle erzeugt, die uns unseren Weg leuchtet.«

Das Muster von diesen Aktivitäten im Traum entspricht dem Muster in einer Vielzahl von Zeremonien und Feierlichkeiten, die mit den Einzelnen in der Gemeinschaft zusammenhängen. In Maibaumritualen oder in der Zeremonie des Sonnentanzes der Indianer tanzen bestimmte Personen um einen zentralen Mittelpunkt. Ich zog Robert Van de Castle von der Universität of Virginia Medical School hinzu, der ASW in traditionellen Kulturen studiert hatte und an den Maimonides Traumtelepathie-Experimenten, die schon früher in diesem Buch erörtert wurden, teilgenommen hatte. Zusammen entwarfen wir ein Traumtelepathie-Experiment für eine Gruppe: die ›Traumhelferzeremonie‹.

Eine Gruppe von Leuten, die bereit war, ihre telepathische Traumkraft zu nutzen, um jemandem zu helfen, wurde an dem Abend versammelt. Von dieser Gruppe meldete sich jemand, der willens war, die Gruppe um Hilfe bei einem Problem zu bitten, das keinen Aufschub vertrug, der sich also bereit erklärte, freiwillig die ›Zielperson‹ für die Träume der Gruppe zu sein. Der Kern des Problems ist an dem Abend nicht enthüllt worden. Statt dessen führte die Zielperson die Gruppe in eine stille Meditation vor dem Zubettgehen. Bevor die Zielperson sich zurückzog, schrieb sie insgeheim das Problem, für das die Hilfe der Gruppe gesucht wird, auf ein Stück Papier. Der Gruppe von ›Helfern‹ wurden keinerlei Instruktionen gegeben, außer, daß sie daran erinnert wurden, daß ihre Träume in dieser Nacht nicht sie betreffen und sie sie nicht vergessen dürfen. Es war daher von großer Wichtigkeit, sich an alle Einzelheiten zu erinnern. Hier haben wir ein Beispiel einer Gruppe von einzelnen Träumern, die sich mit ihren persönlichen Traumvorgängen auf eine zentrale Sache konzentrieren und damit den Mustern alter Riten entsprechen.

Wenn Sie es sich vorstellen können, in einer solchen Gruppe von Traumhelfern zu sein, dann können Sie sicher einschätzen, wie man sich fühlt, sich bei einer solchen Gelegenheit auf den Schlaf vorzubereiten. Sie wissen nicht, was das Problem der Person ist, sind aber neugierig und versuchen es zu erfüllen. Sie möchten helfen, aber Sie können noch nicht daran glauben, daß es Ihnen möglich ist, einen hellseherischen Traum zu produzieren. Diese Faktoren schaffen ein starkes Gefühl einer ›unerledigten Angelegenheit‹ vorm Zubettgehen und Sie überlassen es Ihren Träumen, die Sache durch eine Form von Verbindung mit der Zielperson zu lösen.

Am nächsten Morgen trafen sich die Träumer nach dem Frühstück, begierig zu erfahren, was in den Träumen zustande gekommen ist. Als sie gefragt wurden, dachten sehr wenig Leute, daß sie Träume gehabt hatten, die mit der Zielperson etwas zu tun hätten. Erst nachdem alle Träume erzählt worden waren und ihre gemeinsamen Teile notiert worden waren, fingen die Leute an, zu vermuten, daß ihre Träume etwas Bedeutsames für die Zielperson enthalten.

In einer Gruppe waren immerwiederkehrende Themen auffällig. Die lebhaftesten Bilder drehten sich um das *Schlagen:* wiederholt die Vorstellung, jemanden mit einem Hammer über den Kopf schlagen, bis er tot war; ein Boxkampf mit zwei jungen Männern, die sich gegenseitig totschlagen; junge Verkehrsopfer bei einem Zusammenstoß von Autos; ein Führer, der die Aufmerksamkeit einer Gruppe auf einen Backstein an einer römischen Ruine zieht, aus dem Blut heraustropft; und ›eine blutrünstige Szene‹ aus einem Film ›The Young Ones‹ mit Tieren im Dschungel. Es gab noch andere Bilder mit Tieren: Katzen, die aus einem Käfig rannten; Schlangen, die im Hinterhof gefunden wurden; und Entenküken in etwa dreißig Zentimeter Wasser — viele von ihnen tot.

Ein anderes Thema befaßte sich mit der Mutter-Kind-Beziehung: eine Mutter, die ins Kino mit einem kleinen Jungen kommt, und es entwickelt sich eine Auseinandersetzung; eine Mutter »in einer ihrer oberflächlichsten Verfassungen und weit entfernt von einer Berührung mit ihren echten Gefühlen, unfähig, zu empfinden, wie die andere Person denkt oder fühlt, aufgrund ihrer gewöhnlichen Beschäftigung mit sich selbst und ihrer Auf-sich-Bezogenheit« (der Träumer fühlte sich einsam, von seiner Mutter ungeliebt und zurückgewiesen). Ein weiteres Thema beinhaltete die Vorstellung geistiger Unausgeglichenheit: nach hinten treten und beinahe das Gleichgewicht verlieren; ›Nüsse‹, die geknackt werden müssen; in einer Irrenanstalt sein. Ein letztes Thema befaßte sich mit Schmutz und Unordnung: Putztag und überall volle Mülleimer...

Die Zielperson, die wir Patricia nennen wollen, war ziemlich erschrocken, als sie diese Träume ihrer Helfer hörte. Ihre Frage hatte sich um Unsicherheiten in bezug auf eine Veränderung im Beruf gedreht. Als sie die Träume hörte, realisierte sie, daß ihre Vergangenheit sie verfolgte und ihre Bemühungen unterminierte. Sie bot sich an, einige persönliche Informationen über den ›Müll‹, der sich während ihrer Kindheit angesammelt hatte, mitzuteilen. Ihre Mutter hatte unter starken psychischen Problemen zu leiden gehabt und Patricia nahm sie als ziemlich distanziert und unnahbar wahr. Patricia wurde körperlich oft von ihr mißhandelt, und bei einer Gelegenheit hatte ihre Mutter sogar versucht, sie zu töten, indem sie sie in eine Wanne mit heißem Wasser setzte. Der Traumhelfer, der berichtet hatte, daß er sich selbst plötzlich im Wasser wiederfand mit vielen toten Enten und Entenküken, schien sich auf dieses tragische Ereignis eingeschaltet zu haben. Es war Patricia möglich, sich vorzustellen, daß sie sich oft wie eine ›tote Ente‹ oder wie ein ›häßliches Entlein‹ fühlte, weil sie es oft erlebt hatte, wie ihre Mutter sie zurückwies. Sie stellte fest, daß die Unsicherheiten von ihren Kindheitstraumata herrührten und ihr Gefühl, ob sie überhaupt geeignet für einen Berufswechsel sei, beeinflußten.

Bei Experimenten, die mehrere Zirkel von Traumhelfern einbeziehen, unterstützen verschiedene Gemeinsamkeiten in den Träumen einer Gruppe als Gegensatz zur anderen Gruppe die Annahme, daß die Träume bei jeder Zielperson auf etwas Bestimmtes gerichtet sind. Manchmal können diese Spezifika kritisch für das Heilungspotential der Zeremonie sein. Zum Beispiel war ich einmal bei einer Gruppe dabei und träumte für eine Frau, deren Problem sich um ihre wiederholten Mißerfolge im Beruf drehten. Die Träume für sie enthielten wiederholt Anspielungen auf Aggressionen, Körperverletzungen, verbotenen Sex, junge Mädchen und Töchter. Die Zielperson äußerte den Verdacht, als Kind sexuell belästigt worden zu sein. Einer der Träumer aus der Gruppe sah die mutmaßlichen Umstände dieses Ereignisses genau, nämlich im Keller des Hauses. Das zentrale Thema der nachfolgenden Diskussion innerhalb der Gruppe hatte damit zu tun, inwieweit Selbstzweifel und Schamgefühle (im Falle dieser Frau, der Zielperson, auf den Vorfall sexuellen Mißbrauchs bezogen) zu Blockierungen der Kreativität führen, eine Frage, mit der einige Leute in der Gruppe ganz unverhohlen zu kämpfen hatten.

Anders bei Bob Van de Castle, der in einer anderen Gruppe war und für eine Frau träumte, deren Frage das Schicksal ihres verstorbenen Sohns betraf. Er war unter ungewöhnlichen Umständen gestorben und es war ein Verdacht, seinen Tod verschuldet zu haben, auf ein Familienmitglied gefallen. Obwohl nie ein Beweis geliefert wurde und der Tod als ein Unfall bewertet wurde, war doch die Düsternis des Verdachtes seit dem Vorfall bestehen geblieben. Keiner der Träume für diese Frau enthielt irgendwelche Bilder von Aggressionen, Körperverletzungen oder miesen Spielen. Statt dessen hatten einige Träume Reisen und Unfälle zum Inhalt und viele Anspielungen auf Naturkatastrophen. Keine sexuellen Träume wurden berichtet. Die meisten Träume bezogen sich auf Söhne (keiner auf Töchter) und auf Weinen und Kummer, fragwürdige Beweise, Feuer, die gelöscht werden mußten und armselige Kommunikation. Diese Gruppe kam zu dem Schluß, daß der Entscheid durch einen Tod durch Unfall akzeptiert werden müsse, so daß die Familie die offene Kommunikation erneuern könnte und das Leben weiterginge.

Als unsere beiden Gruppen sich trafen, um die Berichte zu vergleichen, war Bobs Zielperson stark von den deutlichen Unterschieden in den Träumen der beiden Gruppen beeindruckt. Während es in denen meiner Gruppe viele Momente von Aggression und miesem Spiel gab, spiegelte nicht ein einziger Traum dieses Thema in Bobs Gruppe wider, bei denen Unfälle und Naturkatastrophen vorherrschten. Dieser Vergleich half der Frau, die Vermutung ihrer Gruppe, daß ihr Sohn durch Unfall starb, für gerechtfertigt zu halten.

Eine Möglichkeit, zu sagen, ob die Träume geholfen haben, liegt in der langfristigen Auswirkung dieser Zeremonie auf die Zielperson. In Patricias Fall zum Beispiel war es so, daß sie ein Jahr später in einen neuen Beruf einstieg. Sie berichtete, daß die Zeremonie sie motiviert hatte, eine Therapie anzufangen, um sich selbst von ihrem emotionalen Katzenjammer, der aus den Zurückweisungen ihrer Kindheit resultierte, zu befreien. So konnte sie sich den Anforderungen in der Ausbildung für einen neuen Beruf besser stellen. Die Frau, deren Kind unter mysteriösen Umständen starb, schrieb Bob einen Brief, in dem stand, daß sie das Gefühl hatte, eine riesige Last sei ihr genommen worden nach dem Ergebnis, zu dem man bei der Zeremonie gekommen sei. Sie hatte die Angelegenheit mit ihrer Familie das erste Mal seit dem Tod des Jungen vor zwei Jahren diskutiert, und sie waren nun auf dem Wege der Genesung nach dieser Tragödie. Solche Feedbacks unterstützen auch wieder die Motivation zur Hilfe durch eine solche Zeremonie.

Die Traumhelferzeremonie ist von anderen mit ähnlich guten Ergebnissen gemacht worden. Es ist interessant, festzustellen, daß die meisten Träumer im ersten Moment der Traumerinnerung glauben, ihre Träume beziehen sich nicht auf das Ziel, bevor die Gruppe zusammenkommt, um über die Träume zu sprechen. Die Zeremonie zeigt dann aber, wie oft telepathische Information in einem Traum versteckt ist. Erst durch den Vergleich von Träumen kommt der Psi Faktor ans Licht.

Nicht alle ASW ist versteckt. Gelegentlich hat ein Träumer einen außergewöhnlichen, luziden Traum, der das Hören von Stimmen oder anderen Faktoren, die sich auf transzendente Träume beziehen, beinhaltet. In einem Fall träumte eine Person davon, sie flöge über der Zielperson und verkündete, daß die ›Ernährung‹ zum Schämen wäre. Tatsächlich erwies sich die Ernährung als der entscheidende Faktor. Ich träumte einmal, ich lag auf Deck eines sinkenden Schiffs. Der Wasserspiegel stieg langsam an, schon soweit, daß Wasser in meinen Mund drang. Ich begann zu würgen und wachte abrupt auf mit dem unerklärlichen Gefühl, daß die Zielperson krank war und beinahe am Sterben. Es kam heraus, daß die Zielperson erst kürzlich während eines Krankenhausaufenthaltes beinahe gestorben wäre. Durch unerwartete Nebenwirkungen auf ein Medikament, das sie erhalten hatte, hatte sich im Schlaf eine vorübergehende partielle Lähmung entwickelt. Weil sie nicht schlucken konnte, wäre sie beinahe erstickt.

Die Zielperson kann die Elemente in den meisten Träumen, die das Leben der Person und ungelöste Probleme berühren, identifizieren. Es ist besonders faszinierend, zu sehen, daß, wenn die Traumhelfer den Prozeß, ihre Träume mit Begriffen aus ihrer eigenen Lebenssituation zu analysieren, durchlaufen, weitere Bereiche von Entsprechungen zwischen diesen personifizierten Trauminterpretationen und der Zielperson zum Vorschein kommen. In einem meiner eigenen Träume zum Beispiel stand meine persönliche Bibliothek draußen auf dem Rasen. Das Bild bedeutete der Zielperson nichts. Als ich jedoch aufdeckte, was mich veranlaßte, damit anzufangen, Bücher zu sammeln, und was Rasen mir bedeutete, entdeckten die Zielperson und ich, daß wir den Wunsch nach selbstbestimmten, nicht-institutionalisierten Studien teilten. Es war ein Motiv, das eine wichtige Rolle im Dilemma dieser Zielperson spielte. Ausnahmslos besteht der Eindruck, daß die Helfer sich mit ihren Träumen richtig ›eingestellt‹ haben. Worauf sich diese Einstellung konzentriert, ruft das ungelöste Problem erst in der Gemeinschaft der Traumhelfer wach. Diese tiefere Ebene hellseherischer Wechselwirkung jedoch bloßzulegen erfordert die Zusammenarbeit mit den Traumhelfern. Sie müssen die Rolle als ›Helfer‹ beiseite legen und bereit sein, ihre eigenen persönlichen Probleme, die in den Träumen zum Ausdruck kommen, darzulegen. Wenn sie das machen, wird ein Kreis zur Heilung der ganzen Gruppe geschaffen.

Ein Bild der Gruppe und der Zielperson erscheinen in einigen Träumen und spiegeln das Wesen des Experiments und seine Nachwirkungen wider. Die Gruppendiskussion nimmt einen definitiven therapeutischen Ton an. Auch wenn die ursprüngliche Absicht des Träumens war, der Zielperson zu helfen, so zeigt der emotionale Austausch, wie sehr die Träume für beide Seiten relevant sind, für die kritische Situation der Zielperson und für die ungelösten Aspekte im Leben der Träumer. Vor dem Schlafengehen scheint jeder Traumhelfer seine instinktive, projizierende Empathie zu mobilisieren, um intuitiv den Aspekt des ungenannten Problems der Zielperson zu erfühlen, der auch mit einem nicht erledigten Problem im Leben des Träumers zu tun hat. Dann, wenn der Träumer an dieses Problem erinnert wird, leisten seine Träume ihre gewöhnliche Arbeit zur Erledigung dieses Problems. Dabei bedienen sie sich seiner eigenen Erfahrungen, aber auch der telepathischen Bilder, die sie aus dem Leben der Zielperson erhalten. Auf diese Weise arbeiten die Träume der Gruppe über ein gemeinsames Problem, wie es aus den einzelnen Perspektiven wahrgenommen wird, zusammen.

Erstaunen, Freude und Ehrfurcht kommen oftmals hoch angesichts dessen was die Gruppe durch ihre gemeinsamen Traumtalente vollbracht hat. Ein Helfer verglich die Bemühungen der Gruppe mit der Komposition einer Symphonie, die aus dem Zusammenschnitt der Traum-Tonbänder entstand. Ganz allgemein hatten die Helfer das Gefühl, nur deshalb so effektiv gewesen zu sein, weil sie nicht versucht hatten, etwas für sich selbst dabei zu gewinnen; sie waren engagiert in einem Heilungsservice, genährt von dem Gefühl der Liebe. Aber die Helfer sind überrascht, wie sehr sie bei dem Prozeß persönlich gewinnen – den Helfern wird auch geholfen.

Diese Zeremonie gibt einer Gruppe die Gelegenheit, als hellseherischer Berater zu arbeiten, um jemandem bei Schwierigkeiten zu helfen. In einer besonderen Untersuchung einer Traumhelferzeremonie schrieb Jean Campbell in ›Dreams Beyond Dreaming‹, daß die Träume der Traumhelfer hilfreicher waren und genauer auf das Kernproblem ausgerichtet als das Reading eines professionellen Hellsehers, der hinzugezogen worden war, um an der Untersuchung teilzunehmen. Die Träume erwiesen sich auch als erfolgreicher als die Bemühungen eines professionellen Anwalts, dessen Aufgabe es war, den historischen Hintergrund des gegenwärtigen Problems der Zielperson aufzudecken. Die Zielperson bewahrte ein traumatisches Geheimnis in sich, worüber der Anwalt nichts in Erfahrung bringen konnte. Die Träume der Helfer aber gingen geradewegs an es heran und deckten seine Relevanz auf. Die Zielperson war erleichtert, die Gelegenheit zu haben, dieses Geheimnis los zu werden und erhielt Hilfe, zu begreifen, welche Auswirkungen es auf die laufenden Probleme hatte.

Die Zeremonie liefert eine wiederholbare Demonstration offensichtlichen Psi-Träumens; mit vielen der charakteristischen Eigenschaften spontaner Fälle von vorgeblich hellseherischen Träumen. Aber zeigt die Traumhelferzeremonie wirklich Traumtelepathie? Die deutlich auf das Kernproblem konzentrierten Entsprechungen in der Kollektion der Gruppenträume kann gewiß als Erfolg gerechnet werden, angesichts der offensichtlich genauen hellseherischen Wahrnehmungen. Aber sind diese Entsprechungen mehr als zufällig? Traditionell wissenschaftlich arbeitende Parapsychologen würden eine statistische Antwort auf diese Frage geben. Die Zahl der ›Erfolge‹ in einer Kollektion von Träumen für eine Zielperson würde zum Beispiel mit der Zahl von ›Erfolgen‹ in einer Kollektion von Träumen, die sich nicht auf die Zielperson bezogen, verglichen.

Bei einem Experiment, das von Mark Thurston durchgeführt wurde, wurden 244 Leute über die Post angeworben, als ferne Traumhelfer zu dienen. Jeder Helfer unterzog sich einer Traumprobe. Vier Monate später wurden zwei Zielpersonen am Ort des Untersuchenden angeworben und nach dem Zufallsverfahren den Traumhelfern zugeteilt. Jeder Traumhelfer erhielt nur den Namen der Zielperson und wurde gebeten, zu versuchen, etwas Hilfreiches für das ungelöste Problem seiner Person zu träumen. Die daraus resultierenden ›hilfreichen‹ Träume und die Traumproben wurden auf Karteikarten getippt, gemischt und der jeweiligen Zielperson gegeben. Die Zielpersonen wurden gebeten, für jeden Traum zu entscheiden, ob er eine Ähnlichkeit auf die gestellte Frage (›direkter Erfolg‹) oder zu irgendeinem Aspekt im Leben der Zielperson (›indirekter Erfolg‹) enthielt oder nicht. Ein unabhängiger Schiedsrichter wurde ebenfalls gebeten, die gleiche Aufgabe durchzuführen und nur nach ›direkten Erfolgen‹ zu schauen. Als die Zahl der beurteilten Erfolge für die Träume aus der Nacht, die für die Untersuchung galt, mit der Zahl der beurteilten Erfolge der Probeträume verglichen wurden, waren die ›hilfreichen‹ Träume in einem hohen Maße günstig für die eine Zielperson, dagegen waren für die zweite Zielperson die ›hilfreichen‹ Träume und die zur Kontrolle durchgeführten Träume gleichermaßen geeignet, um als ›Erfolge‹ beurteilt zu werden.

Thurston ging weiter in seiner statistischen Analyse, indem er feststellte, ob irgendeiner der ›hilfreichen‹ Träume tatsächlich der Zielperson, die unter einem Hautleiden litt, helfen konnte. Am Morgen des Interviews mit der Zielperson träumte er über sie. Er sah, daß ihr Ausschlag abgeheilt war, und er fragte sie, ob sie alle Träume, die sich um Ernährung drehten, in Betracht gezogen habe. Thurston erzählte der Zielperson von diesem Traum. Zusammen überprüften sie die ›hilfreichen‹ Träume und fanden vierzehn über Ernährung. Sie stimmte zu, an ihrer Ernährung zu arbeiten, kam einen Monat später wieder, und ihr Ausschlag war besser geworden.

Ein Grund für die Teilnahme an der Traumhelferzeremonie ist, die Grenzen zu hinterfragen, die gewöhnlich bei der Interpretation von Träumen gegeben sind. Die Feststellung, daß sogenannte ›gewöhnliche‹ Träume tatsächlich bedeutungsvolle Bilder aus Erlebnissen anderer Menschen enthalten, läßt uns verwundert fragen, wie persönlich eigentlich unsere Traum-Zeit ist. Auch wenn unsere Träume unseren eigenen Bedürfnissen dienen, können wir in ihnen mit anderen verknüpft sein, zumal wir auch mehr träumen, als wir vermuten. Robin Shohet berichtet in ›Dream Sharing‹ daß, wenn Träume routinemäßig in einer bestehenden Gruppe ausgetauscht werden, ständig überlappende Themen entdeckt werden. Sie zitiert ein Gruppenmitglied: »Ich wurde mir darüber klar, daß der unbewußte Geist vieler anderer, offensichtlich völlig verschiedener Leute, wahrscheinlich meine Träume wie auch ihre zusammensetzte.«

Die Entwicklung hellseherischer Fähigkeiten in der Gemeinschaft

Außer eine Methode des transzendenten Psis zu zeigen, macht die Traumhelferzeremonie auch noch eine weitere Dimension der Philosophie Edgar Cayces, das hellseherische Bewußtsein zu entwickeln, deutlich — den Gemeinschafts- oder Gruppenaspekt. Der erste Schritt, den Cayce zur Entwicklung hellseherischen Bewußtseins nannte, war, Zusammenarbeit zu lernen. Er war auch überzeugt, daß Zusammenarbeit in einer Gruppe, die daran ist, hellseherisches Bewußtsein zu entwickeln, ganz passend ist. In der Traumhelferzeremonie wird zum Beispiel nicht darauf geachtet, ›wer‹ einen hellseherischen Traum hatte. Statt dessen arbeitete die Gruppe zusammen, um eine allgemeine hellseherische Wirkung innerhalb des Bewußtseins der Gruppe herbeizuführen. Innerhalb einer zusammenarbeitenden Gruppe ist es einfacher, den transzendenten Standpunkt ›hellseherisches Bewußtsein *ist*‹ anzunehmen und die Frage, ›wer‹ das meiste an ASW einbringt, in den Hintergrund treten zu lassen.

Nach alledem ist hellseherisches Bewußtsein das Ergebnis unseres Miteinander-Verbundenseins. Seine letzte Quelle liegt in unserer Wechselbeziehung miteinander. Ira Progoff schrieb abschließend zu seinen Gesprächen mit den Wesen, die von Eileen Garrett gechannelt wurden, daß an einigen Punkten ihrer Konversation die Tiefe des Kontaktes zwischen ihm und dem ›Wesen‹ so groß war, daß es schwierig war, festzustellen, wo die Quelle der Intelligenz lag, sie lag in der gegenseitigen Einwirkung. Ein weiterer Beweis dafür, daß es die Art ihrer gegenseitigen Einwirkung war, ist die Tatsache, daß nirgends in Garretts eigenen Niederschriften diese ›höheren‹ Wesen erwähnt sind. Ihre Erscheinung scheint aus der Anwesenheit und seinen Absichten zu resultieren. Progoff schrieb: »Es ist wichtig, sich daran zu erinnern, daß, wenn wir nach der tieferen Bedeutung der Dinge streben, wir alle zusammen danach streben, in erster Linie, weil wir nicht in der Lage sind, separat und allein danach zu streben. Das ist der Grund dafür, daß der Orakel-Dynatype (Progoffs Begriff für die universelle Intelligenz; Anm. d. Verf.) von Mrs. Garrett sich nicht selbst ausdrücken kann und Channel für Tahoteh und Ramah (die beiden höheren ›Wesen‹; Anm. d. Verf.) sein kann, außer es gibt eine empfängliche Person, die Tiefe ihrer Psyche zu erwecken und dies Bild des Orakels in seiner dramatischen Form hervorzuziehen.« Diese Feststellung trifft sich mit Cayces Behauptung, daß die Qualität seines Readings abhängig von der Qualität des Wunsches der Person, die das Reading suchte, war.

Als Cayce gebeten wurde, ein Programm zur Entwicklung hellseherischer Fähigkeiten zu gestalten, wurden das Untersuchungsmaterial und die Übungen, die er skizzierte, für den Gebrauch in einem Gruppenformat vorgelegt. Der zweibändige Text des Untersuchungsmaterials, das entwickelt wurde, ist ›A Search for God‹ betitelt. Der Inhalt der Untersuchung (die spirituellen oder transzendenten Begriffe wie ›Zusammenarbeit‹, ›Lerne dich selbst kennen‹, ›Liebe‹, ›Chancen‹, ›Ideale‹, ›Geduld‹, ›Glück‹ und ›Meditation‹, um nur einige der Lektionen aus dem Text zu nennen) ist nur ein Teil seiner Methode − der Teil, dem die meiste Beachtung zuteil wurde. Viele der Begriffe sind in diesem Buch behandelt worden. Der zweite Teil, die Technik der Untersuchung, ist gleich wichtig, wird aber viel öfter übersehen. Dieses Material muß in einer *Gruppe* erarbeitet werden. Das Format der Gruppe ist als *Studiengruppe* bekannt geworden. Eine Gruppe von Leuten einigt sich darauf, einander zu helfen und sich dabei zu unterstützen, die Begriffe, die im Zusammenhang mit hellseherischem Bewußtsein und Spiritualität stehen, zu erlernen. Ein Teil, transzendente Orientierung zu erlernen, besteht in der Entdeckung, daß die Gemeinsamkeiten mit anderen die Unterschiede überwiegen. In der Traumhelferzeremonie zum Beispiel finden Leute oft, daß ihre Träume nicht nur auf das Problem der Zielperson verweisen, sondern auch darauf, wie sehr dieses Problem mit ihren Leben zu tun hat. Der Austausch innerhalb einer Studiengruppe hebt die Vertrauensebene und das Gefühl, sich um einander zu kümmern unter ihren Teilnehmern. Da sie anfangen, auf einer tieferen Ebene zusammenzuarbeiten, entstehen hellseherische Verbindungen zwischen den Teilnehmern. Fragen Sie jeden, der für eine längere Zeit in einer Studiengruppe gewesen ist, und Sie werden zahlreiche Geschichten über hellseherische Begebenheiten hören. Sie werden auch Geschichten über gemeinsame Bemühungen hören, über gegenseitige Hilfe, und solche, die eine Erinnerung an den Gemeinschaftsgeist, den wir mit einer früheren Ära in der Geschichte verbinden, darstellen. Das Leben und die Geschichte der Gruppe beginnt vieles von dem Gefühl des Alleinseins und der Entfremdung, die das Leben in der industrialisierten Gesellschaft hervorgerufen hat, aufzulösen. Statt dessen beginnt sich hellseherisches Bewußtsein in der Gruppe zu entwickeln. Hellseherisches Bewußtsein ist ein Attribut einer Gemeinschaft von Leuten, die ihre gegenseitige Abhängigkeit erkannt haben und demgemäß in Einfühlungsvermögen handeln. Hellseherisches Bewußtsein ist nicht als ein Spielzeug der Macht für den ›Einzelgänger‹ gedacht, der den Wunsch hat, sich aus der Gemeinschaft zu entfernen. Hellseherisches Bewußtsein ist nicht Ausdruck eines isolierten Egos, sondern die Erfahrung des Miteinander-Verbundenseins.

Hellseherisches Bewußtsein: Vorbote weltweiter Veränderungen

Edgar Cayce wird oft mit den Prophezeiungen kommender Veränderungen auf der Erde, die er gab, in Verbindung gebracht. Wie Nostradamus, sagte Cayce Erdbeben, Kriege und andere Umwälzungen voraus. Weniger bekannt ist, daß er voraussagte, daß die hauptsächlichen Umwälzungen im Inneren geschehen würden, in unserem Bewußtsein. Da die Schwingungsmuster in der vierten Dimension eine Transformation erleben, werden die Auswirkungen von jedem auf diesem Planeten wahrgenommen werden. In ›Visions and Prophecies for a New Age‹ interpretiert Mark Thurston Cayces Prophezeiungen von inneren Kämpfen als die psychologische Reaktion auf einen ›Paradigmenwechsel‹, einer Veränderung in der Wahrnehmung der Realität.

Ein Hauptelement dieses Wechsel der Weltsicht ist bereits jetzt offensichtlich. Es ist der Übergang zu einer holistischen Perspektive. Im Bereich hellseherischen Bewußtseins ist es ein Wechsel fort von dem Begriff ASW zugunsten von Psi oder transpersonal, das an eine Realitätsordnung denken läßt, die über dem einzelnen Menschen liegt. Wie Carl Jungs Vorstellung vom Archetypus, ist Cayces Formulierung des kreativen Schwingungsmusters zunehmend in das moderne Denken aufgenommen worden. Die Menschen werden sensitiver für die Dimensionen des Bewußtseins, die über den Geist des Einzelnen hinausgehen. Wir sind Zeuge der Erosion von einer künstlichen Barriere, die die Illusion aufrechterhalten hat, daß unser Geist voneinander getrennt ist. Hellseherisches Bewußtsein fängt an, das menschliche Bewußtsein zu durchdringen — und sowie dies geschieht, entsteht Aufruhr. Es ist so, als ob sich eine Flut erhebt im Geist. Wie die Wasser hereinstürzen und die Mauern, die zwischen uns bestehen, auflösen, werden wir zusammen in das Wasser geworfen. Wird das Wasser uns hinwegspülen, oder werden wir in ihm zu einem neuen Land schwimmen? Cayce gibt an, daß die Antwort von unserer Bereitschaft abhängt. Da hellseherisches Bewußtsein mehr an Einfluß auf unser Bewußtsein gewinnt, werden diejenigen, die sich darum bemüht haben, ›hellseherisch zu werden‹, sich in den Wassern zu Hause fühlen. Teil dieser Entwicklung ist, seine eigene Identität so zu erweitern, daß sie eine holistische Vision aller Schöpfung mit einschließt. Die Erfahrung des beinahe Sterbens betrifft die atomistische Vorstellung von unserem Selbst und verweist auf die Geburt einer transzendentalen Vision von unserem Selbst.

Die Erde als Ganzes ist einige Male Gegenstand von Todesnäheerfahrung gewesen, Visionen vom Ende des Alten und dem Kommen des Neuen. Jung interpretierte das Sichten von UFOs und die Marienvisionen als kollektive Visionen, die als Eruption des archetypischen Unbewußten sich so in den Köpfen der Menschen äußerten. Er sah diese Ereignisse als Vorboten bedeutender Veränderungen in unserem Bewußtsein. In ›The Final Choice‹ vertritt Michael Grosso den Standpunkt, daß das Sichten von UFOs und die Marienvisionen planetarische Erlebnisse von Todesnäheerfahrung sind. Mit der Benutzung dieses Begriffes zielt er darauf ab, daß all die Merkmale einer Todesnäheerfahrung auf persönlicher Ebene auch anwendbar auf diese globalen Visionen sind. Solche Erfahrungen kommen in Momenten einer Krise, wenn das physische Leben bis zum äußersten Grad bedroht ist. Diese Bedrohung besteht für unseren Planeten. Ein Mensch, der eine Todesnäheerfahrung erlebt hat, identifiziert sich weniger mit dem Körper und mehr mit dem Bewußtsein. Auf globaler Ebene würde es unsere kollektive Realisation des Bewußtseins bedeuten, das uns einigt, die transpersonale Ebene des Bewußtseins.

Eine solche Realisation kann sein, was der internationalen Zelebration der *harmonischen Konvergenzen* im August 1987 zugrunde liegt. Dieser Begriff, geprägt von José Argüelles in ›The Mayan Factor‹ ist der Name, den er einem Zustrom neuer Muster kreativer Energien gab, die im tausendjährigen Kalender der Mayas vorausgesagt waren. Im Licht unserer früheren Diskussionen über eine derartige Terminologie ist es von Interesse, daß er Ausdrücke wählte, die die Bildsymbolik hellseherischer Phantasie widerspiegelt, und daß er annahm, daß wir auf unsichtbare ›Muster‹, die ›in der Luft‹ liegen, ›reagieren‹ würden. Es soll auch nicht versäumt werden, die unglaubliche Antwort auf dieses Bild zu notieren – selbst wenn, den neuesten Berichten und Erklärungen zu harmonischen Konvergenzen nach zu urteilen, sein komplexes Buch kaum verstanden wurde, wenn überhaupt gelesen. Aber sein Bild entsprach der Phantasie der Leute, einer Phantasie, die mehr zu einer Einstellung auf das Hellseherische wuchs.

Cayce würde jedoch hinzufügen, wie es einige Geistliche in ihren Briefen an den Herausgeber über harmonische Konvergenzen taten, daß, die Phantasie auf das Hellseherische einzuschalten, nur ein Teil des Prozesses ist, für das New Age bereit zu sein. Keiner von uns wird in der Lage sein, den Frieden im Geist aufrechtzuerhalten, noch die Integration der Chakren, welches notwendig ist für ein beständiges und konstruktives hellseherisches Bewußtsein, solange die Belastungen im Leben anderer Menschen sich nicht verbessert haben. Die Entwicklung hellseherischen Bewußtseins in der Menschheit in großem Ausmaß wird von uns in zunehmendem Maße verlangen, positive, konkrete Schritte zur Erfüllung der Wahrheit der goldenen Regel zu unternehmen, um Hüter unserer Brüder und Schwestern zu werden. Wir müssen lernen, zusammenzuarbeiten. Hellseherisches Bewußtsein ist ein Ausdruck der Liebe, einer Liebe, die verlangt, sowohl in der Anwendung wirklich zu sein, als auch in der Vorstellung. Durch die Anwendung kommt das Bewußtsein: das ist Cayces Geheimnis, hellseherische Kräfte zu erwecken.

Über den Autor

Dr. Henry Reed ist Forscher und Psychologe mit einer Privatpraxis für psychologische Beratungen in Virginia Beach, Virginia. Er ist auch der Herausgeber eines Mitteilungsblattes und einer Kolumne in einem Magazin über hellseherische Forschung für die ›Association for Research and Enlightenment‹, und er ist Mitglied der Fakultät an der Atlanta Universität.

Bevor er 1976 nach Virginia Beach zog, war Dr. Reed Forschungsberater in C. G. Jungs Schlaf- und Traumlabor in Zürich, Schweiz, und Assistenzprofessor an der Princeton Universität. In Princeton lehrte er über Jungianische Psychologie und Träume, hielt Vorlesungen und bot den ersten regelmäßigen Kurs in humanistischer Psychologie in den Vereinigten Staaten an.

Er veröffentlichte zahlreiche Artikel sowie die Bücher ›The Dream Quest Workbook‹ und ›Getting Help from Your Dreams‹.

ESOTERISCHES WISSEN

DER SCHLÜSSEL ZUR INNEREN WEISHEIT

Wege und Wahrheiten für ein besseres und erfolgreiches Leben

- Prentice Mulford: **MEISTERSCHAFT DES LEBENS** — Unbekannte Einsichten des Klassikers einer positiven Lebenseinstellung. Herausgegeben von Hans Christian Meiser — 08/9590
- Michael J. Eastcott: **WEG DER STILLE** — Einführung in die Meditation und die schöpferische Kraft des Schweigens — 08/9589
- Elaine und Arthur Aron: **Der Maharishi Effekt** — Auf der Suche nach dem gesellschaftlichen und politischen Einfluß von Gruppenmeditation — 08/9591
- Sherry S. Cohen: **MAGIE DER BERÜHRUNG** — Feinstoffliche Energie im Umgang mit Mitmenschen und der Heilbehandlung — 08/9592
- Norman Vincent Peale: **Der Plus Faktor** — Unsere Lebenschance jeden Tag neu entdecken — 08/9593
- Charles Tart: **Hellwach und bewußt leben** — Aus der Trance des Alltagsbewußtseins erwachen und zur spirituellen Wachheit finden — 08/9594

WILHELM HEYNE VERLAG MÜNCHEN

Die neuen Dimensionen des Bewußtseins

esotera
seit vier Jahrzehnten das führende Magazin für Esoterik und Grenzwissenschaften: Jeden Monat auf 100 Seiten aktuelle Reportagen, Hintergrundberichte und Interviews über
Neues Denken und Handeln
Der Wertewandel zu einem erfüllteren, sinnvollen Leben in einer neuen Zeit.
Esoterische Lebenshilfen
Uralte und hochmoderne Methoden, sich von innen heraus grundlegend positiv zu verändern.
Ganzheitliche Gesundheit
Das neue, höhere Verständnis von Krankheit und den Wegen zur Heilung - und vieles andere

Außerdem: ständig viele aktuelle Kurzinformationen über
Tatsachen die das Weltbild wandeln.
Sachkundige Rezensionen in den Rubriken **Bücher, Klangraum, Film und Video** sowie **Alternative Angebote.** Im KURSBUCH viele Seiten Kleinanzeigen über einschlägige **Veranstaltungen, Kurse und Seminare** in Deutschland, Österreich, der Schweiz und im ferneren Ausland.

esotera erscheint monatlich.
Probeheft **kostenlos** bei
Ihrem Buchhändler oder direkt vom
Verlag Hermann Bauer KG.,
Postf. 167, Kronenstr. 2, 7800 Freiburg